新 地域福祉の発展と構造

稲葉 一洋 著

学文社

まえがき

　日本社会において「地域福祉」という用語が注目されだすのは，1970年前後のことである。それから30年後の2000年に成立した「社会福祉法」は，地域福祉を基軸とした社会福祉への転換を掲げることにより，地域福祉は単に理論や実践としての段階に終焉を告げ，社会福祉の法制度としても地域福祉時代を迎えた。しかし，それから15年が経過した今も，地域福祉の進捗状況は必ずしも順調とはいえない。社会福祉の各分野をみると，確かに地域化をキーワードとして，地域ケアや生活支援を軸とする施策は展開されてきたが，地域福祉に不可欠な住民参加，共助の拡大につなげる施策化に大きな進展はないし，その実践化の動きも概して鈍く，緩慢といってよい。

　近年の日本社会では，少子高齢化や人口減少化の進行に加えて，雇用・生活の不安定化や格差の広がり，さらに人々の生活を支える血縁・地縁・社縁の弱体化による，つながりや共助の衰退・喪失も著しく，地域においては解決の難しい多様な生活課題・福祉課題を噴出させ続けている。そうした課題解決の方策として期待される，地域福祉の推進実施には，狭い社会福祉領域や制度的な対応を超え，地域づくりや人づくりとも連動して，公・共・私による多様な方策と取り組みが必要になる。住民の参加のもとに，新たな福祉の装置をつくる地域福祉の構築は，市町村行政にとっても，地域社会にとっても，主要な関心事のひとつとして浮上している。

　各地で求められる地域福祉の構築も，国や地方財政の逼迫化と新保守主義の強い影響のもとで進展し，自助や共助への過度ともみえる期待や強調は，社会保障への深刻な不安，福祉や生活を守る行政役割への懸念を根強いものとしている。新しい生活・福祉システムを，住民が主体となって公私協働でつくる上にも，これらの懸念は払拭されなくてはならない。誰もが安心して暮らせる地域福祉の推進には，それを支える制度や財源の確保，行政や住民や営利・非営

利組織それぞれの役割遂行，福祉のサービス・資源の整備と運用，福祉コミュニティや福祉文化の創造につながる政策の選択が要請されている。

　本書に関して触れておきたい。『地域福祉の発展と構造』（学文社，2007年）を発行して，既に10年近い歳月が経過し，この間の地域福祉をめぐる動向と研究の進展を反映させるべく，全体的にわたり大幅な加筆・修正および削除を行い，書名も『新地域福祉の発展と構造』に改めた。本書は全体を4部で構成し，前半の1・2部が総論部分，そして後半の3・4部が各論部分である。第1部「地域福祉とコミュニティ」では，最初に，地域福祉への転換に焦点を据えて，そのあり方や方向性を中心に論じた（1章）。その後に，地域福祉に対応を迫る生活課題の背景や文脈となる現代生活の変貌，およびコミュニティに言及した（2章）。これに続く第2部「地域福祉の展開と構成」では，地域福祉のあゆみを，社会福祉の改革前（3章）と改革後（4章）に分けて検討した後に，地域福祉の英米小史，理念・概念・内容を論述している（5章）。

　本書の後半3・4部は，地域福祉の主体に関する部分を除くと，各論というべき内容であるが，各章ともに地域福祉の推進と実践に不可欠なテーマである。住民の参加に焦点を絞った第3部「地域・住民による福祉形成」では，地域福祉を担う主体と福祉教育（6章），地域福祉活動（7章），ボランティア活動（8章）を取り上げている。そして最終の第4部「社協・地域ケア・計画」では，地域福祉の論議でも特に焦点になることの多い，社会福祉協議会の沿革・現状・実践・課題（9章），地域包括ケアシステムと権利擁護（10章），「地域福祉」計画の系譜・内容・意義と住民参加（11章）を検討している。

　最後に，本書の刊行をお勧めいただき，辛抱強く出版に導いてくださった，学文社の田中千津子社長には，改めて深く感謝の意を表したい。

2015年12月

稲葉　一洋

目　次

第1部　地域福祉とコミュニティ

第1章　21世紀「地域福祉」の構築 ─────── 2
1節　社会福祉改革と地域福祉　2
（1）社会福祉改革の進展…2　　（2）社会福祉法と地域福祉…5
2節　市町村と地域を核とする福祉　9
（1）地域社会と地域福祉…9　　（2）市町村行政と住民参加…10
（3）分権化とガバナンス…12
3節　地域福祉の基本命題　14
（1）地域福祉の原則…14　　（2）地域福祉推進の要件…15

第2章　住民生活の変貌とコミュニティ ─────── 20
1節　現代日本の生活変動　20
（1）地域社会と生活の変容…20　　（2）雇用の変化と格差の拡大…21
（3）人口変動と市町村…23　　（4）少子高齢社会の到来…24
2節　変貌する現代の家族　25
（1）ゆらぐ現代家族…25　　（2）変わる家族の形態と機能…26
3節　変貌する現代の地域　28
（1）現代地域生活の特質…28　　（2）都市的生活様式の限界と共助…29
（3）地域の生活課題と福祉課題…31
4節　コミュニティと福祉コミュニティ　32
（1）コミュニティという概念…32
（2）福祉コミュニティの形成…34

第2部　地域福祉の展開と構成

第3章　わが国地域福祉への途 ─────── 40
1節　地域福祉活動の源流　40

2節　戦後社会福祉の成立　42
　(1)　社会福祉枠組みの確立…42　　(2)　1950年代までの地域福祉動向…46
3節　高度経済成長期の福祉拡充　47
　(1)　「福祉六法」体制の実現…47　　(2)　1960年代の地域福祉動向…48
4節　地域福祉と福祉見直し　49
　(1)　低成長下の社会福祉…49　　(2)　1970年代の地域福祉動向…51
5節　臨調行革と地域福祉　53
　(1)　第2臨調と社会福祉…53　　(2)　1980年代前半の地域福祉動向…54

第4章　地域福祉時代の福祉展開 ──────── 58
1節　社会福祉制度改革の開始　58
　(1)　社会福祉制度の見直し…58　　(2)　「福祉関係八法」の改正…60
　(3)　1980年代後半の地域福祉動向…65
2節　市町村福祉の展開　67
　(1)　社会福祉の計画的推進…67　　(2)　社会福祉協議会と住民参加…68
　(3)　在宅サービスの進展…69　　(4)　その他の地域福祉動向…70
3節　社会福祉法時代の地域福祉　71
　(1)　社会福祉基礎構造改革…71　　(2)　分権化と地域福祉の進展…72
　(3)　地域福祉の推進と計画化…73
4節　「社会福祉法」成立から15年　75
　(1)　近年日本の地域福祉政策…75　　(2)　地域福祉の停滞と隘路…76

第5章　地域福祉の理念と概念 ──────── 81
1節　英米における地域福祉の展開　81
　(1)　イギリス地域福祉の発展…81　　(2)　アメリカ地域福祉の発展…84
2節　地域福祉を支える諸理念　88
　(1)　現代日本の福祉理念…88　　(2)　ノーマライゼーション…89
　(3)　住民参加・住民主体…90　　(4)　コミュニティケア…92
3節　多様な地域福祉の概念　93

(1)「地域福祉」という用語…93　　　(2) 概念の共通性と差異…94
　　　(3) 地域福祉概念の展開…96
　4節　地域福祉の内容　　100
　　　(1) 在宅福祉サービス…100　　　　(2) 環境改善サービスと組織化活動…101
　　　(3) 地域福祉の構成内容…104

第3部　地域・住民による福祉形成

第6章　地域福祉の主体と福祉教育 ―――――――――――― 110
　1節　「主体―対象」という枠組み　　110
　　　(1) 地域福祉の主体と対象…110　　(2) 地域福祉の「主体」認識…112
　2節　地域福祉の主体枠組み　　114
　　　(1) 社会福祉法と地域福祉の推進主体…114
　　　(2) 地域福祉を担う住民と行政…116
　　　(3) 新たな福祉供給主体…118　　　(4) 地域福祉実践の主体…119
　3節　参加と学習がつくる地域福祉　　121
　　　(1) 本源的主体としての地域住民…121　(2) 福祉教育・学習と福祉実践…122
　4節　福祉教育と地域福祉文化　　123
　　　(1) 福祉教育と地域福祉…123　　　(2) 地域福祉時代の福祉教育…125
　　　(3) 福祉教育の理念と方法…126

第7章　住民による地域福祉活動 ―――――――――――― 132
　1節　多様な地域福祉活動の展開　　132
　　　(1) 戦後地域福祉活動のあゆみ…132　(2) 地域福祉活動の類型…135
　2節　地域福祉活動への期待　　137
　　　(1) 住民参加の意義と機能…137　　(2) 当事者参加の意義と機能…138
　3節　小地域福祉活動の広がり　　140
　　　(1)〈小地域〉の範囲と活動主体…140　(2) 代表的な小地域福祉活動…142
　4節　民生委員・児童委員の活動　　144
　　　(1) 民生委員の性格と位置づけ…144　(2) 民生委員活動とその課題…146

5節　住民参加型サービスの発展　　148
　　（1）住民による有償・有料の活動…148　（2）住民参加型サービスの可能性…149

第8章　ボランティア活動の現在 ———————————— 154
　1節　ボランティア活動とNPO　　154
　　（1）市民による非営利活動…154　　（2）NPO活動の現在…155
　2節　ボランティア活動の発展　　157
　　（1）戦後から1980年代までの展開…157　（2）1990年以後の本格的展開…160
　3節　ボランティア活動をめぐる動向　　163
　　（1）高まる社会的な関心…163　　（2）活動の多様化と担い手…165
　4節　ボランティア活動の理念とゆらぎ　　166
　　（1）ボランティアの意味…166　　（2）ゆらぐボランティア像…168
　5節　ボランティア活動の推進　　171
　　（1）ボランティア活動の今日的文脈…171　（2）ボランティアと行政の活動…173
　　（3）ボランティア活動の振興と支援…174

第4部　社協・地域ケア・計画

第9章　社会福祉協議会の沿革と使命 ———————————— 180
　1節　社協の誕生とその後の歩み　　180
　　（1）社協の初期における発展…180　（2）「社協基本要項」の策定…181
　　（3）在宅福祉への路線変更…184
　2節　地域福祉時代の社協路線　　186
　　（1）「新・社協基本要項」の策定…186　（2）「新・社協基本要項」以後の展開…187
　　（3）「社会福祉法」時代の社協…188
　3節　市区町村社協の拡大と変貌　　190
　　（1）注目される市区町村社協…190　（2）社協の組織・職員数…191
　　（3）社協の財政・財源…192　　（4）社協の事業・活動…194
　4節　社協とコミュニティワーク　　195
　　（1）地域福祉の推進と社協実践…195

（2）社協によるコミュニティワーク実践…197
　5節　市区町村社協の使命　199
　　（1）社協活動の機能と命題…199　　　（2）社協組織の今日的課題…202

第10章　地域包括ケアシステムと権利擁護 ―――――― 207
　1節　地域福祉と地域包括ケア　207
　　（1）地域包括ケアシステムの創出…207　（2）「包括性」と地域福祉…209
　2節　地域ケアのための技法　211
　　（1）支援と資源のネットワーク…211　（2）利用者主体のケアマネジメント…213
　3節　権利擁護のための方策　215
　　（1）福祉サービスの適切な利用…215
　　（2）日常生活自立支援事業の取り組み…217
　4節　地域ケアとその主体　219
　　（1）多元的なサービス供給主体…219　（2）地域ケアと「自助・共助・公助」…220

第11章　市町村「地域福祉」の計画 ―――――――――― 225
　1節　「地域福祉計画」の系譜　225
　　（1）「地域福祉」計画の沿革…225　　（2）「地域福祉」計画の類型…228
　2節　地域福祉計画の内容と特徴　230
　　（1）計画の位置づけと内容…230　　（2）総合化と住民参加の計画…234
　3節　「地域福祉」の計画　237
　　（1）地域福祉活動計画との関連…237　（2）地域福祉の重層的圏域…240
　4節　「地域福祉」計画の意義と住民参加　242
　　（1）計画の意義と条件整備…242　　（2）計画と住民参加…244

索引 ―――――――――――――――――――――――― 249

第1部　地域福祉とコミュニティ

第1章

21世紀「地域福祉」の構築

1節　社会福祉改革と地域福祉

(1) 社会福祉改革の進展

　近年,「福祉」が時代のキイワードとなるなかで, 地域福祉をめぐる状況は大きく変化した。その理由を端的にいえば, 日本社会では, ドラスティックな社会変動がもたらした生活・福祉課題に対応できる, 新しい福祉の装置・システムが必要となり, その方策として政策的に選択されたのが, 地域福祉を基軸とする社会福祉の展開であったことに起因する。それは同時に, 単に理論や実践としての地域福祉の段階に終焉を告げ, 今や社会福祉の法制度としても, 地域福祉時代を迎えたことを意味している。

　社会福祉のもつ使命は, 人々の生活上の困難を緩和・解決し, 自立的な生活を支援することにあるが, それは家族や地域のあり方や機能だけでなく, 社会・経済情勢の強い影響を受ける。そこに戦後, 憲法の生存権保障の規定を受けて, 社会保障制度の一部門として出発した日本の社会福祉も, 国民生活や福祉問題の変貌に応じて, 絶えず変化を繰り返してきた。とくに戦後も二十数年が経過した1960年代後半には, 未曾有の社会変動を経験するなかで, イギリスの「シーボーム報告」を契機として, コミュニティやコミュニティケアへの関心を高め, 新しい社会福祉のあり方として地域福祉が注目されるに至っている。それ以後, 日本社会では地域福祉・在宅福祉への指向を強め, 緩やかなが

らも地域生活を支える在宅福祉サービス，ボランティア，小地域活動の取り組みが各地で始まり，地域に開かれた福祉施設のあり方が模索されてきた。

　やがてそれも1980年代後半に始まる福祉制度改革を契機として，「改革」という名称のもとに社会福祉の再編が進み，社会福祉のあり方やシステムも，地域福祉を基軸にした方向転換を遂げていった。この社会福祉制度の再構築に向けた改革は，1980年代後半にスタートし，1990年6月「老人福祉法等の一部を改正する法律（「福祉関係八法の改正」）」，2000年6月「社会福祉の増進のための社会福祉事業法等の一部を改正する法律（「社会福祉法の成立」）」という2つのピークを経て，転換を遂げるに至った。そこでは目まぐるしい変貌を続ける日本社会の動態を背景に，新保守主義的な色彩を強く帯びるなか，分権化，規制の緩和，民営化，自助原則の方向に福祉改革の進路を定め，地域福祉のあり方や姿にも大きな影響を与えていった。そこに今日，市町村を基盤とする福祉の推進実施，地域ケアシステムの形成，地域住民を主体に創出され利用される社会福祉，措置制度から利用制度への移行，自立生活支援を指向した内容をもつ，「地域福祉型の社会福祉」（古川孝順），「地域福祉の主流化」（武川正吾）の時代を迎えている[1]。

　わが国の社会福祉制度改革の内容を，1990年と2000年の法改正を中心に素描しておきたい。福祉改革の第1段階のピークになった「福祉関係八法の改正」では，それまでの中央主導による施設福祉中心の社会福祉のあり方を変えるために，①在宅福祉サービスを法的に位置づけるなど，その積極的推進を図り，②市町村に福祉行政の権限を一部移譲したり，老人保健福祉計画の策定を義務づけて，市町村の責任を重いものにした。さらに③社会福祉事業の基本理念を法定化し，ノーマライゼーション理念の尊重，保健・医療等との連携，地域に即した創意工夫や地域住民の参加を明記したほか，社会福祉の対象も「援護，育成又は更生の措置を要する者」から，「福祉サービスを必要とする者」へと広げ，それも単に援助の受け手としてでなく，あらゆる分野への積極的な参加者として位置づけている。ここに日本の社会福祉も，法制度的に地域福祉

時代を迎えていった。

わが国福祉改革の第2段階は，1997年に「社会福祉基礎構造改革」という呼称で始まり，2000年5月「社会福祉法」の成立をみている。社会福祉基礎構造改革をめぐっては，その是非を含めて多くの議論が展開されてきたが，その「包括的な方向性は，明らかに個人の人としての自立と尊厳を基本とし，個人の自己決定を原則とする新たな地域福祉の創造というものであった」[2]と集約される。この制度改革で初めて地域福祉の推進が，社会福祉制度全体の指導理念となった[3]。2000年の福祉制度改革の方向性や考え方は，社会福祉基礎構造改革の「中間のまとめ」(1998年)から，その明確な姿を読み取れる[4]。

この「中間のまとめ」では，次のような社会福祉の姿を提示した。つまり社会福祉の対象や機能を，従来のような限られた人々の保護・救済から，国民全体の生活の安定を支えるものに広げて捉えている。そこでは社会福祉の理念も，国民が自らの生活を自らの責任で営むことが基本となり，それができない場合に社会連帯の考え方に立った支援を行うのであるから，「社会福祉の基礎となるのは，他人を思いやり，お互いを支え，助け合おうとする精神である」として，住民の連帯や支え合いの重要性を強調している。そして社会福祉の目的は，「個人が人としての尊厳をもって，家庭や地域の中で，障害の有無や年齢にかかわらず，その人らしい安心のある生活が送れるよう自立支援すること」にある，と集約している。その上で改革の具体的な内容を，1.社会福祉事業の推進，2.質と効率性の確保，3.地域福祉の確立 の3つに整理し，これら改革理念を実現していくために，次の7つの基本方向を掲げたのである。

　i　サービスの利用者と提供者の対等な関係の確立
　ii　個人の多様な需要への地域での総合的な支援
　iii　幅広い需要に応える多様な主体の参入促進
　iv　信頼と納得の得られるサービスの質と効率性の向上
　v　情報公開等による事業運営の透明性の確保
　vi　増大する費用の公平かつ公正な負担

ⅶ 住民の積極的な参加による福祉の文化の創造

　上記の基本方向をみると,とくにそのⅱとⅶは,地域福祉のあり方や固有性を端的に示している。つまりⅱでは身近な地域において,利用者本位の考え方に立った,総合的な支援の構築という方向性を明確にしている。またⅶでは,社会福祉に対する住民の積極的かつ主体的な参加を通じて,福祉に対する関心と理解を深め,自助・共助・公助があいまって地域に根ざした,それぞれに個性ある福祉文化の創造を掲げている。

(2) 社会福祉法と地域福祉

　先にみた社会福祉改革の理念や基本方向の具体化に向けて,2000年には戦後最大といわれる社会福祉の法改正が行われた。社会福祉事業に共通する基本事項を定めた「社会福祉事業法」の名称を,「社会福祉法」に改め,法の守備範囲をより広げて,福祉サービスを提供するために実施する〈社会福祉を目的とする事業〉に変更している。そこに従来は,第2条に列挙する社会福祉事業に限定していたものを,新しい法ではそれを中核としつつも,ボランティア団体,NPO,地域組織,当事者組織などの担い手に広げた。また社会福祉の対象も,1990年の法改正で「福祉サービスを必要とする者」と規定していたが,すべての国民を対象とするという普遍主義的な立場から削除し,新たに「利用者」概念を登場させている。

　この2000年の法改正の主要なポイントは,次の2点に集約できる。第1のポイントは,措置制度から契約(利用)制度への移行である。いわゆる措置という用語は,「とりはからって始末をつけること」(『広辞苑 第六版』)を意味している。この措置から契約への変更により,行政の判断と責任でサービス内容を決定した福祉の援助,つまり「措置」に代わって,サービス利用者が自らの意思と責任のもとに,サービスの選択を行うように変わった。それは近年まで,わが国社会福祉の底流に流れる思想であった貧困を前提として,「上から与えられるもの」,「してあげるもの」という発想を根底から改め,福祉サービ

図表 1-1　社会福祉事業法と社会福祉法との基本理念の比較

社会福祉事業法（2000年改正前）	社会福祉法
（基本理念） 第3条　国，地方公共団体，社会福祉法人その他社会福祉事業を経営する者は，福祉サービスを必要とする者が，心身ともに健やかに育成され，又は社会，経済，文化その他あらゆる分野の活動に参加する機会を与えられるとともに，その環境，年齢及び心身の状況に応じ，地域において必要な福祉サービスを総合的に提供されるように，社会福祉事業その他の社会福祉を目的とする事業の広範囲かつ計画的な実施に努めなければならない。 （地域等への配慮） 第3条の2　国，地方公共団体，社会福祉法人その他社会福祉事業を経営する者は，社会福祉事業その他の社会福祉を目的とする事業を実施するに当たっては，医療，保健その他関連施策との有機的な連携を図り，地域に即した創意と工夫を行い，及び地域住民等の理解と協力を得るよう努めなければならない。	（福祉サービスの基本的理念） 第3条　福祉サービスは，個人の尊厳の保持を旨とし，その内容は，福祉サービスの利用者が心身ともに健やかに育成され，又はその有する能力に応じ自立した日常生活を営むことができるように支援するものとして，良質かつ適切なものでなければならない。 （地域福祉の推進） 第4条　地域住民，社会福祉を目的とする事業を経営する者及び社会福祉に関する活動を行う者は，相互に協力し，福祉サービスを必要とする地域住民が地域社会を構成する一員として日常生活を営み，社会，経済，文化その他あらゆる分野の活動に参加する機会が与えられるように，地域福祉の推進に努めなければならない。 （福祉サービスの提供の原則） 第5条　社会福祉を目的とする事業を経営する者は，その提供する多様な福祉サービスについて，利用者の意向を十分に尊重し，かつ，保健医療サービスその他の関連するサービスとの有機的な連携を図るよう創意工夫を行いつつ，これを総合的に提供することができるようにその事業の実施に努めなければならない。
〈福祉関係八法改正前〉	（福祉サービスの提供体制の確保等に関する国及び地方公共団体の責務） 第6条　国及び地方公共団体は，社会福祉を目的とする事業を経営する者と協力して，社会福祉を目的とする事業の広範かつ計画的な実施が図られるよう，福祉サービスを提供する体制の確保に関する施策，福祉サービスの適切な利用の推進に関する施策その他の必要な各般の措置を講じなければならない。
（社会福祉事業の趣旨） 第3条　社会福祉事業は，援護，育成又は更生の措置を要する者に対し，その独立心をそこなうことなく，正常な社会人として生活することができるように援助することを趣旨として経営されなければならない。	

スの利用者が提供者と対等の関係でサービス選択ができるように，権利としての社会福祉を確立しようとした，と改正の意図を説明している[5]。利用者本位の制度の構築を目指し，利用者の尊厳や主体性を重視した改革といわれるが，利用制度になじまない制度もあり，措置制度として存続するものもある。

新たな利用制度のもとで利用者の尊厳を守るには，福祉サービス・資源の整備や確保だけでなく，それらをサービスや支援を必要とする人が適切に利用できる仕組みを用意する必要がある。そこで社会福祉法の第1条（法の目的）に，「福祉サービスの利用者の利益の保護」を掲げ，「福祉サービスの適切な利用」を第8章として新設した。つまり福祉サービスの利用を支援したり，サービス事業者による「情報提供」をはじめ，サービス利用者保護のための方策を規定している。利用者が自己の権利や必要性を十分に表明できないときに，人々の権利を確保し，サービス利用を支援する「権利擁護制度」，さらにサービス利用に関する苦情を解決する「苦情解決」システムを創設したのである。

2000年法改正の第2のポイントは，地域福祉の推進である。わが国の法律で社会福祉法が初めて，「地域福祉」という言葉を登場させただけでなく，社会福祉の指導理念に地域福祉を掲げ，社会福祉の地域福祉化を方向づけた。社会福祉法では，第1条（法の目的）に「地域福祉の推進」を掲げ，第4条には「地域福祉の推進」という見出しの条文を定めている。さらに新設の第10章「地域福祉の推進」では，その具体的方策として第1節「地域福祉計画」に，地方自治体による地域福祉計画（第107・108条）を法定化したほか，第2節「社会福祉協議会」（第109・110条）では，市町村および都道府県の社協を「地域福祉の推進を図ることを目的とする団体」と規定した。また第3節「共同募金」では，その目的に「その区域内に地域福祉の推進を図るため」という規定を加えるなど，社会福祉法は地域福祉の推進を，前面に打ち出した内容になっている[6]。

「社会福祉法」では，「地域における社会福祉」を「地域福祉」と捉えて，その推進をうたい，第4条「地域福祉の推進」では，その主体・対象・目的に言

及している。同条では地域福祉の推進主体として地域住民，社会福祉を目的とする事業を経営する者，社会福祉に関する活動を行う者の三者を挙げ，それらが互いに協力して，福祉サービスの必要な住民が地域社会を構成する一員として日常生活を営み，「社会，経済，文化その他あらゆる分野の活動に参加する機会」が与えられるように，地域福祉の推進に努めるべきだとしている。いわゆるノーマライゼーションやソーシャルインクルージョンの実現を，地域福祉推進の方向や目的として規定した。また第3条では，福祉サービスの基本理念が個人の尊厳の保持，自立生活への支援にあることを明示し，第6条には社会福祉を増進する，国および地方公共団体の責務を規定している。

　このように日本社会は，社会福祉法で「地域福祉の推進」を掲げて，地域福祉型の社会福祉を社会福祉政策として選択した。それは「戦後資本主義国家が福祉国家を理念として復興を図ったとすれば，21世紀のわれわれは地域福祉を理念として蘇生しようとする」[7]政策を選択したといえる。それから15年の歳月が経過した。その間，社会福祉の部門別福祉サービスは，地域化をキーワードに生活圏域を範囲とした地域ケアや生活支援を軸に，地域福祉型の社会福祉への方向転換を着実に進めてきたが，住民の参加や組織化，地域福祉活動による共助の拡大につなげる施策化には大きな進捗がない[8]。本来，地域福祉の構築には，地域を基盤とした「福祉サービス」と「住民参加」が二大要件となり，それらが両輪となってパラレルに展開される必要があった。そこにサービス・資源と住民参加をリンクし，住民生活を支えるトータルな地域ケアシステム，福祉コミュニティ形成化の動きは緩慢にみえる。地域福祉推進のツールといわれる地域福祉計画も，近年は策定率を高めてはいるが，その機能を十分に発揮しているとはいえない状況である。

　福祉制度改革の方向性や内容をめぐっては，積極的評価とともに，それが厳しい長期不況や行財政改革のもとで実行され，国や地方自治体の責任の後退といった印象を深めている。地域福祉が行政責任を曖昧化し，福祉予算の支出を抑制するイデオロギーに矮小化することへの懸念も根強い。公的な責任が〈実

施責任〉から〈管理運営責任〉に変わった，といわれる行政の守備範囲や役割をはじめ，NPOや地域住民組織など，非営利部門の担う機能や限界も必ずしも明確ではない。さらに逼迫した財政状況の下，国や自治体が地域福祉の推進にどれほど意欲的に取り組むかということも，福祉の受益と負担をめぐる住民の選択と同様に可変的である。行財政のあり方や方向，住民参加や公私協働の着地点など不確定な要因も多いが，地域福祉の発展を支える環境条件の整備が不可避であることだけは間違いない。

2節　市町村と地域を核とする福祉

(1) 地域社会と地域福祉

　わが国では産業・就業構造をはじめ，家族や地域，生活構造や意識構造の変容が続き，人々の生活を根底から揺るがしている。社会変化のトレンドを示す人口減少化，少子高齢化，都市化，過疎化，情報化，グローバル化，貧困化，雇用不安定化，脱工業化，個人化，孤立化，無縁化なども，個人化の進展と不安定でリスクの多い社会の出現を示唆する。生活保障のエージェントである家族も，家庭外に大量の単身者を排出しつつ，親族や地域との結合や相互扶助力を弱め，その福祉機能を大幅に衰退させている。日々の住民生活おいても，家族やコミュニティへの依存は一段と難しいものとなり，今や誰にとっても福祉は，「他人ごと」から「自分ごと」へと確実に転化した。

　地域福祉という言葉は，「地域社会」と「社会福祉」の合成語であり，地域社会やコミュニティと強く関連づけた，社会福祉のあり方を含意している。わが国で地域福祉が注目されるのは，1970年前後のことだが，戦後の早い時期より，社会福祉協議会などで日常的に使われていた用語である。人々が暮らす地域社会は，多様な生活上の困難や不安が発生する場であるが，そのあり方や福祉資源の有無，環境的な諸条件が生活問題を誘発したり，逆にそれを緩和・防止するなど，住民の生活や福祉に多大な影響を及ぼす。さらに地域がもつ問題解決力や福祉力は，福祉サービス・資源の多寡や充実の度合いだけでなく，

住民による支え合いや福祉活動によっても異なる。地域社会は，住民生活の基盤そのものであり，社会福祉展開の前提条件といってもよい。地域を重視する地域福祉の構築には，誰もが安心して暮らせるような，福祉サービス・資源や環境条件の整備とともに，住民の参加によって生活上の困難を抱える人々のニーズを発見したり，困りごとへの支援や交流活動をすすめ，共生的な福祉コミュニティの形成が求められる。

　地域福祉の推進においては，何よりも住民生活で相互に深い関連をもつ，地域社会と社会福祉を積極的に結びつけ，住民の福祉を守るとともに，コミュニティが支える福祉の実現が課題となる。それゆえに地域福祉の担い手にも，福祉関係の行政や専門家，機関や施設だけでなく，地域住民はじめ当事者組織，非営利組織，営利組織など多様な主体の参加のもと，それらの協働による総合的な〈地域〉と〈福祉〉の形成化が目指される。また地域福祉の守備範囲は，社会福祉の対象よりも広く，多様な生活上の困難・困りごとを含む生活課題を対象とする。このように地域を基盤として，地域と福祉の結合を基底に，広く地域の生活・福祉課題への対応や解決を目指し，住民の主体的な参加のもとに，公私協働による地域ケアシステムの構築，福祉コミュニティの形成を一体的に構想するところに，地域福祉固有の視座がある。そこにここでは，地域福祉を仮に，「一定の地域社会を基盤に，市町村行政と地域住民等の多様な主体が協働し，そこで起こる多様な生活上の問題や困難の把握と，それに基づく課題の解決・予防，支援や援助の展開を通して，福祉コミュニティの形成を目指す福祉のあり方や方向」として捉えておきたい。

(2) 市町村行政と住民参加

　現代変動の趨勢をみると，個人化の進行と家族・コミュニティの機能低下は明確といえるが，そこには地域差の存在も無視できない。人々が生活する地域社会は，自然的・歴史的・文化的な影響を強く受けるし，大都市，ベッドタウン，地方都市，近郊農村，山間地では地域の実態や特性も異なる。住民の互助

機能が比較的強い地域もあるが,離島や中山間地にも過疎化・高齢化により,地縁・血縁による互助の期待できない地域も存在するなど,個々の地域でも人々のつながりや相互扶助の程度は違う。これら多様な地域の実情に即し,住民参加のもとに地域福祉推進の基礎単位になるのが,基礎自治体としての市町村である。

　地域に必要なサービスの内容や水準,役割の分担やシステムを,住民とともに考えて決定し,それを協働的に実施できるのは市町村以外にはない。住民生活にもっとも身近な行政である市町村は,空間的範囲も相対的に狭く,住民との距離が国や都道府県よりもはるかに小さいが,予算・権限・職員をもつことにより,単なる地区や地域社会とは区別される。市町村を中心にした福祉の推進実施ならば,地域課題や福祉ニーズを比較的容易に把握できるし,日常的に生活圏域や小地域の住民活動とも連動して,地域の特性を生かした方策を工夫したり,福祉に関係する機関・施設などの連携や協働の仕組み,ネットワークづくり,さらに住民の声を汲み上げて施策にも反映させやすい。このように地域社会の実態に即し,住民参加の活性化を梃子に,濃やかな創意工夫をこらし,住民の力量と福祉力を高めていくのに,もっとも適合している行政単位が市町村である。

　地域福祉時代の到来とは,地域や福祉への住民参加の時代であるだけでなく,市町村行政の積極的な福祉対応と創意工夫が求められる自治型福祉の時代をも意味している。市町村行政には縦割りや指示待ちの弊害を克服し,福祉・保健・医療・都市計画などを総合展開する統合主体,行政・事業者・市民・当事者をコーディネートする政策主体および実施主体としての役割遂行が期待される[9]。それをより簡潔に表現して,福祉サービスをめぐる公共部門の役割を①コーディネーター（調整者）,②イネイブラー（条件整備者）,③プロバイダー（供給者）とする区分もみられる[10]。

　地域福祉は地域社会を基盤に,市町村中心に推進される。そこに福祉サービスや支援の充実度も,各市町村で異なり,その格差が危惧されてきたし,多く

の福祉関係データが地域間格差の存在を証明してきた。社会福祉法第6条では，国と地方公共団体の責務として，福祉サービス提供体制の確保，福祉サービスの適切な利用の推進，その他の必要な各般の措置という3点を挙げているが，行政が何をどこまで責任を負うかは明らかではない。一般に先進諸国では，社会福祉が分権化される傾向にあるが，それは普遍的な権利としての社会保障の実現を阻害する要因，負の可能性をもつことにも留意が必要になる[11]。この福祉水準にみられる地域格差の要因も財源のみではない。財源的には厳しい市町村にも，相対的に高い福祉水準・システムを実現してきた事例は多く，市町村長の考え方や福祉関係職員の意欲，福祉活動に熱心な住民の存在など，人的な要因の介在が指摘されてきた。

　地域福祉の推進には，地域に適した総合的な福祉資源，サービスやシステムを創出し，それを運営実施するだけでは十分とはいえず，人と人とのつながりを核とする，福祉コミュニティの形成化が不可欠である。市町村行政の守備範囲や役割にも限界があり，地域住民にもよくできること，すべきことも多い。人と人がつながりや交流を培い，ともに生きることを可能にする福祉文化を育み，地域での共同や助け合いを再生させる主体は住民しかいない。それを支援する条件整備が，行政には強く求められている。現代地域福祉の構築にとって，地域を基盤としたサービス・資源・環境の整備と併せて，住民参加による福祉コミュニティの形成が主要な焦点となっている。

(3) 分権化とガバナンス

　日本社会も少子・高齢社会の到来により，新しい福祉システムの形成化が地域や行政の主要課題となった。そこでは中央主導型福祉行政から脱皮し，住民生活に身近な市町村が核となり，住民やコミュニティと協働する総合的な福祉の展開と実施が求められる。そこに今日的な地域福祉の形成という文脈からも，権限や財源の移譲による市町村行財政の強化が注目を集める理由があった。社会福祉分野においては，1980年代後半から福祉改革が始まり，いわゆ

る「機関委任事務の整理合理化法」(1986年)の団体事務化に続いて，「福祉関係八法」(1990年)の改正では，市町村中心の福祉の総合的・計画的な実施が目指されるなど，地方分権の先端領域と呼ばれるような権限移譲が進展した。

　わが国の地方分権化への動きも，バブル崩壊を契機に大きく前進した。1993年6月には，衆参両院で「地方分権の推進に関する決議」が全会一致で行われ，続いて1995年5月「地方分権推進法」成立，7月に地方分権推進計画を作成する具体的指針の勧告，計画の実施状況を監視する「地方分権推進委員会」(以後，「分権委」という)が発足した。この分権委は1996年3月に「中間報告—分権型社会の創造」を提出して，機関委任事務廃止を明記し，同年12月「地方分権推進計画指針」(1次勧告)，翌年7月に補助金の整理を中心に「2次勧告」，9月に地方事務官制度廃止などの「3次勧告」，10月に国と地方の係争手続きなどの「4次勧告」を矢継ぎ早に出していった。

　それら一連の勧告を受ける形で政府は，1998年5月に「第1次地方分権推進計画」を閣議決定し，同年11月には分権委が公共事業を中心とした「5次勧告」を出している。翌99年3月には「第2次地方分権推進計画」を決定し，国会での審議を経て7月には，機関委任事務廃止に代表される「地方分権一括法」が成立し，2000年4月より施行した[12]。そこで改正された「地方自治法」第1条の2では，地方公共団体の役割を，「住民の福祉の増進を図ることを基本として，地域における行政を自主的かつ総合的に実施する役割を広く担うものとする」と明確に示している。

　「地方分権一括法」の成立によって，中央集権型行政システムの核とされてきた機関委任事務をはじめ，団体委任事務，固有事務という区分が廃止になり，現在では国の業務を地方自治体に委託して実施される〈法定受託事務〉と，それ以外の〈自治事務〉に区分されるようになった。ここに社会福祉も生活保護を除いて，すべて自治事務となり，国が制度・施策の企画・立案，都道府県が調整・指導をそれぞれ担い，市町村が実施するということを明確にした。国と地方との関係も，〈対等・協力〉の関係に変わったとされるが，地方

税を増やすような税制改革が進展しないなど，地方分権型行政システムへの転換には，相当の紆余曲折が予想されている。

近年，日本社会でも生活問題の解決にあたっては，①個人が解決できる課題は個人が解決に当たり（私領域），次に②個人で解決できない課題については，できる限り市民の協同により解決し（市民領域），③それでも解決が困難な課題には自治体や国が解決に当たる（政府領域），という「補完性の原則」を前提にしている[13]。さらにこの原則は，③の政府間関係にも適用される。つまり課題の解決には基礎自治体を最優先とし，次いで広域自治体を優先し，それらができないものを国が担当する，という役割分担のあり方を明示している。

1990年代以降の分権改革と並行して進行したのが，行政による一元的統治（ガバメント）から，地域の多様なアクターの参加による共同統治（ガバナンス）への変容である[14]。近年では，行政だけが公共部門の担い手とは考えず，地域福祉の推進実施も行政セクターをはじめ，市民セクターや企業セクター，地域組織等との役割の分担や協働，相互補完が求められる。それは〈私〉が連帯・共生して，〈公〉をつくると言い換えてもよい[15]。ここに公＝行政という図式も変更され，住民・市民と行政との協働＝パートナーシップによる地域福祉の取り組みと発展が目指されている。それは行政だけでは作れず，運営できない地域や福祉のあり方といえるが，行政責任に基づく社会福祉の実施という姿も薄らいでみえる。しかし，ガバナンスという枠組みのもとでも，基礎自治体である市町村には，地域福祉のシステム形成に積極的に関与し，それを有効に機能させる責務がある。市町村自治体が地域福祉推進の要であり，最終的な責任主体であることに変わりはない[16]。

3節 地域福祉の基本命題

(1) 地域福祉の原則

地域福祉を基軸に据えて，社会福祉を展開する時代に入って15年が経過した。地域福祉の推進には，ノーマライゼーション，ソーシャルインクルージョ

ン，コミュニティケア，住民主体，利用者（当事者）主体といった理念を具現化し，人々の自立生活を支え，誰もが安心して暮らせる，福祉水準やサービスの提供，福祉コミュニティ形成を達成課題とする。そのためには総合的な福祉サービス・資源の充実，生活居住環境の改善整備のみでなく，住民の主体的な参加が必須条件になる。換言するならば，コミュニティケアのための対人サービス装置，地域生活環境の創出，住民相互の絆や共同性を培う，住民活動の広がりが欠かせない。この地域福祉を推進する原則として，東京都「〈改訂版〉東京都地域福祉推進計画」(1997年) では，市町村主体，統合化，計画化，参加と協働という4つを掲げたように，地域福祉の構築には必要な条件や原則がある。

　地域福祉の目標とされる福祉コミュニティは，多様な意味をもつ用語だが，それを「福祉システムが内在され，適切に作動する状態にあるコミュニティ」というように考えると，それを形成化するための条件は次の2つに大別できる。まず1つは地域生活に不可欠な物的・制度的条件や，各種サービスの整備と活用であり，いま1つは住民・当事者の交流や参加により，地域につながりや共同性を築くことである。このような福祉コミュニティの形成には，福祉資源・サービスの整備充実と並行して，地域に生きる人と人との関係を培い，「ともに生き，支え合う」価値意識の創出を基本課題とする。次に掲げる地域福祉の7つの要件は，地域福祉の政策・理論・実践で広く，そして繰り返し主張されてきたものといってよい。これらの要件は，いずれも地域福祉の方策や方向性を示し，そこで達成すべき課題でもあり，その不足や歪みは地域福祉の内実を貧しく乏しいものにする。

(2) 地域福祉推進の要件

① 市町村を範域とした福祉形成

　この30年ほどの福祉制度改革のポイントの1つは，市町村を基盤とした福祉サービスの実施にあり，福祉の事務の多くが市町村に移譲されてきた。国や

都道府県の責務は重いが，行政と民間・住民が協働して福祉の装置をつくり動かすには，住民生活にもっとも身近な市町村が適切であり，市町村を核とした地域福祉の推進と実践が基本になる。そこでは自治体の力量を高めるだけでなく，住民自治の深まりが欠かせないし，自治体内のより狭い地域への分権化や地区別の取り組みが重視されている。

② 公私役割の分担と協働化

もっぱら行政に委ねられてきた福祉問題の解決も，近年では行政と地域の多様なセクターとの協働が不可欠と考えられている。地域福祉の推進においても，行政と住民・市民・NPO，地域諸組織，福祉施設や専門機関，サービス事業者とが一緒になって協働することが基本命題になっている[17]。行政やセクター相互の有機的な連携と協働化の発展には，行政の守備範囲と責任を明確化し，各セクターの役割可能性を捉え返し，行政の下請けに転化しない対等・平等な協働化が求められる。ここでも行政努力と住民参加がポイントだし，セクター間のパートナーシップが基本になる。

③ 住民参加の促進化

当事者・地域住民は，地域福祉の根源的な主体である。地域福祉台頭の初期より，「住民参加なくして地域福祉なし」と，一貫して住民参加が強調されてきた。住民参加の形態や範囲も広範かつ多様であり，住民にはサービス・支援・活動の担い手としてだけでなく，人々のつながりや福祉コミュニティを地域で培い，地域の福祉力を高め，福祉システムを市民的に変革し，福祉文化を創造する役割が期待される。住民参加は自然に起こることは少なく，参加を支援するコミュニティワークの展開が必要だし，そのための環境条件の整備は，地域福祉推進を担う行政の重大な責務となっている。

④ 施策・サービス・活動の総合化

地域福祉システムの形成化には，公私による多面包括的な施策・サービス・活動の総合展開が必須である。市町村行政が「たて割行政」を超えて，福祉・保健・医療をはじめ住宅，交通手段，労働，教育，地域計画などの関連施策・

サービスを総合化するだけでなく，社協や福祉施設，サービス事業者，NPOやボランティア組織，地域組織といった多様な主体による事業や活動を含む，総合的な福祉の装置が必要になる。それらが協働・連動して実践をすすめるにも，各市町村が描く地域福祉の構想のもとに，広範で多岐にわたる施策や活動の総合的展開が欠かせない。

⑤ 地域ケアのシステム化

　障害分野の脱施設化の動きに続いて，高齢分野でも地域包括ケアシステムの構築を掲げて，大きなインパクトを与えている。住み慣れた家庭や地域での生活を希望する人は多く，福祉施設での生活よりも望ましいという考え方が在宅重視への転換を支えてきたが，地域福祉において地域ケアは中核的な位置を占める。1990年代に入ると，かなりのテンポで在宅サービスの拡充，担い手の確保・養成，サービスの調整や活用するしくみ，ケアシステム形成，ネットワーキングの取り組みが始まるが，今もトータルな地域ケアシステムとしては，十分な内容・水準とはいえない段階にある。

⑥ 地域福祉の計画化

　1990年代には，市町村を策定主体とする福祉計画の時代に入り，分野別の各計画が策定されだす。1990年改正の社会福祉事業法第3条は，社会福祉を目的とする事業の「計画的な実施」を明記し，10年後の社会福祉法では「地域福祉計画」を法定化している。ここに市町村による地域福祉の推進方策としても，「計画的な変革」を意義とする計画手法が採用されることになった。地域福祉推進のツールとして喧伝される「地域福祉計画」とともに，民間サイドの「地域福祉活動計画」が，多くの市町村社協で策定されている。

⑦ 福祉施設の地域化

　地域にとって福祉施設は，重要な社会資源であり，それを欠いた地域福祉の構築は考えられない。福祉施設の機能やあり方も，地域福祉全体の枠組みとの関連で捉えて位置づける視点が必要になる。また福祉施設は施設利用者だけでなく，生活困難や困窮を抱える人を広く支える，サービス・活動拠点としても

注目を集めているし，多くの住民やボランティアが出入りし，福祉教育や地域交流の機能を担うことへの期待も高い[18]。これからの福祉施設には，施設のあり方や利用者の生活をノーマライズする努力とともに，地域福祉推進の一翼を担うことが求められる。

注

1) 社会福祉法の成立以後，地域福祉を社会福祉の一領域，もしくは一方法技術として捉えることは無理になった。古川孝順（「社会福祉政策の再編と課題」『戦後社会福祉の総括と21世紀への展望 Ⅲ政策と制度』ドメス出版, p.323, 2002年）も，「基礎構造改革でいう地域福祉と一般にいう社会福祉とは，国や都道府県あるいは全国的な民間組織の担う部分を除けば，ほとんど重なり合う関係にあるといってよい」という。
2) 小笠原浩一「補論 基礎構造改革と分権化」小笠原浩一・武川正吾編『福祉国家の変貌』東信堂, 2002年, p.181
3) 古都賢一「今なぜ，地域福祉なのか」生活福祉研究機構編集『わがまちの地域福祉計画づくり―地域福祉推進実践集』中央法規出版, 2003年, pp.8-9
4) 中央社会福祉審議会 社会福祉構造改革分科会「社会福祉基礎構造改革の実現に向けて」中央法規出版, 1998年
5) 炭谷茂「はじめに」同編著『社会福祉基礎構造改革の視座―改革推進者たちの記録』ぎょうせい, 2003年
6) 社会福祉法の第10章「地域福祉の推進」は，不十分さや問題点が指摘されることも多い。たとえば，京極高宣『福祉レジュームの転換』中央法規出版, 2013年, pp.100-102を参照してほしい。
7) 堀内隆治『福祉国家の危機と地域福祉』ミネルヴァ書房, 2003年, p.66
8) 地域福祉推進に向けた施策化の動きが緩慢であるといった認識は，一般的といってよい。『社会福祉研究 第108号』（鉄道弘済会, 2010年）では，特集に「社会福祉法10年を検証する―課題と展望―」を組み，阿部志郎，炭谷茂，山崎美貴子の三氏による鼎談を掲載した。そこで社会・援護局長として基礎構造改革を担った炭谷茂が改革の趣旨を，1. 人権の確立，個人の尊厳，2. 福祉サービスの質・量・メニューを豊富にする，3. 地域福祉の確立，の3点と考えていたが，改革以後において3つ目の地域福祉の確立があまり注目されていないことを残念だとし，「私がやり残したことは地域福祉です」と述懐している。
9) 澤井勝「福祉行政における市町村」大森彌編著『地域福祉を拓く第4巻 地域福祉と自治体行政』ぎょうせい, 2002年

10) 武川正吾『地域福祉の主流化』法律文化社，2006年，pp.162-164
11) 秋月謙吾『行政・地方自治』東京大学出版会，2001年。pp.143-144
12) 2000年度施行の地方分権一括法では，改正された法律が475本に達した。特に地方自治法の改正は，法制定以後最大の改革といわれ，新「地方自治法」とも呼ばれている。
13) 加藤良重『自治体福祉政策』公人の友社，2006年，p.56
14) 神野直彦・澤井安勇編著『ソーシャルガバナンス―新しい分権・市民社会の構図』東洋経済新報社，2004年
15) 松下圭一『日本の自治・分権』岩波書店，1996年，pp.132-156
16) 古川孝順（前掲論文）によると，「今日，保護介入国家から条件整備型国家への転換は一つの政治的社会的な趨勢として，社会のあらゆる領域において受容されている感がある」（p.315）とし，基礎構造改革でも国家の役割は保護介入型から条件整備型へと転換した。しかし，保護介入型から条件整備型への転換が求められるのは国や都道府県であり，市町村は従来以上に社会福祉の整備に力を注ぐ必要があり，「社会福祉を目的とする事業を経営する者と協力するという姿勢だけでは，市町村を基礎単位とする社会福祉の基盤整備は実現されえない」（p.335）という。
17) かつて社会福祉領域の公私関係といえば，公私二分論で捉えられてきた。そこで「公」とは，国および地方自治体の行政をいい，「私」は多様な民間・地域住民を意味していた。近年は民間部門によっても，公共的領域が担われるといったものに基調が変わり，新たに「共」を加えた，「公共私」（公助・共助・自助）三分論が用いられることが多い。
18) 東京都社会福祉審議会「社会の変化に対応する地域福祉の展開とその基盤整備について」（1994年11月）。この答申では，福祉施設のもつ地域福祉機能として①相談援助の機能，②サービス技術の地域への提供，③地域の多様な福祉ニーズへの対応，④福祉教育や地域交流の機能，⑤地域の福祉ネットワークの核としての施設を挙げている。

第2章

住民生活の変貌とコミュニティ

1節 現代日本の生活変動

(1) 地域社会と生活の変容

　人間は一人では生きられない。他者との関わり，共同生活を営むことにより，初めてその生命と生活を維持することが可能になる。それゆえに有史以来，人類は他者と共同・協働する生活システムを形成してきたが，その生活や福祉を支える中心には，いつも家族が存在してきた。この家族の外部に広がる地域社会は，いわば近隣同士が助け合うことを目的につくられた社会システムといってよく，それは相互扶助という共同財の生産を機能としてきた[1]。これら家族と地域社会は，歴史的にも人間生活にとって最も重要な集団として，相互補完的にその役割を果たしてきたのである。

　この人間生活を支えるシステムも多様であって，時代や社会・経済的な背景によって大きく異なったし，環境に適応するための変化を絶えず繰り返してきた。現代の日本社会では，かつて経験したことのないような社会や家族，生活様式のドラスティックな変化のなかで，生活上の困難や不安を出現させ，福祉対象の普遍化に象徴される福祉化社会を到来させている。それが地域福祉という地域を基盤とした，新たな福祉システムや装置をつくり出すことを要請している社会的文脈である。ここでは地域福祉の推進が求められる社会的背景を，変貌を続ける日本社会の現実から捉えていくことにしたい。

前近代の日本社会では，村落が唯一の地域社会であったといってよく，そこは人々の生活の大半が営まれる局地的小宇宙として存在する「共同体」であった[2]。明治以後，近代国家によって強力に工業化は進められていったが，かつて福武直が1930年の都市人口が25％，賃金労働者が有業人口の約1割と推定したように，60年間の工業化によっても戦前日本に，都市化社会や雇用者主体の社会は出現していない[3]。そこに全体として戦前の日本をみれば，都市よりも農村の比重が重く，前近代的な村落社会としての性格と伝統的な家族制度が維持される，ムラ的・家族主義的な人間関係が支配的な社会であった。
　それも1945年の敗戦を契機として，日本社会の民主化が大きく進み出すことになる。つまり戦後の日本では，「家」制度の廃止をはじめ，法制度的な男女平等が実現していったし，1946年10月の農地改革は村落社会に重大な構造変化を惹起する。これら戦後改革を上回るインパクトで日本社会を揺り動かしたのが，1955年に始まる高度経済成長であった。そこでは産業化と都市化が表裏一体となって進行し，かつて経験したことのない未曾有の社会変動を引き起こし，わが国の地域・家族・生活を地滑り的に変貌させていった。高度経済成長以後，60年の歳月が経過した。日本社会も1973年の石油危機を転機に低成長時代へと移行していくが，やがて1990年代に入ると，社会・家族・地域や社会意識をめぐる変化の基調は，それ以前とは大きく異なる相貌を呈することになる。

(2) 雇用の変化と格差の拡大

　1980年代の終わりに社会学者の福武直は，戦後日本社会の変化を簡潔に，「自営業主体の村落的社会から，雇用者主体の都市的社会に完全に変貌した」と表現している[4]。その変化の直接的契機となったのは，1955年に始まる高度経済成長であった。産業化・都市化が表裏一体となって急速に進み，全国的に社会・経済構造，市民の生活構造や意識構造を根底より揺るがしていった。その後，1970年代半ばの第一次石油危機を転機に，低成長経済に移行してから

も，産業・経済をめぐる激動は続いた。やがて1990年代に入ると，情報技術の進歩とともにグローバル化が進展するなかで，日本の産業構造も変容を遂げていくが，1991年のバブル崩壊とその後の長期不況は，日本社会を直撃し，失業率や非正規雇用者を増大させ，不安定雇用と貧困の拡大をもたらしていくことになる。

　産業化の今日的進展は，日本社会をめまぐるしく変貌させる原動力であった。わが国産業3部門別構造の変化を，「国勢調査」よりみると，1950年に50.7％と半数を占めた第1次産業も，60年後の2010年には4.2％に激減して非農化を進めていった。第2次産業も，1950年の22.2％が1970年には35.2％とピークを示したが，それ以後は減少に転じて，2010年には25.2％へと低下している。第3次産業のみが唯一増加の一途をたどり，今や70.6％と7割を超えて脱工業化，経済のサービス化を進行させ，かつて農家や商工自営業を中心とした家族や地域社会も，その姿を大きく変えた。ちなみに雇用者は1955年に43.5％であったが，2010年には87.3％と倍増し，そこに占める女性の割合も4割を超えるなど，既婚女性を含めた雇用者社会（employee socity）化を遂げている（総務省統計局「労働力調査」）。

　日本経済構造の変容は，日々の生活を支える経済的基盤の地滑り的変化をもたらし，住民生活を直撃している。戦後の産業発展は，国民の所得水準や生活水準を飛躍的に高め，物質的に「豊かな」社会を実現させたが，1990年代に入ると貧困・格差の広がりとリスクの多い，不安定な社会の到来を告げる[5]。わが国の世帯ごとの平均所得は，ピーク時の1994年が664万円であったが，2011年には548万円に減り，相対的貧困率も2009年が16.0％と20年以上もの間上昇を続け，生活保護受給者数も1995年度の88万人を底に増加に転じ，2013年度には216万人となっている。雇用者全体に占める「非正規雇用者」の割合は，1990年の20％から2010年には33.6％へと激増し，リストラや失業問題，ニート，ホームレスの増大など，今や貧困は身近な問題になった。かつて生活保障を支えた企業コミュニティも，雇用の流動化や就業形態の変化に

よって，福祉機能の衰退や喪失，求心力の低下が続いている。

(3) 人口変動と市町村

わが国の産業発展は，人口動向にも大きな影響を与えている。都市部（市部）人口の推移を「国勢調査」からみると，1920年には18.0%と2割を下回っていたが，1950年に37.3%，1960年に63.3%，2000年に78.7%，2010年には90.7%と全人口の9割を超えた。ただし，1954年と1955年にピークを迎えた昭和の大合併では，1950年に1万500であった市町村数が1960年には3,574と3分の1に激減したが，ほぼ半世紀後の平成の大合併でも，2004年に3,100の市町村が2010年には1,727まで減少し，2014年10月現在，1,718市町村（790市，745町，183村）となっている。このように都市部人口の伸びは，市町村合併により，多くの市が農山村地域を含むようになったこともあり，単純に都市居住者の増加を意味してはいない。

近年は全国的に定住化の様相を強めているが，農山村地域から都市への人口移動は今も続いている。都市地域人口をより実質的に示す「人口集中区（DID）」の比率も，1960年の43.7%が2010年には67.3%と増加を続け，人口都市化の趨勢を実証しているが，これは都市地域で暮らす居住者が増えて多数派になっただけでなく，都市的な社会関係・価値意識・行動様式が支配的な「都市型社会」への転換を意味している。人口減少や少子・高齢化の動向は，地域特性を示す数字であるだけでなく，社会変動の要因としても重要である。

日本の人口は，2009年に過去最多の1億2,707万人を記録したが，その後，5年連続の減少となり，2014年1月1日現在の人口は1億2,643万人である（総務省「住民基本台帳」）。そこでは9割近い町村で人口が減少している。2014年5月8日に発表された日本創世会議・人口減少問題検討委員会報告「成長を続ける21世紀のために〈ストップ少子化・地方元気戦略〉」は，2040年までに全国の896市町村が消滅する可能性を示し，大きな衝撃と波紋を社会に与えた。人口変動は社会変動の要因であり，これからの人口減は税収の減少を市町

村にもたらす。一般に，少子・高齢化の進行は，地域のマイナス要因として扱われるが，広井良典は地域との関わりが強い，子どもと高齢者を「地域密着人口」と呼び，その合計は戦後から最近まで減り続けてきたが，今後は一貫して増え続けることに注目する[6]。こうした事実の見方や捉え方は，地域福祉の推進方策にも影響を及ぼし，そのなかでどう地域や福祉をつくり，どのように運営していくかが問われることになる。

(4) 少子高齢社会の到来

現在，進行している少子高齢化は，日本社会に変化をもたらす重大要因である。高齢化は，人口構成における高齢者割合の増加を，少子化は出生数の減少をそれぞれ意味する用語であるが，その影響は人口構造の変化にとどまらない。急速な少子高齢化の進展は，他の社会変化とも相乗して，人々の意識や価値観を揺るがし，地域や文化，社会のあり方や仕組みを根底から変容させる。

わが国では1989年に，女性が一生に生む子ども数を計算した合計特殊出生率が1.57になり，マスコミも〈1.57ショック〉と大々的に報じた。この合計特殊出生率の推移をみると，1947年に4.54であったのが，1955年には2.37まで急減し，それ以降も緩やかに低下を続けた。2005年には史上最低の1.26を記録し，その後2012年には1.41に回復したが，2015年4月1日現在，全人口に占める子どもの割合は，高齢者人口の半分以下の12.7％であり，41年連続で低下している。少子化の要因としては，未婚率の上昇や晩婚化の進行，「結婚・家族」規範の弱体化が指摘されるが，それは単に社会や社会保障の担い手の減少を意味しない。子どもの発達や成長にも大きな影響を及ぼし，家庭内外での子ども同士のふれあいの減少，社会性の育ちにくさ，子育ての困難さをクローズアップさせている。

わが国の2013年の平均寿命は女性86.61歳，男性80.21歳まで延びて，高齢者層に死が集中する「死の偏在現象」が顕著である[7]。高齢化の推移をみると，老年人口が7％を超えて「高齢化社会」（aging society）に突入したのは

1970年だが，その後高齢化のテンポを速め，1985年には老年人口が10.3％，1994年には14％を超えて「高齢社会」(aged society)に達した。2010年10月1日現在の高齢化率は23.0％であるが，2024年には30.1％になると推計されている（国立社会保障・人口問題研究所「日本の将来推計人口（平成24年1月推計）」）。今後，高齢化率は地方での変化は小さいが，大都市圏では急速に高まり，地域差を縮めながら少子高齢社会の色合いを強めていくことになる。

　少子高齢化の進行は，現代の家族変動とも連動して，子育て支援や高齢者介護の必要性を高める。子どもと同居する高齢者の比率も，1957年に81.6％であったのが，1999年に半数を下回り，2010年には42.2％とほぼ終始一貫して減少を続けている。2010年の高齢者の16.9％が単独世帯，そして37.2％が高齢者夫婦世帯の生活を営んでいる（「国民生活基礎調査」）。介護保険サービスの受給者数は，2000年の149万人が2010年には403万人と，254万人の増加である（『厚生労働白書　平成24年版』）。厚生労働省研究班の調査によると，65歳以上の高齢者のうち認知症の人は推計15％，2012年時点で462万人にのぼる（『朝日新聞』2013年6月1日朝刊）。少子高齢社会に適合するトータルな，社会・地域・福祉システム構築が求められている。

2節　変貌する現代の家族

(1) ゆらぐ現代家族

　家族社会学者の森岡清美によれば，「家族とは，夫婦・親子・きょうだいなど少数の近親者を主要な成員とし，成員相互の深い感情的かかわりあいで結ばれた，幸福（well-being）追求の集団である」[8]という。この家族の定義でも，家族が生活共同集団として，ある特定の機能を担うというよりも，成員の福祉追求のための包括的・多面的な機能を担う「福祉追求のエージェント」であることをよく示している[9]。今日，家族は大きく変貌を遂げているが，それでも社会を構成する最も基礎的な集団であり，家族成員の生活を支え，人々の福祉追求の拠点であることに変わりはない。

戦前からの「家」制度は，戦後の民法改正（1947年）によって否定・廃止された。その後，未曾有の社会変動を経て日本の家族も，直系制家族から夫婦制家族への移行を基軸に，「家族のライフスタイル化」と呼ばれる多様化の様相を呈している。家族のあり方も，「イエ」中心から「個人」中心にシフトし，個人化の趨勢を一段と強めている。あるべき家族像や家族理念も揺らぎの渦中にあり，変容を続ける家族の着地点は不透明である。

今日，一歩家庭の外にでると，家族成員も異なる集団に所属して，生活時間や人間関係，関心事も多様な生活を送っている。生活ニーズの充足に占める家庭への依存度も，かつてなく低めたし，携帯電話やインターネットの普及も，外部との通信・交流を個人単位化した。人生を左右する配偶選択や職業選択も，当事者本人の選択と決定に委ねられるが，これも個人の尊重や自己実現にとって大切な条件とはいえ，自己決定の重い責任やリスクを個人が引き受けるようになる。現代社会の大きな特徴である個人化は，個々人の原子化や自己中心主義への傾斜を強め，「家庭のない家族の時代」（小此木啓吾）とも隣り合わせている。この個人化の時代を芹沢俊介は，「自己本位主義的志向を強くうながすことに特徴がある……。家族内部がバラバラに個別化され，統一性を欠くようになる」[10]とし，現在の家族状況をE．デュルケームのアノミー概念で捉えることが適切であるという。単身者に象徴される，家族に包摂されない人々の存在や孤立化の広まりは，改めて家族のもつ意味を問い，家族の一体感や絆をつくる意図的努力とともに，家族の支え合いを前提に構築されてきた，日本の社会保障制度の見直しと拡充を必要としている。

(2) 変わる家族の形態と機能

通常，家族を外からみた姿を示す家族の形態は，規模（人数）と構成で捉えられる。わが国の家族規模を平均世帯人員の推移からみると，1920年の5.02人が1955年でも4.97人とほぼ5人を維持していたが，その後減少を続けて2010年には2.42人となっている（「国勢調査」）。この平均世帯人員の減少は，

少子化や核家族化の進行のほか，単独世帯が 1960 年の 16.1％から 2010 年には 32.4％へと倍増したことの影響が大きい。孤立化や孤独死，無縁社会の話題は大きな衝撃を与えているが，その背後には単身者化の社会的趨勢がある。家族社会学者の山田昌弘によると，日本のシングルは家族に包摂されていたが，家族に包摂されない孤立したシングルがあらゆる年齢層で増えると予測する[11]。この単身者の量的増加は，つながりを喪失し，孤立化した人々の大量な出現を示唆している。

　国勢調査の世帯統計では，「一般世帯」と「施設等の世帯」に大別し，前者をさらに「親族世帯」，「非親族世帯」，「単独世帯」に区分している。このうち親族世帯は「核家族世帯」と「その他の親族世帯」に区分されるが，核家族世帯は 1960 年の 53.0％が 1980 年に 60.3％とピークを示し，その後減少に転じて 2010 年には 56.3％と 5 割台半ばとなった。その内訳をみると，「夫婦と子どもからなる世帯」（27.9％）は半数に届かず，「夫婦のみの世帯」（19.8％）と「片親と子どもからなる世帯」（10.2％）が大幅に増加している。一方で，1985 年をピークに実数の減少が始まる「その他の親族世帯」（三世代同居）は，30.5％から 10.2％へと 3 分の 1 に激減した。およそ家族とはいえない「単独世帯」のみが，増加の一途をたどって最も多い家族類型になり，ひとりぐらしの生活人員も 13％になった[12]。かつて高齢者の子どもとの同居率の低下も，それが直ちに別居指向にはつながらず，わが国の同居意識の根強さを示す根拠とされてきたが，1980 年代後半を境として急激に，老親と子との同居意識も低下している[13]。

　これら家族形態の変化は，家族の担う機能にも反映する。家族が担ってきた生活保障の機能は，大幅に縮小・低下しているが，とくに危機的状況に直面したときの家族の対処能力，子どもを生み育てる力や教育する力，病人・障害者・高齢者を扶養する力を脆弱にした。先にみた雇用者化による「職住の分離」や「家業」の喪失は，家族を消費の単位に変えたし，女性の雇用者化や家族従業者の減少は，家庭・地域から女性を切り離し，女性が担ってきた家族の

ケア機能や地域を支える機能を弱体化させている。親族や近隣との濃密な人間関係を喪失した現代家族にとって、地縁・血縁による支援や助力を期待することは難しい状況に変わった。

現代家族の喪失した生活機能は、家庭外の行政部門や市場部門などの専門機関や商業サービスによる代替・補完を不可欠とし、それを家族機能の「外部化」もしくは、「生活の社会化」や「都市的生活様式」と呼ぶ。今日、家庭外から提供される財・サービスへの依存度を飛躍的に高めているが、家庭機能の外部化も衣服や食品のような〈モノ〉を対象とするものと、乳幼児、病人、要介護老人に対するケアである〈ヒト〉を対象とするものに区分できる[14]。この〈ヒト〉にかかわる外部化の典型として、社会福祉を捉えることができる。かつてアメリカの社会学者パーソンズ（T. Persons）は、現代の孤立した核家族に残された必要最小限の機能として、1）子どもの基礎的な社会化、2）成人のパーソナリティの安定化を提示した[15]。日本の家族も多くの機能を喪失し、「家族の機能は休息、安らぎを与える精神的な機能に純化するようになった」[16]といわれるように、「情緒的・愛情的機能」を固有機能として強調されることが多い。不安定で動揺しやすい現代の家族も、情緒的・愛情的機能を核に「福祉追求のエージェント」として、「生きることの意味の感覚を支える基礎的な集団でありつづける」ことへの期待は高い[17]。

3節　変貌する現代の地域

(1) 現代地域生活の特質

現代の社会・経済・家族・生活をめぐる諸変化は、その具体的な姿を地域社会に現している。そこでは産業発展を基底に、物質的・経済的な豊かさや利便性を高めたが、それと引き替えに支払った代償は小さくない。血縁的・地縁的なつながりや互助力の喪失、生活をゆがめて圧迫する数多くの生活・福祉課題が、地域を舞台に現象化している。先にみた1・2節を踏まえて、現代地域における人間関係や住民生活の特質を捉えていきたい。

第2章　住民生活の変貌とコミュニティ　29

　産業発展に基づく社会変化の焦点を，生活空間としての地域社会に移したとき，それは〈都市化（urbanization）〉というタームに集約できる。いわゆる都市化は，産業化と表裏一体的に進行した地域（社会・生活・意識の構造）の変化を意味し，都市地域への人口・産業の集中，都市的な生活様式の浸透を示す用語である。わが国の雇用労働者化の進展は，地方から都会に人口の地域間移動や労働移動をもたらし，地域における人間関係を弱体化させてきた。かつて家族集団は生産機能を担い，家族と地域的な共同が人々の生活を支えてきたが，その家族も「消費の場」となり，地域的な共同や住民相互の結びつきも「職住の分離」で弱められ，希薄で脆弱な人間関係を支配的にしている。

　今日では人々の生活様式や人間関係，生活意識も農村的なものから都市的なものに置き換えられ，もはや居住地域も運命というより，選択肢の一つに近いものになった。人々の生活圏も拡大化し，人間関係はじめ生活上の関心や欲求充足も，個人を単位に居住地域を超えて広がり，近隣・地域との濃密な関わりをもたなくても，日常生活を送ることが可能になったことも，地域という存在を相対化し，愛着や関心を低いものにしている。

　地域生活の基礎単位ともいうべき家族も，生活の個人化や家族機能の外部化にくわえ，近隣や親族との結合を弱めて孤立化し，個々の家族の独立性やプライバシーを高めはしたが，身内や地域からの支えを期待できない脆さと不安定さを増している。多くの家族にとって生活上の危機対応，子育てや高齢者，病人や障害をもつ人のケアにも社会的支援を必要とするだけでなく，家庭外には家族に包摂されない，大量の単身生活者が存在する時代を迎えた。これら現代の家族変容と地域変容は深く連動し，家族を中心に外に広がる親族と地域が家族機能を補完する，という生活保障システムは破綻に瀕している。

(2) 都市的生活様式の限界と共助

　生物としての生命をもつヒトは，生活欲求の充足によって始めて生存が可能になる。この欲求充足の仕方・方法を，一般に「生活様式」（way of life）と

呼ぶ。米国シカゴ学派の社会学者ワース（L. Wirth）が提起した都市的生活様式論を，生活問題の処理における共同の様式から再定式化した都市社会学者の倉沢進は，人間生活で共通共同の問題を解決するシステムを，「相互扶助システム」と「専門処理システム」に大別する。相互扶助システムは住民が時間，労力，知恵，技術等を出し合って自ら問題を解決するのに対して，専門処理システムはその問題の性質ごとに，特定の専門家や専門機関が処理を担い，住民は金銭を対価に必要なものを手に入れるシステムと説明する[18]。わが国も，相互扶助システムから専門処理システムを基本とする社会に変動してきた。

　現代の生活変動は，家族・親族・地域の機能低下を惹起し，その多くの役割を行政サービスと市場サービスが代替している。つまり家族の自給自足や自家処理の能力，地域の互助力を弱め，専門機関による専門的な共同処理システムに大きく依拠する，「都市的生活様式」が支配的な生活様式となった。日々の住民生活をみても，食品や衣料品はじめ，電気・ガス・上下水道・ゴミ処理・し尿処理・交通通信・運輸・道路・医療・教育・福祉など，行政や市場部門への高い依存性を示している。このことは中山間地や農村的地域など，ムラ的生活様式の残るといわれる地域でも例外ではなく，生活財・サービスの安定供給は市民生活の必須条件となった。この都市的生活様式が示す現象は，家族機能の外部化，生活の社会化，家事や介護の社会化と表現されることも多い。

　専門処理システムの拡大と浸透は，物質生活の豊かさや利便性を高めたが，人々に受益者や消費者としての意識や行動を強め，地域的な共同や自治力を衰退させるといった批判や反省を招いた。1960年代後半に登場するコミュニティ論は，急速に解体化する地域の再編成と新しい人間関係の構築を目指し，住民が自治や地域の主体として，能動的に地域形成や住民活動をすすめるという，新しい地域生活のあり方を指向している。その核心には住民相互の関わりや参加を重視し，それを抜かしてコミュニティ形成はありえないとする認識があった。この人々のつながりや参加がつくるコミュニティ形成と，生活関連施策・環境・資源・サービスの整備充実は，地域福祉の両輪となっている。

コミュニティ政策の基調も，1970年代に始まる「コミュニティ形成」から，やがて1990年代には「地域福祉の推進」へとシフトする。この地域福祉の推進には，公私協働を前提とする自助・共助・公助の重層的な組み合わせが欠かせないが，先の生活様式の視点からいえば，専門処理システムと住民の協働による相互扶助システムをともに必要とし，両システムの最適な組み合わせが求められる。相互扶助システムには，専門処理システムが担うことのできない，住民相互のつながりや支え合いをつくる「共助」の役割が期待されている。

(3) 地域の生活課題と福祉課題

日本社会では少子高齢化や生活の個人化，雇用や生活の不安定化，社会格差の広がりが同時進行して，つながりの衰退や喪失をもたらし，社会的な孤立や排除をクローズアップさせている。地域では低所得や貧困問題はじめ，高齢者問題，障害者（身体・知的・精神）問題，子どもの問題，母子・父子家庭問題などに加えて，近年ではニート，ひきこもり，ワーキングプア，ホームレス，失業，虐待，自殺，家庭内暴力，消費者被害，災害被災者，ゴミ屋敷，ねこ屋敷，孤独死や無縁死，交通難民など，地縁・血縁・社縁の弱まりや不確かさを背景に，複雑多様な問題や地域課題を噴出させている。人々の「つながりや絆」は弱体化し，それを象徴するかのような「無縁社会」という新用語も，瞬く間に定着していった。

これらの問題群は，いずれも今日的に解決の迫られる地域の生活・福祉課題である。「これからの地域福祉のあり方に関する研究会報告」（2008年）では，多様な地域の生活課題を，公的な福祉サービスだけでは対応できない生活課題，公的な福祉サービスでの総合的な対応が不十分であることなどから生まれる問題，社会的排除や地域の無理解から生まれる問題として集約した。このような多様な問題や生活課題の解決には，従来の社会福祉の枠組みでは対応困難であり，地域福祉の推進による行政・公的サービスと地域・住民との協働，専門職やインフォーマルなネットワークの構築と取り組みが必要になる。

「社会的な援護を要する人々に対する社会福祉のあり方に関する検討会報告書」(2000年12月)では，〈社会的な援護を要する人々〉の問題の所在と〈社会福祉のあり方〉を検討し，ソーシャル・インクルージョン（社会的包摂）の視点の重要性を指摘し，今日的な〈つながり〉の再構築の必要性を指摘する。この報告書によると，社会福祉の対象となる問題として，社会的ストレス問題，アルコール依存等の〈心身の障害・不安〉，社会不安やストレス，虐待，ひきこもりなどの〈社会関係上の問題〉，リストラによる失業，倒産等の〈貧困や低所得〉，ホームレスや外国人労働者などの〈社会的排除や摩擦〉，低所得の単身世帯やひとり親世帯等の〈社会的孤立や孤独〉を挙げている。これらの問題は重複・複合化し，「見えにくい」問題として，「見えない」形をとることが多い。問題をもつ人々の社会的孤立や排除が強ければ，そこでは地域的な支援が期待できないだけでなく，制度的なサービス・支援からも漏れやすくなる。こうした人々を社会的に排除することなく，地域社会への参加を促進し，社会的に統合することが重要な福祉課題になる。ここに地域社会における〈つながり〉の再構築が，要請される今日的文脈がある。

4節 コミュニティと福祉コミュニティ

(1) コミュニティという概念

家族とともに普遍的な集団とされるコミュニティ（community）は，その概念の多様性や曖昧さでもよく知られている。この用語が一般に，日本社会で使用されだす契機となったのは，国民生活審議会調査部会のコミュニティ問題小委員会報告「コミュニティ——生活の場における人間性の回復」(1969年)であり，それ以前は社会学や政治学関係の学術用語として使われていたにすぎない。この審議会報告に登場して以来，半世紀に近い歳月のなかでコミュニティという用語も，日本社会にすっかり定着してきたが，その意味内容となると必ずしも明確ではない。

コミュニティに関する最初の体系的書物は，1917年にアメリカの社会学者

マッキーバー（R. M. MacIver）によって著された『コミュニティ（community）』である。この100年ほど前に書かれた本によると、コミュニティは①共同生活 communal life, ②地域性 locality, ③地域社会感情 community sentiment を基礎的に備えた社会とされる。その後1955年にヒラリー（G. A. Hillery）は、94のコミュニティに関する定義を検討した論文で、コミュニティに共通する最低限の要素として、①「地域性」(area), ②「共通の絆」(common ties) と「社会的相互作用（social interaction）を合わせた、「共同性」(common ties and social interaction) を指摘している。

この2人によるコミュニティに関する言説からも、コミュニティには単に、地理的範囲としてのエリアを意味する「地域性」のみでなく、社会的共同生活を示す「共同性」の契機を内包したものであることが確認できる。そして最近では、コミュニティとカタカナ表記されることも多いが、日本語訳としてならば一般的な「地域社会」よりも、内容的には「地域共同社会」の方がふさわしい。コミュニティケアにしても、地域ケアより共同ケアが適訳とされることも少なくない[19]。

わが国にコミュニティという用語が登場して以来、それは「存在する」ものとしてよりも、新たに「形成する」ものとして理解されてきた。言い換えれば、地域社会の実際の姿を示す「実態概念」としてよりも、新たな人間的な絆や地域を作り出そうとする「目標概念」として使用されている。周知のようにコミュニティは、戦後の急速な経済成長により、包括的な統一性をもつ伝統的地域社会の解体化がすすみ、地域における共同性が弱体化し、人間関係の希薄化や問題解決機能の衰退が注目されるなかで、「生活の場」である地域社会の今日的な再建を目標に掲げて登場した。それは1970年代以来、国や地方自治体によってコミュニティ政策として積極的に展開され、コミュニティづくりが全国的に取り組まれてきた。そこでは地域における人々の「共同性」の契機を重視し、地域の主人公である住民の参加を軸に、新たな関係性を地域に築くことを意図し、コミュニティへの期待も地域社会レベルの連帯性の回復にあり、

ヨコの人間関係・つながりを重視する社会づくりにあった[20]。

豊かなコミュニティには，地域の環境条件や福祉資源の整備充実が必要になるが，それのみではない。コミュニティにとって最大の焦点になるのは，地域に生活する住民が相互に，どのような人間関係を築いていくことができるか，ということに帰着する。それゆえコミュニティの核心部分については，「コミュニティ成立の内実は，ふれあいと分かち合いにある」[21]として，その根底にある〈関係性の内実〉が鋭く指摘されたし，きわめて簡潔に，「コミュニティの問題は〈新しい人間関係〉の形成の問題」[22]として要約されてきた。地域における人間の関係や絆づくり，人々の行動の準拠枠となる「地域文化」や「福祉文化」が，多くの人々の注目を集める今日的理由といえよう。

(2) 福祉コミュニティの形成

社会福祉分野において地域社会が注目を集めるのは，1970年前後のことである。ここに地域社会と関連づけた社会福祉の議論がスタートし，地域福祉の台頭期を迎える。そこでは施設ケア中心の社会福祉からの転換を求め，新たな在宅サービスの整備に加えて，人々の暮らす居住環境を重視したり，地域のあり方や住民参加が関心を集めることになる。コミュニティ形成というテーマは，地域を基盤として住民参加と行政努力でつくる地域福祉にとっても，密接不可分な重大関心事になっていった。

自治省（現・総務省）「コミュニティ（近隣社会）に関する対策要綱」を嚆矢として，日本の政府はコミュニティ施策に着手し，コミュニティという用語も急速に浸透していった。またコミュニティ形成には，地域社会の実態に即した取り組みが必要なことから，地域社会の把握の方法として，奥田道大による地域社会の分析モデルが関心を集めている。奥田は行動体系における〈主体化―客体化〉，意識体系における〈普遍化―特殊化〉の二軸を交差させ，4つの地域社会（住民意識）モデルを導き出し，それぞれに①「地域共同体」モデル（主体的行動体系−特殊的価値意識），②「伝統型アノミー」モデル（客体的行

動体系-特殊的価値意識), ③「個我」モデル (客体的行動体系―普遍的価値意識), ④「コミュニティ」モデル (主体的行動体系―普遍的価値意識) と名前を付けている。

これら4モデルのうち,「地域共同体」と「コミュニティ」は, ともに地域への関心やコミットメントをもつ地域社会指向だが,「地域共同体」が濃密な人間関係と地元利害意識をもち, 個の埋没と同調化を特徴とするのに対して,「コミュニティ」は普遍主義的な権利意識をもつ, 住民類型の当為モデル (理想型) とされた。他の2つのモデルは, 地域への関心やコミットメントをもたない非地域社会指向であり,「個我」は市民としての問題意識や権利意識が高いのに対して,「伝統型アノミー」は都市化で自己利益にしか関心を向けない住民とされている。

社会福祉の世界においても, わが国の変貌を続ける地域社会が注目を浴びるなかで, 英国「シーボーム報告」(1968年) は, コミュニティやコミュニティケアへの関心を高める重要な契機となった。わが国においても, 東京都社会福祉審議会「東京都におけるコミュニティ・ケアの進展について」(1969年), 中央社会福祉審議会「コミュニティ形成と社会福祉」(1971年) という2つの答申が, 1970年を挟んで出されている。この両答申をみると, 東京都の答申はもっぱらケアに焦点を置いていたが, 国の答申ではそのタイトルが示すように, コミュニティと社会福祉との関連を正面に据えて, コミュニティ形成の必要性や基本的論理, 方向について当時のコミュニティ研究の成果をふまえて提示し, その後潮流となる地域福祉の基本的な枠組みや内容を素描している。両答申ともに, コミュニティと社会福祉との関係の重要性を強調し, 今後の社会福祉の基本的方向としてコミュニティ・ケアを提起するなど, 地域を基盤とした福祉を指向する地域福祉の発展に多大な影響を及ぼした。ここに日本の社会福祉も, ようやく地域への着目を強め, 地域福祉をめぐる議論の段階を経て, やがて緩やかながらも1970年代後半には, 在宅福祉・地域福祉に向けた取り組みが進展しだすことになる。

そして1990年代に入る頃より，本章でも検討してきたように，少子高齢化，生活の個人化，貧困と格差の拡大化，地縁・血縁・社縁の弱まりに伴う不安定化や不確かさを背景に，地域社会においては対応や解決の迫られる，複雑で多様な生活・福祉課題が噴出してくる。これに加えてコミュニティ政策の基調も，1990年代の分権改革の進展，行政と住民の協働＝パートナーシップによる地域の形成や運営へと大きく転換していった[23]。そこに政策的にも，従来のコミュニティづくりを超えて，地域での生活課題や福祉課題の公私協働による解決を目指し，「コミュニティ形成」から「地域福祉の推進」へと，転換していくことになる。そこで地域福祉の推進の目標として掲げられたのが，福祉コミュニティの形成である。

注
1) 富永健一『社会変動の中の福祉国家』中央公論社，2001年，p.33
2) 蓮見音彦「現代地域社会論」同編『地域社会学』サイエンス社，1991年
3) 福武直『日本社会の構造（第2版）』東京大学出版会，1987年，pp.19-22
4) 福武直「地域社会と社会福祉」福武直・一番ケ瀬康子編著『都市と農村の福祉』中央法規出版，1988年，p.21
5) 三重野卓『〈生活の質〉と共生』白桃書房，2000年，p.5
6) 広井良典『人口減少社会という希望』朝日新聞出版，2013年，p.56
7) 青井和夫『長寿社会論』流通経済大学出版会，1992年，pp.123-135
8) 森岡清美・望月嵩『四訂版 新しい家族社会学』培風館，1997年，p.4
9) かつて農村社会学者であった有賀喜左衛門（『有賀喜左衛門著作集Ⅸ』未来社，1970年，第2部六，七）も，家族を生活共同体として「生活保障」の主体であると考え，その機能も成員の生活保障にあるとしている。
10) 芹沢俊介『家族という意志―よるべなき時代を生きる』岩波書店，2012年，pp.25-26
11) 山田昌弘「シングルと社会変動」『協働性の福祉社会学』東京大学出版会，2013年，pp.92-93。藤森克彦「単身世帯の増加と無縁社会」（日本心理学会監修『無縁社会のゆくえ―人々の絆はなぜなくなるの？』誠信書房，2015年，p.66)は，単身世帯の形成を簡潔に整理して提示している。それは基本的に，①配偶者のいない人（未婚，離別，死別）で，かつ②親や子と同居しない人において形成されるという。

12) 湯澤雍彦『データで読む平成期の家族問題』(朝日新聞出版, 2014年, pp.31-35) によると, 2010年の「国勢調査」をもとに「施設等の世帯」と「単独世帯」の人員の計は, 総人口の15.1％とし, それを「家族外生活者」と呼んでいる。
13) この点は各種世論調査のデータからも確認できる。たとえば1963年以降, 毎日新聞が隔年で実施してきた「全国家族計画世論調査」から, 高齢者と子どもとの同居意識の推移をみると, 「子どもが老父母の面倒をみること」を「よい習慣」＋「あたりまえの義務」と回答したのが, 初回の1963年は80％であったが, 約20年経った1981年でも80％と変わっていない。しかし, 1986年には75％に減少し, さらに1988年には一挙に65％にまで落ち込み, 1996年では47％と半数に達しなかった。
14) 袖井孝子「主婦の家庭外就業とケア機能の外部化」森岡清美監修『家族社会学の展開』培風館, 1993年, pp.234-236
15) T. Persons and R. F. Bales, *Family: Socialization and Interaction Process*, Routled ge and Kegan Paul, 1956, 橋爪貞夫ほか訳『核家族と子どもの社会化(上)』黎明書房, 1970年, pp.34-43
16) 経済企画庁編『平成8年版 国民生活白書』大蔵省印刷局, 1996年, p.70
17) 見田宗介『社会学入門―人間と社会の未来』岩波書店, 2006年, p.190
18) 倉沢進「社会目標としてのコミュニティ」コミュニティ政策学会編『コミュニティ政策6』東信堂, 2008年。倉沢は(「都市的生活様式論序説」磯村英一編『現代都市の社会学』鹿島出版会, 1977年), 個人的な自給自足性が高く, 非専門家ないし住民による相互扶助的な共同処理を原則とする村落に対して, 都市の場合は自給自足性が低く, 専門的な処理に依存する点に特徴があるとし, 都市に特徴的な生活様式を「都市的生活様式」と規定した。
19) 園田恭一「現代コミュニティ論と社会福祉」社会保障講座編集委員会編『地域社会と福祉の展開』総合労働研究所, 1980年, p.252
20) 金子勇『社会学的想像力』ミネルヴァ書房, 2000年, pp.161-162
21) 阿部志郎「社会福祉の理念・実践のパラダイム転換」『社会福祉研究』第65号, 鉄道弘済会, 1996年, p.26
22) 髙橋勇悦「地域社会」本間康平・田野崎昭夫・光吉利之・塩原勉編『新版社会学概論』有斐閣, 1988年, p.311
23) 玉野和志「わが国におけるコミュニティ政策の流れ」中川幾郎編著『コミュニティ再生のための地域自治のしくみと実践』学芸出版社, 2011年, pp.14-17

第2部　地域福祉の展開と構成

第3章

わが国地域福祉への途

1節　地域福祉活動の源流

　日本社会で「社会福祉」という表現が一般化するのは，第二次世界大戦後のことであり，それは周知のように日本国憲法第25条第2項での登場を契機としている。しかし，明治から敗戦までの戦前日本にも，民間を主体とした慈善救済の活動を基調にしながら，政府による救貧事業や社会事業発展の歴史をもつことはいうまでもない。わが国においても1874（明治7）年「恤救規則」の成立・施行，その制度上の進歩をみた1929（昭和4）年の「救護法」，1938（昭和13）年の「社会事業法」などを確認することができる。

　しかし，昭和の時代に入って制定された救護法も，家族主義と隣保相扶が依然として強調され，強い制限主義のもとに生活困窮者からの請求権を認めないなど，多くの限界や問題点が指摘される内容であった。この間には1918（大正7）年の米騒動を契機として，翌年には内務省に社会課（1920年「社会局」に改組），1938年には厚生省（現・厚生労働省，以後同じ）を設置するなど，国家としての機構整備を進めている。そして名称的にも，救貧事業から社会事業に改称されていったし，満州事変以後には厚生事業へと移行する。

　戦前の日本社会には，これら国家による行政的対応のみでなく，地域や住民による地域福祉活動にも見過ごすことのできない，先駆的な実践の歩みと蓄積が存在する。それは必ずしも，現代地域福祉の発展に直結しているとはいえな

いが，わが国における地域福祉活動に地下水脈のように流れる源流といってよいものかもしれない。その代表的な活動として，①方面委員制度，②セツルメント，③農村社会事業，を指摘できる。

① 方面委員制度

現在の民生委員制度の前身である。1917（大正6）年には，笠井信一知事を中心に岡山県「済世顧問制度」，翌1918年には小河滋次郎の立案による，大阪府「方面委員制度」が創設された。それが1928（昭和3）年には全府県に普及し，1932（昭和7）年の救護法の実施にあたって補助機関に，さらに1936（昭和11）年には「方面委員令」によって，全国的な統一的制度となった。全国津々浦々に設置された方面委員数は，1928年に1万5,155名であったが，8年後の1936年には約3倍の4万6,264名に増員された。地域に密着した篤志家が方面委員となり，小地域のなかで救貧・防貧のための奉仕活動を実施している[1]。

② セツルメント

セツルメントは都市における貧困者の生活やスラムの改善を意図した活動である。日本では1897（明治30）年に片山潜によって，東京・神田三崎町に設立されたキングスレー館が最も古い[2]。それはスラムや問題地区の改良を目指し，仏教やキリスト教など宗教関係のセツルメント，公立隣保館，大学セツルメントなどが活動を展開した。大正時代の後半期には全国のセツルメント数も，50前後を数えて運動的色彩も濃厚であったが，それも日本が戦時体制に入っていくなかで，国家による弾圧と統制も厳しくなり，やがて日本型隣保活動へと回帰し，衰退の過程を辿ることになる[3]。現在の社会福祉法では，第2条の3（第2種社会福祉事業）の⑪に，その訳語である「隣保事業」として継承されている。

③ 農村社会事業

都市型活動のセツルメントに対して，わが国農村を舞台として展開した活動が「農村社会事業」である。戦前の農村社会事業は，昭和初期における日本農

村の窮乏を社会的背景に展開され，近隣による「隣保共助の精神」のもとに，衛生や住宅の改善，共同炊事や託児所の設置，農村隣保事業などの生活改善や生活共同化が取り組まれた。ちなみに農村隣保事業数は，1936（昭和11）年に総数454を数え，1938年の農繁季節託児所数も1万6,538施設に達している。

戦前の地域社会を舞台とした諸活動には，隣保相扶を基調とした前近代性やネガティブさ，機能面での不十分さや限界もあるが，そこでの生活援助や共同的・地域的な解決に向けた，人々の熱意や実践方法には学ぶべき点も多い。これら地域的な活動の展開とともに，コミュニティ・オーガニゼーションの源流である慈善団体の組織化の動きも，20世紀初期に始まっている。わが国の慈善組織化は，1903（明治36）年に第1回全国慈善事業大会が大阪で開催されているし，日露戦争後の1908（明治41）年には，内務省主催の第1回感化救済事業講習会開催の機会に，「中央慈善協会」を設立している。その後，1920年代から1930年代にかけて，全国の都府県に社会事業協会組織が結成されているが，全国組織ともども民間性が乏しく，半官半民的性格の強いものであった。やがて同協会は中央社会事業協会へと改組し，さらに戦後には，日本社会事業協会となり，1951年には中央社会福祉協議会（現・全国社会福祉協議会）の発足によって発展的解消を遂げている。

2節　戦後社会福祉の成立

(1) 社会福祉枠組みの確立

戦後日本の社会福祉は，敗戦による荒廃と混乱に飢えが重なるなかで，アメリカの占領政策のもと，憲法第25条の生存権保障の規定を受けて，社会保障制度の一部門として出発した。1946年2月に占領軍（GHQ）は，日本政府に対して「社会救済」（SCAPIN775）に関する覚書を提示し，無差別平等，国家責任・公私分離，必要充足の3原則を示した。そこでは国家責任による生存権保障と，公の支配に属さない慈善救済事業への公金支出禁止（憲法89条）を与件に，それに基づいて「(旧)生活保護法」（1946年），「児童福祉法」（1947

年),「身体障害者福祉法」(1949年) が相次いで成立し,いわゆる「福祉三法」時代を迎えている。この後,長く社会福祉事業の根幹といわれた措置委託も,すでに占領初期からGHQが承認していたものであり,旧生活保護法にも民間保護施設への措置委託と措置委託費の支弁が規定されている[4]。

1950年には「(旧) 生活保護法」を全面改正し,不服申し立て制度を導入して,現代的な公的扶助法が成立した。これらの社会福祉事業が適切に行われるように,翌1951年には,その全分野に共通する基本事項を定めた「社会福祉事業法」(2000年「社会福祉法」に改称)を制定し,戦後社会福祉の法制度と運営実施体制の基本枠組みが確立されている。「日本国憲法」第25条を根本理念として誕生した戦後の社会福祉を,戦前の救貧的な社会事業と比較するならば,その理念や制度的な異質性は明白であった。

1957年には,「人間裁判」といわれた「朝日訴訟」が始まるが,1955年度以降になると,社会保障給付費に占める生活保護費も,絶対額では増加しながらも (1956年はマイナス4.4%),その構成比では着実に低下傾向を示している[5]。とはいえ1950年代を通して,社会保障費に占める社会福祉費の割合も4〜7%と少なく,後に社会福祉事業として展開される事業の大半は,生活保護事業のなかに収斂されるという実態が示すように,社会福祉の性格も事後処理的,救貧的対応の域にとどまっていた[6]。しかしそれも,社会保障のシステムという点からみると,1950年代後半には国民健康保険法,国民年金法の制定もすすみ,生活保護を中心とした事後救済的な施策から,社会保険を中心とした事前防貧的な施策へと,大きく転換していく時期であったことが確認できる。

図表 3-1　戦後地域福祉関係年（1945 〜 1985 年）

	地域福祉分野	社会福祉分野	社会保障・その他
1945 年			〈第 2 次世界大戦〉終わる
1946 年	民生委員令	GHQ「社会救済に関する覚書」 旧・生活保護法	日本国憲法の制定
1947 年	共同募金運動実施	児童福祉法	地方自治法 民法改正
1948 年	民生委員法		世界人権宣言
1949 年		身体障害者福祉法	厚生省設置法
1950 年		生活保護法	社会保障制度に関する勧告
1951 年	全国・都道府県社協の発足 歳末たすけあい募金始まる	社会福祉事業法 児童憲章の制定	
1953 年			町村合併促進法
1956 年		売春防止法	「厚生白書」創刊
1957 年	市町村社協当面の活動方針		
1958 年			国民健康保険法
1959 年	保健福祉地区育成事業		国民年金法
1960 年		精神薄弱者福祉法	国民所得倍増計画
1961 年			国民皆保険・皆年金
1962 年	社会福祉協議会基本要項 善意銀行（徳島県）設置	老人家庭奉仕員派遣事業	社会保障の総合調整に関する勧告
1963 年		老人福祉法	
1964 年		母子福祉法	
1965 年		母子保健法	
1967 年	共同募金に関する勧告		
1968 年	市町村社協当面の振興方策 ボランティア育成基本要項	全国寝たきり老人実態調査	シーボーム報告（英）
1969 年	「東京都におけるコミュニティ・ケアの進展について」		「コミュニティ―生活の場における人間性の回復」

	地域福祉分野	社会福祉分野	社会保障・その他
1970年		心身障害者対策基本法	〈高齢化社会〉突入 地方自治体社会サービス法（英）
1971年	「コミュニティ形成と社会福祉」	社会福祉施設緊急整備5カ年計画	児童手当法
1972年			沖縄本土に復帰
1973年	市区町村社協活動強化要項 孤独死老人ゼロ運動		福祉元年／オイルショック 経済社会基本計画
1975年			国際婦人年 障害者の権利宣言
1976年		「これからの社会福祉―低成長下におけるそのあり方」	
1977年	学童・生徒のボランティア活動普及事業		
1978年		ショートステイ	ウルフェンデン報告（英）
1979年	『在宅福祉サービスの戦略』	デイサービス	新経済社会7カ年計画 国際児童年
1981年			第2臨調設置 国際障害者年／障害者インターナショナル設立
1982年	社協基盤強化の指針	ホームヘルパーの有料化 障害者対策に関する長期計画	老人保健法制定 バークレイ報告（英）
1983年	市町村社協の法制化		「1980年代経済社会の展望と指針」
1984年	『地域福祉計画―理論と方法』		社会福祉・医療事業団法
1985年	ボラントピア事業	「老人福祉のあり方について」	都道府県医療計画 基礎年金導入

(2) 1950年代までの地域福祉動向

戦後になると方面委員という名称も,「民生委員令」(1946年)によって現在の民生委員に改称され,1948年には民生委員令も「民生委員法」に代わっている。また1947年には戦災で困窮化し,国庫補助が禁じられた民間社会事業の財源的な支援をするため,中央共同募金会が創設され,全国的な共同募金運動が実施された。それは今日に至る「赤い羽根」運動として定着化していくが,社会福祉事業法(1951年)制定時には,第一種社会福祉事業として位置づけられている。

1951年には日本社会事業協会,同胞援護会,全国民生委員連盟の三団体統合により中央社会福祉協議会が設立された。都道府県の社会福祉協議会(以後,「社協」という)も,都道府県の区域を単位とする共同募金の円滑な事業運営に必要なことから,創設された社会福祉事業法第74条には,国および都道府県の社協が規定され,1951年12月までに全て結成を完了している。同法に規定されなかった郡市町村社協も,行政誘導により設立が相次いで始まり,数年後にはほぼ全国的に結成されていった。

戦後十数年の時期というのは,敗戦による極貧状態のなかで住民が力を出し合い,互いに助け合う地域福祉活動が全国的な広がりをみせた「特殊な時代」といわれる[7]。それは貧しさと不幸という現実が,人々の連帯と相互扶助の力を引き出していったのである。公衆衛生の分野では,伝染病や結核を予防するためにCO(community organization)技術を採用して,地区衛生組織活動が取り組まれたし,社会福祉分野でも子ども会活動や遊び場づくり運動,歳末助け合いなどが全国各地で展開されていった。これら地域社会における住民活動の広がりを基盤にして,1950年代後半には「蚊とハエのいない生活」実践運動が推進されるなど,地区ぐるみの組織化活動が活発化し,1959年の保健福祉地区組織育成事業への国庫補助を契機に,それは一層の進展をみることになる。日本社会におけるCO理論の導入や紹介も,社協発足以後に始められるが,これら地域における実践の蓄積のなかで,CO活動に関する知見が理論

的・方法的にも深められていった。

3節　高度経済成長期の福祉拡充

(1)「福祉六法」体制の実現

　戦後10年目に始まる高度経済成長は，日本の社会・経済構造を根底から揺るがし，核家族化や過疎・過密に象徴される地域問題を惹起しながら，伝統的な地域共同体を崩壊させていった。急激な経済成長は社会的な活況を呈しつつも，深刻なインフレ，消費者物価の上昇，格差の拡大，社会資本の不足といったヒズミを露呈し，公害や環境破壊の深刻化，保育問題や非行問題の増大など，多様な生活問題を大量に引き起こしている。この生活問題の変容や福祉需要の拡大は，社会福祉の対象拡大や福祉施策の拡充につながっていくが，同時に生活防衛的な住民運動や福祉運動を数多く発生させた。これら地域や福祉の問題が大きく浮上するなかで，改めて人々の生活する「地域」への社会的関心を呼び起こし，やがて生活上の困難を解決する方策として，地域福祉の台頭を招いていくことになる。

　この未曾有の大変動を経験した1960年代には，福祉施策も低所得階層への重点施策化と併せて，社会福祉の対象や制度を拡大して大幅な変容を遂げていった。新たに「精神薄弱者福祉法」(1960年，1999年「知的障害者福祉法」に改称)，「老人福祉法」(1963年)，「母子福祉法」(1964年，2014年「母子及び父子並びに寡婦福祉法」に改称) が制定され，1950年代の「福祉三法」から「福祉六法」体制の時代に移行する。この時期には，身体障害者雇用促進法 (1960年) に続いて，児童扶養手当法 (1961年) や重度精神薄弱児扶養手当法 (1964年) を制定したが，1961年には社会保障の柱であり，福祉サービスの前提条件でもある「国民皆保険・皆年金」体制がスタートしている。

　「老人福祉法」制定を前に1962年には，1950年代当初に発生した老人クラブの全国組織「全国老人クラブ連合会」が結成されたほか，在宅福祉サービスとして最も古い「老人家庭奉仕員派遣事業」も創設されている。高齢化社会を

目前にした1968年には，初めて民生委員による全国一斉「ねたきり老人実態調査」が実施された。この調査により約20万人の在宅のねたきり高齢者の存在と，その生活実態が明らかにされたのを契機として，ねたきり老人対策の必要性が社会的に喚起され，行政施策にも反映されていった[8]。さらに要援助高齢者の急増が確実視されるなかで，施設ケア一辺倒の施策を続けることは財政上も困難とされ，福祉援助のあり方をめぐっても，施設ケアよりも在宅ケアの方が望ましいとする議論が活発化し，福祉のケア観を転換する契機となっていった。

(2) 1960年代の地域福祉動向

1960年代に入ると，住民参加による地区組織化活動の進展を踏まえて，社協理論に地域組織化活動を導入した「社会福祉協議会基本要項」(1962年)が策定されている。この基本要項は，地域における実践をふまえながら，社協の性格や機能，組織や方向性を定めたものであり，「新・社会福祉協議会基本要項」(1992年)策定までの30年間，いわゆる「住民主体の原則」に基づいた社協活動の実践と発展に多大な影響を及ぼした。

また1963年に始まった国および都道府県の社協への国庫補助も，1966年には市町村社協の福祉活動専門員の配置に広げられ，社協活動の組織基盤を前進させる大きな契機となった。しかし，その翌年9月には，行政管理庁の勧告によって社協の人件費，事務費に共同募金の配分をすることは適当でない，との指摘が行われる。この勧告により，人を最大の資源とする社協は，人件費に充てる貴重な民間財源を失うという痛手を受け，公費への依存体質を一段と強めていくことになる。1960年代も後半に入ると，数多く登場した革新自治体を中心に，国の社会福祉事業への「上乗せ」や「横だし」が行われたり，国の施策にない独自施策が展開されている。この自治体による福祉分野の単独事業の発展は，自治体レベルの福祉施策を前進させ，地域福祉への方向転換を支える力を蓄えていった。

当時のわが国では、ボランティアという用語も一般化していなかったが、1960年代後半になると「善意銀行」が各地で設置されたり、「大阪ボランティア協会」(1965年)、「日本青年奉仕協会」(1967年)など、民間のボランティア活動推進機関が結成されている。また全社協も「ボランティア活動育成基本要項」(1968年)を発表するなど、ボランティア活動の推進にも注目すべき動きがみられる。1969年の国民生活審議会報告「コミュニティ―生活の場における人間性の回復」を契機に、1970年代に入ると、国や自治体はコミュニティ施策を積極的に採用し、この地域社会の再生を目指した取り組みにより、コミュニティは政策上・実践上の戦略的用語として定着していくことになる。

わが国における在宅福祉サービスの施策化は、1962年にホームヘルプサービスが予算措置として創設されたのを嚆矢とする。その名称は老人家庭奉仕員派遣事業であり、対象を要保護老人世帯に限定し、全国のヘルパー数(予算人員)も279人にすぎなかった。翌年の「老人福祉法」に市町村の固有事務として、社会福祉法人その他の団体に事業委託できることを規定した(同法第12条)。この国庫補助事業に先立って、長野県上田市社協による「家庭養護ボランティア派遣事業」(1955年)、長野県「家庭養護婦派遣事業」(1956年)が開始されている。その後、国のホームヘルプサービスも緩やかな進展をみせ、1965年には低所得老人世帯に派遣世帯を拡大し、さらに1967年には「身体障害者家庭奉仕員派遣制度」を発足させた。高齢化社会の現実を前にした1969年には、老人ホームヘルプ事業の対象に「ねたきり老人」を新たに加え、ヘルパー数も1,313人から5,900人へと、一挙に4倍以上に増員したほか、特殊寝台貸与に始まる「日常生活用具給付等事業」を創設している。

4節 地域福祉と福祉見直し

(1) 低成長下の社会福祉

1970年代に入っても、経済成長を背景に身体障害者対策基本法(1970年)、児童手当法(1971年)が制定され、1971年には「社会福祉施設緊急整備5カ

年計画」が策定されたほか,国立コロニーの開所など,社会福祉施設の整備が全国的に進められていった。とりわけ1973年度の予算編成にあたって政府は,福祉を重要政策課題に掲げて「福祉元年」をうたい,年金額の大幅アップをはじめ,年金の物価スライド制の導入,高額療養費支給,老人医療費支給制度の導入など,年金と医療に関する大幅な改善を行い,これ以後日本の社会保障給付費は,急速に増加していくことになる[9]。

1973年2月に発表された『経済社会基本計画』では,わが国の社会目標,政策目標として国民の生活に安定とゆとりを約束する「活力ある福祉社会」の実現を掲げている。ところが福祉優先をかけ声に,社会保障の充実に向けてスタートした1973年の秋には,第1次石油危機によって高度経済成長も終焉を迎える。ここに「パイの論理」に基づく福祉拡大は破綻をきたし,これ以後「福祉見直し」をめぐる議論が展開されていった。しかし,それも直ちに福祉予算の削減にはつながらず,1970年代を通して福祉施設の大幅な増加,社会福祉費の増大が続いていった。なお1974年には,社会保障関係費に占める社会福祉費の割合が,初めて公的扶助費を上回り,予算上も対人サービスが優位する時代に移行している。

この時期,『厚生白書 昭和53年版』では,日本の家族を「福祉における含み資産」との見方を示し,その実力を超えた家族の評価が大きな話題を呼んだ。この家族への過剰ともいえる期待は,単に『厚生白書』にとどまらず,それ以後の福祉政策の基調となる1979年8月の閣議決定『新経済社会7カ年計画』でも,自助努力や近隣・地域の連帯に加えて,家族を福祉資源として重視している。そこでは「日本型福祉社会」の実現を提唱しているが,その「福祉社会」の意味も,『経済社会基本計画』(1973年)の福祉社会とは異なり,公的福祉の充実よりも個人の自助努力,家庭や近隣・地域の互助や連帯を強調した内容になっている。日本的特質とされた家族等の福祉機能も,やがて急速に衰退化を辿っていくが,当時においても既に,現実との乖離した内容に厳しい批判を浴びている[10]。

(2) 1970年代の地域福祉動向

1970年前後には，コミュニティへの関心が社会福祉領域にも波及し，地域福祉の登場をみている。イギリスの「シーボーム委員会報告」(1968年) の影響も受け，コミュニティケアのわが国初の公式文書になった「東京都におけるコミュニティ・ケアの進展について」(1969年)，「コミュニティ形成と社会福祉」(1971年) が出されている。この2つの審議会答申では，社会福祉の基本的な方向としてコミュニティケアを提起し，コミュニティと社会福祉とを関連づけ，地域社会を基盤とした福祉展開の必要性を強調した。それは地域福祉への方向転換や発展にも，多大な影響を及ぼしたし，岡村重夫による『地域福祉研究』(柴田書店，1970年)，『地域福祉論』(光生館，1974年) の刊行など，地域福祉に関する理論的な蓄積や議論も活発化している。1970年代半ばには，低成長時代を迎えてバラマキ福祉批判に象徴される「福祉見直し論」が登場し，財政難を色濃く反映させつつも，社会福祉の基本的なあり方や内容をめぐる論議が行われている。そこでは地域福祉・在宅福祉への指向を強め，ニーズ充足のため在宅福祉の推進が具体的課題として注目されていった。

在宅福祉サービスが低所得者に限定されてはいたが，一定の進展をみせるのは1970年代後半以降である。全社協も1975年には，「地域福祉の機能強化に関する研究委員会」と「在宅福祉サービスのあり方に関する研究委員会」を設置して，地域福祉・在宅福祉の理論化に着手する。後者の委員会報告『在宅福祉サービスの戦略』(全社協，1979年) は，わが国の在宅福祉の概念規定や方向づけの有力な指針となり，それ以後の社協事業にも影響を与えていった。全社協は「これからの社会福祉—低成長下における社会福祉のあり方」(1976年3月) を発表し，さらに地域福祉への転換と推進を意図して，「全国地域福祉研究会議」(1976-80年) を開催している。

ホームヘルプ関係では，「心身障害児家庭奉仕員制度」(1970年) が発足して派遣対象を拡大していくが，細分化して制度化されたホームヘルプ事業を1972年に老人分野，1976年には障害分野でそれぞれ一本化した制度にしてい

る。1971年には「老人福祉電話設置事業」や「在宅老人機能回復訓練事業」も始まり，食事サービスも1972年の横須賀基督教社会館の老人給食サービスを皮切りに，1973年「老人ホームにおける食事サービス事業」創設，福岡県春日市社協による365日，1日2食の食事サービスが1975年に実施され，やがて1970年代後半には，全国各地で取り組みが広まっている。

　在宅生活を支える「訪問看護制度」も，1971年に東京都東村山市が初めて実施し，1975年に横浜市，1977年に板橋区というように地方自治体に波及し，さらに1974年に京都市・堀川病院，1976年には東京都の足立区・柳原病院など医療機関でも展開されている。1978年より東京都・板橋区が在宅リハビリ事業を開始したし，全国的な市町村保健センターの整備もこの年より始まる。在宅福祉サービスもショートステイ（1978年），デイサービス（1979年）と相次いで創設され，1970年代の末にはいわゆる在宅福祉3本柱の時代に入り，自治体レベルでの施策化，社協・住民サイドの在宅福祉活動の取り組みも広がっていった。このように1970年代後半以降になると，市町村も入浴サービス，給食サービス，移送サービス，家事援助サービスなどを単独事業として実施していくが，市町村社協も上記のサービスのほか，友愛訪問活動やボランティア養成など，住民参加による在宅福祉サービスを開発・推進している。各地で在宅福祉，在宅ケア，地域ケアなどの名称で呼ばれる対人福祉サービスや福祉活動が実施され，多くのサービスメニューが誕生していった。

　また高齢者や障害者の利用施設，通所施設の設置が進むなかで，「施設の社会化」の促進が福祉課題となって実践化された。1970年代初頭から半ばには，わが国でも〈自立〉や〈自立生活〉という言葉が使われ，それに向けた動きもみられるなど，自立生活運動と呼ばれる運動が世界同時多発的に起こっている[11]。1970年代後半に入ると，行政による積極的なボランティア推進策が採用される。1975年には全社協に「中央ボランティアセンター」（1977年「全国ボランティア活動振興センター」に改組）を開設し，市町村社協の「奉仕活動センター」（その後，「ボランティアセンター」）への国庫補助もスタートし，さら

に1977年からは「学童生徒のボランティア活動普及事業」や「ボランティア保険」制度も始まっている。ここにようやく地域福祉も，議論の段階を抜け出し，具体的な内容をもつ実態化の段階に移行していくことになる。

5節　臨調行革と地域福祉

(1) 第2臨調と社会福祉

　わが国の1980年代というのは，高齢者対策や在宅ケアへの取り組みが広がり，やがて本格化する在宅サービスの量的拡大，地域福祉への方向転換を準備する時期となっている。1980年代の日本経済も低成長が続くなかで，行政の財政状況は一段と窮迫の度を加えて，行財政改革が最大の国家的課題として浮上していった。ここに社会福祉・社会保障の制度改革も，「小さな政府」が指向されるなかで進行していくが，それを主導したのが1981年に設置された第2次臨時行政調査会（いわゆる「第2臨調」）である。「増税なき財政再建」を旗印とした第2臨調では，「活力ある福祉社会の実現」と「国際社会に対する貢献の増大」を行政改革の根本理念に据え，1981年7月の第1次から1983年3月の第5次までの5回の答申を出し，社会保障制度の改革にも広範な提言をしているが，そのほとんどの答申が，そのまま施策化されるという点でも注目に値するものであった。

　この第2臨調答申では，「活力ある福祉社会の実現」を掲げて，国・地方の行財政の合理化，個人の自助努力と家庭や近隣社会等の互助，民間活力の導入を基本方向として示した。『新経済社会7カ年計画』を継承した臨調の「活力ある福祉社会」は，公的な福祉の充実よりも，その抑制に力点を置いているのが特徴である[12]。この福祉抑制を基調とした政策展開のなかで，「老人保健法」（1982年）の創設をはじめ，被保険者本人の1割負担制を導入した「健康保険法」改正などの医療保険改革，1985年の「国民年金法」改正によって，基礎年金制度を導入した年金制度改革を実施している。ここに医療費と年金支給額の抑制が始まり，国庫負担の大幅な軽減と給付水準の低下を進めていった。

第2臨調答申のなかでも，とくに1次・3次・5次の3答申が重要とされている[13]。ちなみに社会福祉に関しても，第1次答申で児童手当などの各種手当制度や保育所の費用徴収基準の見直し，第3次答申が施策の体系化や重点化，公私連携の不十分さを指摘し，最終の5次答申では受益者負担やボランティア活動の導入を求めている。福祉制度改革が本格的に進展するのは，これら年金や医療よりも遅れて1980年代後半以降になる。それでも1982年10月のホームヘルパーの要綱改定により，一般家庭へと派遣対象を拡大したのに伴って有料化を導入するなど，「費用負担」や「受益者負担」の強化路線を確定し，生活保護行政についても，いわゆる「適正」実施を推進していった。この臨調によって『新経済社会7カ年計画』が提唱した日本型福祉社会論も，いっそう明確な姿を示すところとなり，社会福祉の抑制や公的責任の後退を強く，国民に印象づけていった。

(2) 1980年代前半の地域福祉動向

この時期，政府は「1980年代経済社会の展望と指針」(1983年)を発表して，在宅福祉を基本とした地域福祉の基盤づくりを進めることを明記し，地域福祉への方向性を鮮明に提示している。やがてそれも1980年代後半には，福祉制度改革がスタートし，地域福祉を基軸とする社会福祉への方向転換につながっていった。そこではわが国の厳しい財政事情のもとで，急激な少子・高齢化に象徴される福祉ニーズの拡大と変容を背景にして，社会福祉制度の変革・再編が行われていくことになる。1980年代前半には，これ以後の社会福祉の展開を方向づける，注目すべき動向を確認することができる。

第1に，"ノーマライゼーション（normalization）"理念の登場である。この新しい福祉理念は，〈完全参加と平等〉をテーマとする「国際障害者年」(1981年)を契機にして，社会福祉全体の政策や実践上の主導理念として，急速に広がり浸透していくことになる。

第2に，1983年5月の「社会福祉事業法」改正により，同法の制定以来32

年が経過して，ようやく市町村社協の規定が加えられた。地域福祉への期待や必要性が高まるなかで，その重要な担い手として，市町村社協の法的な位置づけが行われている。

　第3に，自治体レベルの計画策定に向けた動きである。大阪府「大阪府地域福祉推進計画」(1983年)，神戸市「新"こうべ"の市民福祉計画」(1983年)など，地方自治体における福祉計画が策定されているし，国は国際障害者年を契機として「障害者長期行動計画(1983-1992年)」を策定し，地方自治体も障害者行動計画を策定して，障害者施策を展開していった。また全社協『地域福祉計画―理論と方法』(1984年)の刊行など，市町村社協による地域福祉計画策定の推進化に向けた動きが注目される。

　第4に，当事者主体による自立生活運動の台頭がある。この時期には，障害者が地域における自立生活を指向し，それを実現していく運動が展開され始め，1986年には自立生活センター「ヒューマンケア協会」が発足している。

　第5に，非営利の有償・有料サービスが登場する。武蔵野市福祉公社(1981年)，灘神戸生協「くらしの助け合い活動」(1983年)，社協や市民グループなどの運営による，「住民参加型在宅福祉サービス」が社会的な注目を集め，やがて全国的に拡大定着していった。

　第6に，老人福祉法から独立して，老人保健法が施行されたのは1983年である。これにより老人保健事業（訪問指導事業，リハビリ訓練事業）は，市町村の事業となり，在宅ねたきり老人に対する取り組みが位置づけられるとともに，保健，医療，福祉の連携が促進され，やがて1990年代の保健と福祉の統合に向けた動きへと推移していくことになる。

注
　1) 全国民生委員児童委員協議会『民生委員70年史』全国社会福祉協議会，1988年
　2) わが国最初のセツルメントを，1891(明治24)年の宣教師アリス・アダムス女史による岡山博愛会が最初とする意見も多い（西内潔「隣保社会における福

祉活動」社会事業研究所編『日本社会事業総覧』日本社会事業調査会，1954年，pp.428-429)。労働者階級や社会改良への視点など，セツルメントの条件を具備しているか否かをめぐっては，必ずしも見解の一致を見ていない。
3) セツルメント数および農繁季節託児所数については，吉田久一『現代社会事業史』(勁草書房，1979年) を参照した。前掲の西山論文では，1935年度の統計によるとセツルメント数は公立 28, 私立 87 の計 115 であるという。
4) 北場勉「〈日本的公私関係〉の成立と内在的制約」小笠原浩一・武川正吾編『福祉国家の変貌』東信堂，2002年，pp.113-114
5) 横山和彦「社会福祉と皆保険体制」右田紀久恵・高澤武司・古川孝順編『新版 社会福祉の歴史——政策と運動の展開』有斐閣，2001年，p.317
6) 河野正輝『社会福祉法の新展開』有斐閣，2006年，pp.29-30
7) 鈴木五郎「地域福祉活動の展開史」井岡勉・坂下達男・鈴木五郎・野上文夫編著『地域福祉概説』明石書店，2003年，p.93
8) 初めて『厚生白書』に，〈寝たきり老人〉という用語が登場するのは昭和44年版である。ヘルパーの派遣対象は，それまで低所得高齢者に限定されていたのが，新たにねたきり老人を加えて，在宅福祉施策の取り組みが行われていくことになる。
9) 老人医療費の無料化を最初に導入したのは，「住民の生命を守った村」として有名な岩手県沢内村である。その後，地方自治体による老人医療費無料化が広がるなかで国の制度となったが，1982年「老人保健法」制定で一部負担金が導入されて有料化していった。
10)「福祉社会」という場合にも，日本型福祉社会論のように国民の生活保障に対する国家機能の縮小・否定を含意する場合のみでなく，ロブソン『福祉国家と福祉社会——幻想と現実』(1976) (W. A. Robson, 1895-1980) のように，福祉国家の実現には国家役割とともに市民社会の役割を不可欠とし，福祉国家と福祉社会の相互補完性を強調する見解が有力であり，そこでは福祉社会論の台頭も福祉国家の終焉を意味しない。武川正吾 (「福祉国家と福祉社会の協働」『社会政策研究』第1号，東信堂，2000年) も，「福祉国家から福祉社会へ」という捉え方を否定し，同論文タイトルの考え方を提起している。
11) 立岩真也「自己決定する自立」石川准・長瀬修編著『障害学への招待』明石書店，1999年，pp.83-85
12) 社会保障研究所長を務めた社会学者の福武直は，「この臨調の発足以来，自助と連帯のバランスは，大きく自助に傾いてきている」(『福祉社会への道——協同と連帯を求めて』岩波書店，1986年，ii 頁) と指摘し，『経済社会基本計画』(1973年) と臨調答申とでは，「活力ある福祉社会」という同じ表現を用いなが

らも，内容的に〈充実〉と〈抑制〉との開きがあると述べている。
13)『〈月刊福祉〉増刊号・社会福祉関係施策資料集2』(全国社会福祉協議会,1986年) でも，この1次・3次・5次の3答申を収録している。この資料集で〈概説〉を担当した仲村優一は，臨調答申では医療や年金に関して，詳細な見直しと検討が加えられているが，社会福祉については十分な検討がなされていない点に注意を喚起している。

第4章

地域福祉時代の福祉展開

1節　社会福祉制度改革の開始

(1) 社会福祉制度の見直し

　わが国も1980年代後半に入ると，医療改革や年金改革に続いて，社会福祉の制度改革が進行する。そこでは市町村を中心とした福祉形成が指向され，やがて今日に至る福祉制度改革に向かうことになる。この福祉改革は1985年に，補助負担率2分の1以上の「高率国庫補助金」1割カットを直接の契機に，国庫負担率を軽減する財政改革としてスタートした。それは当初，1985年度1年間の暫定措置として実施されたが，さらに1986年度からの3年間の延長継続となり，1989年度からは従来10分の8であった国庫補助を生活保護75％，措置費50％の負担率にすることで決着をみている。その際，在宅福祉（ショートステイ・デイサービス・ホームヘルプ）の補助率については，逆に3分の1から50％に引き上げられたが，全体としては国庫負担を大幅に軽減し，地方への負担を強めるものであった。

　この時に設置された「補助金問題検討会」では，国庫補助削減の暫定継続とともに，その見返りとも取れる，地方への権限移譲を盛り込んだ報告書（1985年12月）をまとめている。この政府方針のもとに福祉改革の焦点の一つとして，福祉行政における分権化が進行した。翌1986年1月には社会福祉制度の全面的見直しに向けて，中央社会福祉審議会，中央児童福祉審議会，身体障害

者福祉審議会による福祉関係三審議会合同企画分科会（以後，「合同企画分科会」という）が設置された。また1985年前後より，各省庁ごとに高齢化社会対策への動きが活発化していたのを，総合的に政策化した「長寿社会対策大綱」が閣議決定されて，政府の基本方針を確定している。

そうしたなかで1986年12月26日には，合同企画分科会による意見具申（「社会福祉施設への入所措置事務等への団体事務化について」）および，先の「補助金問題検討会報告書」を踏まえて，「地方公共団体の執行機関が国の機関として行う事務の整理及び合理化に関する法律」（法律第109号，いわゆる「機関委任事務の整理合理化法」）が成立している。この法改正で社会福祉行政においても，身体障害者福祉法，老人福祉法，児童福祉法，精神薄弱者福祉法の4法律，17事項が「機関委任事務」から，地方自治体の事務である「団体事務」に変更になった[1]。この団体事務化では，町村部への権限移譲はなかったが，中央主導型福祉行政から地域ごとの福祉サービス時代に変わる転機として注目を集め，福祉行政の分権化にとって有益との肯定的評価を受けることが多い。しかし，それは国の補助金削減策としての意味合いが強く，多くの事項が国の〈政令の定める基準に従い〉実施され，必ずしも自治体の裁量権の拡大に直結してはいなかった。

その後も，合同企画分科会による検討が引き続き行われ，1987年には次の3つの意見具申が出ている。まず3月に「福祉関係者の資格制度について」が発表され，その内容に沿って早くも5月には，福祉専門職の国家資格である「社会福祉士及び介護福祉士法」が成立し，それに基づいて第1回の国家試験が1989年3月に実施された。12月には「社会福祉施設（入所施設）における費用徴収基準の当面のあり方について」，「今後のシルバーサービスの在り方について」の意見具申を行い，それ以後の福祉制度改革を方向づけていった。

このように社会福祉の個別問題，具体的事項に関して意見を具申してきた合同企画分科会は，それまでの審議を集約して1989年3月には社会福祉改革の方向を示す，「今後の社会福祉のあり方について」を提出した。この意見具申

については，オイルショックを契機とする福祉見直し作業のいわば〈総括的な文書〉として位置づけられる[2]。そこでは中長期的な展望に立って，①ノーマライゼーションの浸透，②福祉サービスの一般化・普遍化，③施策の総合化・体系化の促進，④サービス利用者の選択の幅の拡大という4点に配慮して，〈社会福祉の新たな展開を図るための基本的な考え方〉を①市町村の役割重視，②在宅福祉の充実，③民間福祉サービスの健全育成，④福祉と保健・医療の連携強化・統合化，⑤福祉の担い手の養成と確保，⑥サービスの総合化・効率化を推進するための福祉情報提供体制の整備，以上の6点に整理している。

この3年間の審議を集約した意見具申では，何よりも市町村を基盤に社会福祉が推進実施される構想であること，関連部門との連携化や統合化を図り，在宅福祉拡充の方向性を明確に示している。それは一言でいえば，地域福祉への方向転換を意図したものにほかならない。合同企画分科会で検討の範囲外とされた「社会福祉協議会」と「共同募金」についても，同年7月に中央社会福祉審議会に「地域福祉専門分科会」を設置して検討を行い，「地域における民間福祉活動の推進について」（1990年1月）を公表した。1989年12月には，20世紀中に実現を目指す，高齢化対策の具体的目標を掲げた「高齢者保健福祉推進十か年戦略」（ゴールドプラン）が，厚生・大蔵・自治の三大臣合意のもとに策定されている。このゴールドプランの実行化と，先の意見具申の施策化に必要な法改正を意図した，「老人福祉等の一部を改正する法律」が翌1990年6月に成立した。それが地域福祉の推進実施に向けた法改正であったことは，この法案の当初の名称である，「地域における社会福祉の基盤整備を促進するための関係法律の一部改正法案」が如実に物語っている。

(2) 「福祉関係八法」の改正

厚生省（現・厚生労働省）も「福祉関係八法」改正の時点では，それが戦後最大の社会福祉の法改正とみなし，その趣旨を「21世紀の本格的な高齢化社会の到来に対応し，住民にもっとも身近な市町村で在宅福祉サービスと施設

サービスの一元的かつ計画的に提供される体制づくりを進めるためのもの」[3]と説明した。そこで改正された法律は，①老人福祉法，②身体障害者福祉法，③精神薄弱者福祉法（現・知的障害者福祉法），④児童福祉法，⑤母子及び寡婦福祉法（現・母子及び父子並びに寡婦福祉法），⑥社会福祉事業法（現・社会福祉法），⑦老人保健法（現・高齢者の医療の確保に関する法律），⑧社会福祉・医療事業団法（現・独立行政法人福祉医療機構法），以上8つの福祉関係法である。

1980年代後半から1990年にかけての福祉改革も，ゴールドプラン策定と福祉関係八法の改正によって峠を越え，市町村を中心として在宅サービスの整備拡充が前進していくことになる。しかし当時すでに，この法改正が社会福祉制度の再構築を狙ったといわれながらも，積み残しの課題のあることが指摘され，やがて1990年代後半に本格化する第2福祉改革期の到来が予想されていた[4]。この法改正によって日本の社会福祉も法制度的には，地域福祉の時代に向かうが，改正の要点は次の①～③のように整理することができる。

① 在宅福祉サービスの積極的推進

この法改正では，質量ともに未整備状態にあった，在宅福祉サービスの推進がポイントとなり，ホームヘルプサービス，ショートステイ，デイサービス等の在宅福祉事業（法律上の名称「居宅生活支援事業」）を第2種社会福祉事業として法定化し，それを団体事務として一元化した。また市町村社会福祉協議会を在宅福祉サービス等を企画・実施する団体としても位置づけ，さらに在宅福祉サービスの支援体制を強化するために，社会福祉・医療事業団に「長寿社会福祉基金」を創設したほか，共同募金の配分規制を緩和し，在宅福祉サービスの助成をできるようにした[5]。

② 市町村中心に福祉の総合的・計画的な実施

市町村における在宅福祉と施設福祉の一元的，計画的な実施体制の総合的な整備を進めるために，すべての市町村・都道府県に老人保健福祉計画の策定を義務づけている。1986年の「団体事務化」で権限移譲がなかった町村にも，都道府県が行っていた老人福祉施設や身体障害者更生援護施設などの入所措置

図表 4-1　戦後地域福祉関係年（1986 〜 2014 年）

	地域福祉分野	社会福祉分野	社会保障・その他
1986 年	福祉関係三審議会合同企画分科会スタート	「社会福祉改革の基本構想」	基礎年金制度の導入 老人保健施設の創設 機関委任事務の整理合理化法 長寿社会対策大綱
1987 年	日本地域福祉学会発足	社会福祉士及び介護福祉士法	障害者の雇用の促進に関する法律 精神保健法
1988 年		福祉ビジョン	グリフィス報告（英）
1989 年	「今後の社会福祉のあり方について」 「東京都における地域福祉計画の基本的なあり方について」	ゴールドプラン	消費税 3％導入 児童の権利に関する条約 1.57 ショック
1990 年	福祉関係八法の改正 地域福祉センター	在宅介護支援センター	ADA 法（米） 国民保健サービスとコミュニティケア法（英） 地域保健医療計画
1991 年	ふれあいのまちづくり事業 地域福祉基金の設置	全国自立生活センター協議会	育児休業法 老人保健法の改正
1992 年	新・社協基本要項	福祉人材確保法	療養型病床群の創設 エーデル改革（瑞典）
1993 年	市町村福祉元年 福祉活動参加基本指針 ボランティア活動の中長期的な振興方策	障害者対策に関する新長期計画 障害者基本法	
1994 年	「事業型社協」構想 市区町村ボランティアセンター活動事業	主任児童委員設置 「新たな高齢者介護システムの構築を目指して」 新ゴールドプラン エンゼルプラン	ハートビル法 国際家族年 地域保健法 「障害者白書」発表 21 世紀福祉ビジョン 〈高齢社会〉に入る
1995 年	ボランティア元年 （阪神・淡路大震災）	精神保健福祉法 障害者プラン	社会保障制度の再構築 地方分権推進法 障害者差別禁止法（英） 高齢社会対策基本法
1996 年			高齢社会対策大綱

	地域福祉分野	社会福祉分野	社会保障・その他
1997年		児童福祉法改正 精神保健福祉士法 介護保険法	「高齢社会白書」発表
1998年	「社会福祉基礎構造改革について（中間まとめ）」		特定非営利活動促進（NPO）法
1999年	地域福祉権利擁護事業	ゴールドプラン21 新エンゼルプラン 「知的障害」に呼称変更	少子化対策推進基本方針 国際高齢者年 地方分権一括法成立 男女共同参画社会基本法
2000年	「社会的な援護を要する人々に対する社会福祉のあり方に関する検討会報告」	介護保険スタート 社会福祉法 児童虐待防止法	交通バリアフリー法 「新しい世紀に向けた社会保障」 成年後見制度
2001年	市区町村地域福祉推進事業	主任児童委員法定化	厚生労働省の誕生 国際ボランティア年 認定NPO法人
2002年	「市町村地域福祉計画及び都道府県地域福祉支援計画のあり方について」	新障害者プラン 身体障害者補助犬法 ホームレス自立支援法	健康増進法 就労への途（英） 「総合的な学習の時間」創設
2003年	地域福祉計画の施行 地域福祉活動計画策定指針	支援費制度の施行 「2015年の高齢者介護」	「21世紀型の社会保障の実現に向けて」 指定管理者制度 次世代育成支援対策推進法 高齢社会対策大綱
2004年		「認知症」に呼称変更 発達障害者支援法 子ども・子育て応援プラン	少子化社会対策大綱 「少子化社会白書」発表
2005年	地域社会安心確保ネットワーク事業	介護保険法の改正 高齢者虐待防止法 障害者自立支援法	コミュニティの再興と市民活動の展開
2006年		認定こども園法	バリアフリー新法 障害者権利条約

	地域福祉分野	社会福祉分野	社会保障・その他
2007年		「社会福祉士及び介護福祉士法」改正	
2008年	これからの地域福祉のあり方に関する研究会報告	「介護保険法」改正	リーマンショック
2009年	安心生活創造事業	「地域包括ケア研究会」報告	
2010年		子ども・子育てビジョン	「新しい公共」宣言
2011年		「介護保険法」改正 障害者虐待防止法	東日本大震災
2012年		障害者総合支援法 子ども・子育て支援法 オレンジプラン	社会保障制度改革推進法
2013年		障害者差別解消法 子どもの貧困対策法 生活困窮者自立支援法	
2014年		「介護保険法」改正	障害者権利条約批准 消費税8％ 地域医療・介護推進法

権限を移譲している（1993年4月施行）。ここに市町村福祉時代の到来を告げたとして，1993年を指して「市町村福祉元年」といわれた。

③ 社会福祉事業の基本理念の法定化

法改正前の社会福祉事業法第3条（社会福祉事業の趣旨）では，「社会福祉事業は，援護，育成又は更生の措置を要する者に対し，その独立心をそこなうことなく，正常な社会人として生活することができるように援助することを趣旨として経営されなければならない」と記されていたのが，法改正によってタイトルを社会福祉事業の「趣旨」から「基本理念」に改め，その内容も全面的

に改定された。そこで社会福祉事業を経営する国，地方公共団体および社会福祉法人の責務の具体的な内容を見ると，ⅰ）ノーマライゼーション理念の尊重，ⅱ）福祉サービスの総合的提供，ⅲ）事業の広範かつ計画的実施，ⅳ）保健・医療等との有機的連携，ⅴ）地域に即した創意工夫，ⅵ）地域住民等の参加が明記されている。

　上記の法改正により，「社会福祉事業」をめぐる性格規定が大きく変化した。とくに社会福祉の対象については，「援護，育成又は更生の措置を要する者」であったのを，改正後には「福祉サービスを必要とする者」というように広く捉えているし，それも単なる援助の受け手としてではなく，あらゆる分野への積極的な参加者として位置づけている。同法3条の2（地域等への配慮）では，社会福祉事業法に初めて「地域住民」という用語を登場させ，その理解と協力の必要性を明記したし，「地域において必要な福祉サービスを総合的に提供されるように」と記すなど，地域ケアシステムにつながる規定をしているのも画期的であった。このような改定内容をみると，これまでの社会福祉の姿を変え，地域福祉の理念やあり方をかなり明確に示しているが，周知のように改正された社会福祉事業法の条文に，地域福祉という文言は使用されていない[6]。

(3) 1980年代後半の地域福祉動向

　国の高齢者対策も1980年代後半になると，急進展を始める。1986年には政府の指針「長寿社会対策大綱」を閣議決定し，それを受けて「長寿・福祉社会を実現するための施策の基本的な考え方と目標について」（1988年10月）を定め，1989年には「高齢者保健福祉推進十か年戦略」を策定した。この消費税の導入を背景としたゴールドプランでは，ホームヘルパー10万人，ショートステイ5万床，デイサービスセンター1万か所，いわゆる在宅三本柱の整備拡充策を示し，さらに相談事業を中心とする「在宅介護支援センター」1万か所の創設など，在宅福祉推進の基盤強化を掲げたが，その実現に必要な法整備が「福祉関係八法」改正で行われている。この時期には「年金法」改正によって，

基礎年金制度を導入したほか，義務化された都道府県の地域医療計画も策定されていった。

1986年の老人福祉法改正によって，老人ホームへの入所措置等をはじめ，ショートステイとデイサービスも団体事務に法定化されたが，ホームヘルプサービスは依然として委託できる旨の規定しかなかった。この状態はその後も，「福祉関係八法」改正まで続くことになる。その一方で，市場原理に基づくシルバーサービスに対しては，臨調答申を契機に積極的な支援策を採り，厚生省は「シルバーサービス振興指導室」(1985年)を設置し，さらに「社団法人シルバーサービス振興会」(1987年3月)の発足など，社会福祉における民営化が促進され，福祉サービスへの市場部門の進出も目立つようになる。

社会福祉制度の見直しを進めていた合同企画分科会も，高齢者を対象としたシルバーサービスの健全育成の必要性やその方策を，「今後のシルバーサービスの在り方について」(1987年12月)で意見具申しているし，シルバーサービス振興会が認定を行う「シルバーマーク制度」(1989年7月)の実施など，民間事業者への積極的な支援・育成が進展していった。また「老人家庭奉仕員派遣事業運営要綱」(1989年)改訂により，社協以外にも特別養護老人ホームを運営する社会福祉法人，民間事業者を加えて委託先を広げ，サービス供給の拡大を図るとともに，サービス内容も身体の介護，家事，相談援助に3分類し，補助金の交付基準も，「身体介護」と「家事援助」の中心業務に区分して各単価を設けている。

福祉援助を支える施設や仕組みにも，注目すべき動きがみられる。1986年12月には老人保健法の一部改正により，長期ケア施設「老人保健施設」を創設し，1987年には都道府県に「高齢者総合相談センター」，市町村にも保健福祉などの関係機関が，個々の要介護高齢者の援助のあり方を検討する「高齢者サービス調整チーム」を設置する。その後も「保健所保健・福祉サービス調整推進会議」(1988年)，「在宅介護支援センター」(1990年)がサービス調整組織として登場してくる。そして福祉のマンパワー面でも，「主任家庭奉仕員

（チーフ・ヘルパー）制度」（1985年）創設，社会福祉士・介護福祉士（1987年）の国家資格化も実現し，サービス担い手の充実策を採用していった。

2節　市町村福祉の展開

(1) 社会福祉の計画的推進

「福祉関係八法」改正により，全市区町村が老人保健福祉計画を策定することになり，その作られた計画を実施したり，新たに権限移譲をみた事務の着実な遂行が，地方自治体の責務としてクローズ・アップされていった。さらに1994年「21世紀福祉ビジョン」では，〈自助〉，〈共助〉，〈公助〉の三者を重層的に組み合わせて，地域福祉システムの構築を目指すという発想のもとに，日本社会福祉の将来像が描かれている。

1993年には「心身障害者対策基本法」を「障害者基本法」に名称を変更し，国に障害者基本計画の策定を義務づけ，都道府県および市町村にも障害者計画策定の努力義務を課している。その翌年12月には，「新ゴールドプラン」による数値目標の引き上げとともに，「今後の子育て支援のための施策の基本的方向について（エンゼルプラン）」，1995年12月には「障害者プラン―ノーマライゼーション7か年戦略」を策定している。ここにわが国では高齢者施策に加えて，児童や障害者の福祉施策にも，具体的な数値による施策の整備目標を明示するに至った。その後，強化拡充の方向で計画の見直しを図り，1999年12月には新ゴールドプランとエンゼルプランの終了，介護保険導入という新局面を迎えて「ゴールドプラン21」，「新エンゼルプラン」を策定している。

国による分野ごとの福祉プラン策定を受けて，都道府県および市町村も高齢者保健福祉計画に加えて，「障害者計画」や「児童育成計画」の策定を迫られていった。後者2つの計画は，法律で義務化されていなかったが，全都道府県と多くの市区町村が福祉三部門の個別計画を策定している。福祉計画化をめぐる動向に触れると，全市町村行政に「介護保険事業計画」の策定を義務づけたし，1990年代後半には「地域福祉活動計画」を策定する市町村社協も4割ほ

どに達した。このように1990年代の社会福祉は，市町村が福祉行政の主体としての位置を固めながら，福祉の計画的推進により，高齢者福祉分野を中心に在宅福祉サービスの種類や量の整備拡大を図っていった。そして20世紀最後の年に成立する「社会福祉法」では，都道府県および市町村が策定する「地域福祉計画」が法定化されている。

(2) 社会福祉協議会と住民参加

　日本社会では1990年代入ると，社会福祉政策に住民参加が登場し，参加を支援する環境整備にも進捗がみられる。地域福祉時代を支える社協も変貌と拡大を遂げていくが，社協をめぐる動向には，いくつかの注目すべき点がある。福祉関係八法の改正を踏まえて，30年ぶりに改訂された「新・社会福祉協議会基本要項」(1992年4月)については，「地域福祉時代の社協路線の確立」と端的に表現される[7]。この新要項を具体化するために，1993年7月に全社協は，「ふれあいネットワークプラン21」基本構想を策定し，社協の目標に即した活動・事業の項目，発展・強化のための基盤整備項目を示した。また1991年には，大型国庫補助事業として「ふれあいのまちづくり事業」を開始し，そこでの市町村社協による取り組みをふまえて，1994年には地域福祉新時代の市区町村社協の在り方を示す，「事業型社協」構想を打ち出し，その積極的な推進に乗り出していった。

　1990年代に入ってボランティア活動にも，一段と積極的な振興策が採用されていく。1992年の「社会福祉事業法」改正により，社協事業に「社会福祉に関する活動への住民の参加のための援助」を追加したし，1993年4月には社会福祉事業法第70条2の第1項の規定に基づき，「国民の社会福祉に関する活動への参加の促進を図るための措置に関する基本的な指針」を告示した。この参加の基本指針を受ける形で同年7月には，中央社会福祉審議会地域福祉専門分科会は，21世紀福祉社会に向けて「ボランティア活動の中長期的な振興方策について」(意見具申)を提言したが，その間に全社協も「ボランティア

活動推進7か年プラン」(1993年5月)を策定している。1995年1月に起こった阪神・淡路大震災は,日本社会やボランティア活動に大きなインパクトを与えた。この年が「ボランティア元年」と呼ばれたことは記憶にも新しいが,それは「特定非営利活動促進法」(「NPO法」)成立を促す力になっていった。

(3) 在宅サービスの進展

地域福祉の推進実施には,地域ケアのための資源・サービス・システムの整備を必須の条件とする。わが国においても,ゴールドプラン策定や福祉関係八法の改正により,ようやく在宅サービスの拡大路線が引かれていった[8]。個別サービスの展開をみても,1992年には「老人訪問看護ステーション」がスタートして,かかりつけ医師の指示に基づいて,看護師が在宅のねたきり高齢者などを訪問して,看護サービスを行う枠組みがつくられている。老人の保健福祉サービスも,1990年の「老人福祉法」と「老人保健法」改正を経て,市町村による実施となり,保健所法を改正した「地域保健法」では,市町村保健センターの法定化とともに,母子保健サービスも市町村の仕事となり,ここに福祉サービスのみでなく,保健サービスも市町村によって総合的に実施できる法的な仕組みを整えていった。この他1992年には,本格的な食事サービス(配食サービス「週4日,1日1食以上」)が,在宅高齢者等日常生活支援事業(国庫補助事業)のひとつとして着手されている。

在宅三本柱をめぐる制度変更やサービス量の拡大も顕著である。ホームヘルプサービスの動きにも,1991年「チーム運営方式」導入,1992年「派遣時間の制限廃止」,1993年「住宅改良(リフォーム)ヘルパー」創設,1994年「新・ゴールドプラン」ヘルパー17万人構想,1995年「24時間対応ヘルパー(巡回型)」創設と続き,1997年には介護保険への移行に向けて「事業費補助方式」を導入している。ゴールドプラン見直しによる整備目標の引き上げをはじめ,施策の基本的枠組みを提示した「新ゴールドプラン」では,新たに基本理念として①利用者本位・自立支援,②普遍主義,③総合的サービスの提供,

④地域主義を掲げたほか,老人訪問看護ステーションおよび寮母・介護職員など,マンパワー整備目標の数値も新たに設定している。新プランでは在宅関係のホームヘルパー17万人,ショートステイ6万人分,デイサービス1.7万か所,在宅介護支援センター1万か所(日帰りリハビリテーション＝デイケアを含めて),老人訪問看護ステーション5千か所を掲げたが,いずれの数字も完成(1999)年度には,予算措置が講じられていった。

高齢者介護・自立支援システム研究会報告書「新たな高齢者介護システムの構築を目指して」(1994年12月)では,「介護保険」創設の提言や「ケアマネジメント」概念を提起している。この研究会報告を受ける形で1995年2月には,老人保健福祉審議会で介護保険導入に向けた論議が始まり,国会に法案が提出されたのが1996年11月,そして翌年12月には「介護保険法」成立という早いテンポで進んでいった。この介護保険をめぐる論議により,福祉サービスの対象も,「選別主義」から「普遍主義」へと転換したことを印象づけたが,それに先立って改正された児童福祉法でも,保育所入所が措置から選択利用に改められるなど,福祉サービスも利用の時代へと移っていくことになる。

(4) その他の地域福祉動向

これまでに触れていない1990年代の地域福祉をめぐる動向で,いくつかポイントとなる点を指摘しておきたい。

第1に,福祉サービス供給組織の多元化と拡大化である。1990年代を振り返ると,市町村社協だけが在宅福祉サービスの担い手になったのではない。住民参加型在宅福祉サービスの拡大と発展をはじめ,農協協同組合法の改正によって,農協が高齢者福祉事業の担い手に位置づけられている。また1980年代半ばから展開される福祉多元化の政策は,「高齢社会対策大綱」(1996年)に引き継がれ,「介護保険法」の成立と2000年実施という流れなかで,市場部門によるサービスの拡大化が図られていった。さらに1998年のNPO法により,非営利のNPO法人による福祉サービスの提供が可能になっている。

第2に，地域福祉推進に不可欠な，拠点・財源・人材の確保に向けた施策の進展である。1990年には在宅介護支援センター創設，地域福祉活動の拠点として地域福祉センター設置とつづき，1991年も福祉人材センター，福祉人材バンク，地域福祉基金が設置されている。厚生省に地域福祉を所管する地域福祉課が誕生したのは翌年7月であり，1994年には保健所法も地域保健法に改められている。

　第3に，障害者分野を中心に注目すべき動向がある。まずバリアフリーについても，「高齢者，身体障害者等が円滑に利用できる特定建築物の建築の促進に関する法律」（通称「ハートビル法」，1994年）が施行されるなど，国レベルでハード面での福祉のまちづくりが取り組まれている。また1993年には，「心身障害者対策基本法」が「障害者基本法」に改正されるのに伴い，精神障害者を障害者福祉施策の対象に加えたほか，1998年9月には法令用語として使われてきた「精神薄弱」を「知的障害」に改め，いわゆる福祉六法のひとつである精神薄弱者福祉法も知的障害福祉法に改称している。

3節　社会福祉法時代の地域福祉

(1) 社会福祉基礎構造改革

　わが国の社会福祉制度改革は，「福祉関係八法」改正をピークとする第1段階を終え，やがて1997年以降に第2段階の改革として展開していった。それは周知のように，「社会福祉基礎構造改革」という名称のもとに論議が行われ，2000年5月「社会福祉の増進のための社会福祉事業法等の一部を改正する等の法律」として成立した[9]。この第2段階にあたる福祉改革は，第1段階の福祉改革の延長線上にありながらも，介護保険の導入など措置型福祉からの離脱を標榜し，新たな観点や対応を提起しているのが特徴である[10]。ここに戦後日本の社会福祉枠組みも，大きく転換を遂げるところとなり，21世紀日本の社会福祉を方向づけていった。そこでは社会福祉の法も，自立支援を目的とする法に改革され，この自立支援の核心をなすのが，利用者の自己決定への支援に

ほかならない[11]。

　福祉制度改革に向けて，中央社会福祉審議会社会福祉構造改革分科会は，1998年に社会福祉基礎構造改革に関する「中間まとめ」(6月)，「追加意見」(12月) を公表したのに続いて，厚生省は1999年4月「社会福祉事業法等一部改正法案大綱」を示した。この「中間まとめ」では，改革の基本方向として①対等な関係の確立，②地域での総合的な支援，③多様な主体の参入促進，④質と効率性の向上，⑤事業運営の透明性の確保，⑥公平かつ公正な負担，⑦福祉の文化の創造，以上の7項目を指摘している。この第2段階福祉改革における主要なポイントは，社会福祉行政の根幹であった措置制度を改めて，「措置」方式から「利用(契約)」方式に改めること，地域福祉の推進により，地域福祉型社会福祉への全面的な転換を図ること，以上2点に集約できる(詳細は第1章2節を参照)。

(2) 分権化と地域福祉の進展

　利用方式への転換は，すでに1997年12月成立の「公的介護保険法」が採用していたし，それより半年早い「児童福祉法」改正でも，保育所への入所が措置から施設選択を含む利用申請に変わっている。障害児者分野の福祉サービスも，2003年度より新しい利用制度(支援費支給方式)へと変更され，現在は障害者総合支援法に基づいてサービス提供されている。わが国における社会福祉の方向転換は，この利用制度への変更と地域福祉の推進を大きな特徴としているが，それは分権化による市町村への事務移譲のなかで進み，いまや市町村は地域福祉を推進する中核的な行政主体となっている。

　1999年7月に成立した「地方分権一括法」の施行に伴い，2000年4月からは法定受託事務になった生活保護を除いて，すべての福祉サービスが自治事務となった。いまや市町村は福祉サービスの大半を管轄し，ほとんどの福祉施策の権限をもつ時代を迎えている。市町村の自治事務として実施される介護保険は，サービスの内容や量，それを支える保険料が市町村ごとに決定されるな

ど，市町村による高齢者介護サービスの管理運営責任を確定的にした。障害児者分野をみても，2000年度からは障害児に対する日常生活用具の給付事業，補装具の交付事務も市町村の仕事になり，さらに2002年度には精神障害者の福祉に関わる事務，2003年度には知的障害者福祉の事務も市町村に移譲され，児童福祉分野でも障害児の短期入所が市町村に移譲された。また2003年には，地域における子育て支援も市町村の責務として法定化されている。2004年の法改正では，児童相談の一義的な責任を市町村が担うことになり，子どもを守る地域ネットワーク「要保護児童対策地域協議会」も法定化され，全市区町村の99.7%で設置されている（2012年4月現在）。

　このような分野別社会の動向からも，市町村行政を軸とした社会福祉の推進実施体制の進展が確認できる。そこでは地域化をキイワードに，生活圏域を範囲とした地域ケアや地域生活支援を指向し，住民や地域の多様な主体による参加，行政と住民・地域との協働を必須要件とする。その実現化には，対象別・分野別に求められる資源・サービスのみでなく，各分野を横断し，かつ制度では対応できない生活困難への住民主体の取り組みを含めて，地域や福祉の装置づくりに必要な共通の事項や課題がある。それを例示すると，身近な総合相談窓口をはじめとして，権利擁護や虐待防止の仕組み，情報の共有や提供，活動の拠点や財源，住民参加や地域支援，地域の見守りシステム，地域生活環境やコミュニティづくりなどである。それは誰にとっても，どの分野や対象でも，必要な事項や課題である。これらの取り組みは，総合的な地域福祉の形成化には欠かせず，市町村が策定する地域福祉計画に期待される役割となっている。

(3) 地域福祉の推進と計画化

　社会福祉法で初めて法律の条文に登場した「地域福祉」は，福祉制度改革のキイワードとなり，社会福祉の主導理念として法的にも明確に掲げられた。地域福祉の推進については，同法第1条（目的）で法の目的の一つに位置づけたのに続いて，第4条（地域福祉の推進）では，推進の目的と主体を明示したほ

か，第10章「地域福祉の推進」を新設するなど，社会福祉法は地域福祉推進を前面に押しだした内容となっている。1990年の社会福祉事業法改正では，事業者に住民の理解や協力を得る努力を求めて，住民を福祉の参加者へと転化させる画期的な意義をもったが，社会福祉法はそれを超えて，地域福祉の推進主体に地域住民を措定している。

2000年以降も社会福祉分野や地域福祉の推進方策として，市町村行政によって計画手法が広く採用されている。とくに「市町村地域福祉計画」は，地域福祉の推進に用意した最大のツールであるが，近年各地で策定が進み，2014年3末月現在，全市町村の66.0％が計画策定を終え，そのうち53.6％は改定済みである。高齢者分野では，市町村が3年ごとに策定する「介護保険事業計画」も，2015～2017年度（6期目）の計画策定を終えて実施中である。障害者分野でも2004年6月の「障害者基本法」改正により，都道府県に障害者計画策定を義務づけたのに続いて，市町村にも「障害者計画」の策定が2007年度から義務化された。障害者総合支援法を根拠とする福祉サービスの提供に関する「障害福祉計画」も，現在2015～2017年度（4期目）に入っている。児童福祉分野でも，2005年度から10年間の時限立法であった「次世代育成支援対策推進法」が，現在も期間延長され，自治体や企業に次世代育成支援の「行動計画」策定を義務づけているほか，2003年の児童福祉法改正により，待機児童が50名以上の特定市町村には，「市町村保育計画」の策定が求められる。

このように市町村の福祉分野では，計画化の趨勢を強めているが，そこでは押し並べて住民参加を強調している。地域福祉計画や次世代法の行動計画では，計画策定や変更に住民の参加の措置を求め（社会福祉法第107条，次世代法第8条3項），介護保険事業計画も計画の策定や変更で，「被保険者の意見を反映させるために必要な措置を講ずるものとする」として，住民の参加を定めている（介護保険法第117条の9）。計画プロセスへの住民参加は，行政と住民の協働による地域福祉の実現に欠かせないが，何よりも住民参加の質および多様な主体の合意づくりの内実が問われている。

4節 「社会福祉法」成立から15年

(1) 近年日本の地域福祉政策

　社会福祉の部門別福祉は，地域化をキイワードとして地域ケアや生活支援を軸に展開してきたが，住民参加や共助の拡大につながる施策に大きな進展がない。そうした現実のなかで厚生労働省は，「地域社会で支援を求めている者に住民が気づき，住民相互で支援活動を行う等の地域住民のつながりを再構築し，支え合う体制を実現するための方策」の検討を課題に掲げて，これからの地域福祉のあり方に関する研究会報告『地域における〈新たな支え合い〉を求めて―住民と行政の協働による新しい福祉』(2008年3月)を発表した[12]。この報告では，「地域には，現行の仕組みでは対応しきれていない多様な生活課題があり，これらに対応する考え方として，地域福祉をこれからの福祉施策に位置づける必要がある」(p.46)との基本認識を提示し，報告書のサブタイトル「住民と行政の協働による新しい福祉」を実現するための市町村役割について明確な言及を行っている。つまり，「市町村は，住民の福祉を最終的に担保する主体として，公的な福祉サービスを適切に運営し，必要なサービスを住民に提供する必要がある」(p.47)こと，地域における新たな支え合いは，住民と行政との協働の下で行われるとし，市町村には，「住民が地域福祉活動を積極的，安定的に続けられるよう，その基盤を整備する必要がある」(p.48)ほか，専門的な支援を必要とする困難事例への対応，住民の地域福祉活動と行政とのつながりを良くする等が求められる(pp.47-48)ことを明記している。

　さらに同報告は，社会福祉法を改正して地域福祉活動推進の条件整備や市町村の役割を条文に規定したり，地域福祉計画に〈地区福祉計画〉を明確に位置づけることを提言したが，そうした法改正は今に至るも実現をみていない。この研究会報告は，停滞する地域福祉推進の現状を打開する提言として注目を集めたが，住民の参加や組織化のために財源を伴う本格的な施策化が展開されることはなく，地域福祉推進の緩慢ともいえる歩みは今日まで続いている。

上記の報告が出された翌年には，厚生労働省「安心生活創造事業（モデル事業）」（平成21年度〜23年度）が実施され，その成果報告をまとめている[13]。このモデル事業は，日常的な家族のサポートが得られない一人暮らし世帯等が，地域で安心して暮らすことができるよう，「見守り」と「買い物支援」を，生活維持の最低限の支援＝「基盤支援」と位置づけ，①基盤支援を必要とする人々とそのニーズを把握する，②基盤支援を必要とする人がもれなくカバーされる体制をつくる，③安定的な地域の自主財源確保に取り組む，という3原則のもとに実施された。本事業の報告書は，平成24年度以後はモデル事業の成果を全国で活用する段階との考え方を示し，「〈総合相談〉，〈権利擁護〉，〈社会的居場所づくり〉等によって，要援護者が〈自己実現〉できる地域社会づくりを目指して取組むことが，今後の地域福祉の一つの方向性を示す重要なもの」であるという。

　この成果報告書の「3 安心生活創造事業を実施する中で見えてきたもの」は，以下3つの柱で構成されている。その（1）事業成果では，「新しい担い手や，コミュニティソーシャルワーカー（地域福祉コーディネーター）の確保の重要性が見えてきた」，（2）課題では，「新しい支援体制の構築・担い手の確保（コミュニティソーシャルワーカー）（地域福祉コーディネーター）の活躍」，（3）期待される効果では，「一定エリアを見守る職員の役割」を指摘するなど，いずれの柱もコミュニティソーシャルワーカーの必要性を挙げ，改めて地域を基盤に，個人や地域を支援するワーカーの重要性を確認している。

(2) 地域福祉の停滞と隘路

　社会福祉法の成立以後も，地域福祉の推進に大型国庫補助事業の導入といった本格的施策は採用されず，共助の拡大にも大きな進捗はない。そこに地域福祉の低迷する要因を財源措置を伴う施策の欠落にあるとし，公的な財源確保による推進方策を提案する言説も少なくない[14]。平成20年度社会福祉トップセミナーで講演した厚生労働省の社会・援護局長も，「地域福祉を推進するため

には，なんと言っても財源の確保がいちばん大きいと思います」と率直に語り，財源確保の重要性を指摘した[15]。地域福祉の積極的推進策が採用されない理由（隘路）を，財源確保をめぐる隘路と，それ以外の隘路に分けて検討し，それらの相互関連にも触れることにしたい。

1）財源確保をめぐる隘路

ⅰ）厳しい財政状況は行政施策・事業に制約を加え，多くの市町村が独自事業の廃止，人件費の削減，社協への補助金カットを実施している。ここに地域福祉推進に向けた，情報の共有・人件費・活動拠点等の条件整備が期待されつつも，それに必要な財源措置を難しくしている。

ⅱ）現行の縦割り・分野別の社会福祉制度のもとでは，地域福祉を推進する財源の根拠を求めることが難しい。分野別福祉とは異なって地域福祉の推進には，具体的な福祉給付が義務づけられたり，財政的な規定がされていない。つまり制度の狭間もしくは制度による対応ができない問題，社会的孤立や孤独死を防止したり，見守りや支え合い活動を進める事業予算は，市町村の一般財源に求めざるをえない。

ⅲ）地域福祉の推進では，分野別福祉と違って支援を直接訴える当事者団体や家族の声は存在しないし，存在したとしても弱い。そのため具体的なサービスや支援も強い要求とはならず，地域福祉の財源確保を図るインセンティブとしても弱い。

2）市町村と参加支援の特質

ⅰ）社会福祉法では，市町村を地域福祉の推進主体として明示せず，その具体的な責務の規定もないし，地域福祉計画策定の義務も市町村に課していない。つまり現行の法制度では，地域福祉推進を担う市町村の役割は，必ずしも明確とはいえず，各自治体の裁量と判断に委ねられていることが，市町村の姿勢や対応に影響している。

ⅱ）福祉サービス・資源は，人々のニーズ充足に直結する手段として整備を図ってきた。それと比較して住民による共助の拡大には，地域的なつながりを

重視した簡易な手助けや支援,日常的もしくは周辺的な活動が中心であり,それが従来地域や家族で担われてきたこととも重なり,優先度の高い行政施策になりにくい事由となっている。

ⅲ）参加の支援には,成果に対する不安や見通しの立てにくさがつきまとう。福祉サービス量・資源ならば,行政が投入した予算によって整備量や整備時期も予測可能だが,共助の拡大を意図する施策は,住民の意識や行動に大きく依拠し,計算することも見通しを立てることも容易でない。参加を支援する施策・事業は,社会的実験としての特質をもち,成果という点では行政や担当者としてもリスクを伴う行為といってよい。

ⅳ）地域福祉にはそれを担う人材が不可欠だし,人材によって成否は左右される。地域福祉業務に精通する市町村職員は少なく,社協職員も非常勤化や削減化が進行し,コミュニティワークを担える人材は質量ともに十分でない。専門的力量をもつ職員の養成確保の遅れや不足も,地域福祉推進の消極的姿勢につながる要因のひとつといえよう[16]。

地域福祉推進の隘路をみてきたが,それら個々の事情が隘路となり,相互に密接に絡み合い,複合化して地域福祉停滞の構図となっている。財源確保をめぐる隘路が暗示するように,地域福祉の推進に対する市町村のポテンシャルは概して低く,その根底には厳しい財政・財源状況のみでなく,地域福祉推進の構想や方策への戸惑い,その成果に関する疑念が垣間見える。日本の福祉政策は,地域福祉という「公的な福祉サービス」と「住民の参加と共助」を両輪とする,新たな福祉装置の形成と運営実施を目指したといってよい。その実現化には,地域福祉の推進施策化を妨げる隘路に対して,総合的かつ相互関連的に十分な検討を加え,明確な方針と適切な方策や戦略を定めることが先決だが,必要な財源なくして地域福祉の停滞を打破できないことも事実である。

注
1) ここでは「団体事務化」という名称を用いたが,「団体委任事務化」と呼ばれ

る場合も多い。こうした呼称が二分された理由については、両者いずれにも解釈できるような法改正をめぐる性格の不明瞭さに起因するといわれてきたが、これらの用語も「地方分権一括法」（2000年4月）により、「機関委任事務」とともに姿を消した。

2) 蟻塚昌克「公私関係パラダイムと福祉改革のダイナミズム」小笠原浩一・武川正吾編『福祉国家の変貌』東信堂、2002年、p.148
3) 厚生省社会局・大臣官房老人保健福祉部・児童家庭局監修『社会福祉8法改正のポイント―「老人福祉法等の一部を改正する法律」の概要』第一法規、1990年、p.4
4) 小室豊允（『新世紀の福祉』中央法規出版、1994年）も、「福祉関係八法」改正後に、措置制度のあり方や施設体系等に踏み込んだ、抜本的な改革の必要性を指摘している。
5) 在宅福祉サービスは法律上の根拠も乏しく、予算措置により実施されてきたが、1990年6月に改正された老人福祉法（第10条の4第1項）では、ホームヘルプなどの「在宅三本柱」の規定を整備し、第3項には在宅福祉サービスの積極的実施の努力規定を新設した。また「居宅における介護等」（第10条の4）を、「老人ホームへの入所」（11条）よりも先に規定して、在宅福祉サービス重視の姿勢を示している。
6) 地域福祉時代の到来を、1990年の「福祉関係八法」改正の時点としているが、武川正吾（『地域福祉の主流化』法律文化社、2006年）のように、2000年の「社会福祉法」を以て地域福祉の段階に入ったという主張も多い。
7) 和田敏明「地域福祉の歴史と政策」新・社会福祉学双書編集委員会編『地域福祉論』全国社会福祉協議会、1998年、p.67
8) 国家予算の推移からも、在宅福祉サービスの拡充が本格化するのは、高齢者「在宅福祉事業（在宅福祉事業費補助金）」が急増する1989年度以後である（『老人福祉のてびき（平成11年度版）』長寿社会開発センター、2000年、p.174）。ちなみに1962年に279人でスタートしたホームヘルプサービスも、20年後の1981年度でも1万3,320人（人口10万人対比で11.3）にすぎなかったが、1989年度が3万1,405人（同25.5）、さらに90年代の計画的推進によって1999年度には、17万8,500人（同141.8）にまで増員されていった。
9) 栃本一三郎（「社会福祉の基礎構造改革と〈公私関係〉」小笠原浩一・武川正吾編、前掲書）によると、社会福祉法の基本的性格が変わっているわけではなく、基礎構造の改革という認識もしくは表現は妥当ではないという。
10) 2000年の法改正をピークとする第2段階の福祉改革については、三浦文夫（「1990年代以降の社会福祉をめぐる情勢変化と新しい動き」同監修『新しい社

会福祉の焦点』光生館,2004年,pp.9-10)によっても,「10年余り前から意識的に取り組まれてきた社会福祉制度〈改革〉の系譜を受け継ぐとともに,90年代以降の新しい局面において,新しい観点からの制度改革という側面がある」と指摘されたように,1990年の第1段階の福祉改革の延長線に位置づけられる性格のものではない。
11) 河野正輝『社会福祉法の新展開』有斐閣,2006年,p. i
12) ここでの引用のページ数は,これからの地域福祉のあり方に関する研究会報告『地域における〈新たな支え合い〉を求めて─住民と行政の協働による新しい福祉』(全国社会福祉協議会,2008年6月)による。
13) 厚生労働省安心生活創造事業推進検討会「安心生活創造事業成果報告書(概要版)」,2012年7月(「『月刊福祉』増刊号・施策資料シリーズ 社会福祉関係施策資料集31」全国社会福祉協議会,2013年3月,pp.172-179
14) 地域福祉の推進のための財源措置に関しては,澤井勝「小地域福祉とその財源」(『地域福祉研究』第37号,日本生命済生会,2009年)および平野方紹「地域福祉推進のための計画と財政」(『社会福祉研究』第99号,2007年)を参照してほしい。
15) 曽沼慎司「厚生労働行政の方向性」『月刊福祉 増刊号 新福祉システム part13─社会保障システムの方向性を探る』全国社会福祉協議会,2008年12月,p.20
16)「全社協 福祉ビジョン─ともに生きる豊かな福祉社会をめざして」(『月刊福祉』増刊号・施策資料シリーズ 社会福祉関係施策資料集29」全国社会福祉協議会,2011年3月,p.337)では,近年は地方公共団体の財政難から,福祉活動専門員の確保が難しい状況にあることを訴え,「あらためて,その役割の意味を関係者で確認し,市町村は基盤整備の一環として,福祉活動専門員を配置する」必要性があることを指摘している。

第5章

地域福祉の理念と概念

1節　英米における地域福祉の展開

(1) イギリス地域福祉の発展

1) イギリス地域福祉の源流

　欧米においても地域福祉が本格的に展開されだすのは，第二次世界大戦後のことであるが，その源流を辿れば，一般に19世紀後半のイギリスに求められる。イギリスでは，慈善組織協会（Charity Orgaization Society，以下「COS」という）の活動，それに続いてセツルメント（Settlement）運動を誕生させ，やがて20世紀後半にはコミュニティケア発祥の地になっている。

① 慈善組織協会

　資本主義の発展に伴う貧困問題の深刻化を背景として，1869年にはロンドンにCOSが設立されている。それはイギリスの各都市に普及し，やがて海を渡ってアメリカにも広まっていった。このCOS運動は，ケースワークやコミュニティ・オーガニゼーション（community organization，以下「CO」という）の双方の活動を含み，その起源としてもよく知られている。そこでは友愛訪問活動といわれる個別訪問指導に加えて，秩序を欠いた慈善救済活動を調整するために慈善団体を組織化し，ロンドン市内を42の地区に区分して貧困者調査を実施し，救済（サービス）の濫救や漏救を防止するなど，慈善活動の合理的な展開を行った。なおCOS以前にも，それに類似した活動が存在してい

る。COSの半世紀も前に,イギリス社会事業の先駆者チャルマーズ (T. Chalmers.) による隣友運動がグラスゴー市において行われているし,ドイツのエルバーフェルト制度も,1852年に市を地域単位に分けて,地域担当の救貧委員が貧者への援助活動を展開している。

② セツルメントと共同募金活動

いわゆるセツルメントは,スラム街に大学人などの知識人が住み込み,貧しい住民との知的および人格的な交流や接触を通して,地域や生活上の問題を克服し,人々の生活改善や福祉の向上を図ろうとした運動である。世界最初のセツルメント〉"トインビー・ホール"は,バーネット (S. A. Barnett) 夫妻を中心にして,1884年にロンドンで創設された。この運動は社会福祉の歴史のなかで,コミュニティを基盤において実施した嚆矢といわれる[1]。そこでは貧しい人々の意識や行動を変え,発展させるための教育を重視し,グループワークの起源とされるとともに,地域社会そのものを対象として,社会改良を目指している点に特徴があり,その後の英国コミュニティワークの底流をなすことになる。イギリスにおける共同募金の起源は,それよりも10年ほど早く,1873年にリバプール市で自発的に寄付金を積み立て,慈善団体への援助を行った募金活動に求められる。

2) コミュニティケアの発展

① 「シーボーム報告」前後

コミュニティケアの発想は英国で生まれたが,その起源や時期となると必ずしも明らかではない。それはすでに,「カーティス委員会」(Curtis Committee, 1946年) による「児童ケアに関する委員会報告」においても確認できるが,より一般的には1950年代の精神保健分野での取り組みが知られている。特にコミュニティケアをキイ概念のひとつとして用いた,英国初の公式文書「シーボーム報告」(Seebohm Report, 1968年) 以降に,コミュニティケアの考え方が広まり,さらに同年のコミュニティワークの理論的体系化を目指した「ガルベンキアン報告」(Gulbenkian Report: community work and social change) を契機

として，コミュニティワークへの関心を急速に高める。このシーボーム報告を受けて，「地方自治体社会サービス法」が1970年に制定されているが，それにより地方自治体に社会サービス部が設けられるとともに，それまでの縦割り的な福祉サービスが，対人福祉サービス（personal social service）という概念のもとに総合化され，参加と分権化をすすめるための再編が行われていった。ここにイギリスでは，社会サービスにおける分権化とコミュニティ指向が進展し，多くのコミュニティワーカーが採用されている。

② 「バークレイ報告」以後

1978年には「ウルフェンデン報告」（Wolfenden Report）によって，民間非営利団体（voluntary organization）が担うべき役割や機能が検討され，コミュニティケアにとっての各セクター（インフォーマル部門，営利部門，ボランタリー部門，公的部門）の協力と，ネットワーク化の重要性が指摘された。これ以後イギリスでは，広く福祉多元主義という概念が使用されていった。

その後，イギリスで初めてコミュニティ・ソーシャルワークという概念を登場させた，「バークレイ報告」（「ソーシャルワーカー＝役割と任務」Social Workers: Their Role and Tasks, 1982年）が公刊される。この報告で多数派は，「コミュニティ・ソーシャルワーク」をキイ概念として提起し，コミュニティ内で社会的ケア計画とカウンセリングとの統合，一般市民をパートナーとするクライエントへの対処，フォーマルとインフォーマルな地域ネットワーク化や当事者集団の機能強化の考え方を示した。一方，少数派（Hadley, R.）も，コミュニティ・ソーシャルワーク概念を共有しながらも，それが「近隣基盤ソーシャルワーク」と呼ばれるように，多数派よりも近隣・住民の役割を重視し，「パッチシステム」（patch system, 小地域システム）を中心に，ソーシャルワーク体制の再編成を提起した。また個人意見（R. Pinker）では，コミュニティといっても実態がなく，問題解決にはワーカーの専門性の発揮を必要とするとして，伝統的「クライエント中心ソーシャルワーク」を主張した。

1988年にはケアマネジメントと自治体コミュニティ計画の提唱など，具体

的なコミュニティケアの政策推進の指針を示した「グリフィス報告」(「コミュニティケア：行動のための指針」Community Care: Agenda for Action) が公表された。この報告の主な勧告を受け入れて、翌1989年に「コミュニティ・ケア白書」(caring for people) が発表され、それを基に翌年6月「国民保健サービスとコミュニティケア法」を制定し、ここにイギリスでは地方自治体がコミュニティケアの主たる責任をもち、指導的役割を担うことになる。その一方で、自治体が直接サービス供給をする義務はなくなり、競争原理の導入、民営化の促進による営利・非営利の民間サービスを買い上げる傾向を強めていった。そこではケアマネジメントを、利用者主体のサービスを保障する基礎として位置づけながら、行政役割をサービス供給主体 (provider) から、条件整備主体 (enabler) へと大きく転換している[2]。

(2) アメリカ地域福祉の発展
1) アメリカ地域福祉の源流

イギリスで誕生した COS 運動とセツルメントは、海を渡って新大陸アメリカにも移入され、地域福祉活動や社会福祉の援助方法として発展していった。アメリカで発達したコミュニティ・オーガニゼーション理論は、わが国の地域福祉にも多大な影響を与えている。

① COS 運動とセツルメント

アメリカでは1877年にバッファロー市で初めてCOSが組織され、その後6年間に25の都市でCOS結成が続くなど、アメリカ各地に広まっていった[3]。もう一方のセツルメント運動も、世界各国に広がっていったが、アメリカでもスタントン・コイト (S. Coit) らによって、1886年にニューヨークのネーバーフッド・ギルド (neighborhood guild) が、最初のセツルメントとして創設されている。その後、1889年にシカゴでジェーン・アダムス (J. Adams) が設立したハル・ハウスは、セツルメント運動のメッカとして有名だが、コイトやアダムスはともに、ロンドンのトインビー・ホールに学んだ人である。

② 協議会の組織化と共同募金活動

　20世紀初頭の1908年には，ピッツバーグ市で米国初の社会施設協議会（council of social agencies）が結成されている。その発展形態が，施設の理事や職員のみで構成されるのでなく，施設外部に広げて地域の有力な代表者も参加する地域福祉協議会（community welfare agencies）である。また1913年には，クリーブランドで共同募金運動が起こり，やがて全米各地に広がっていくことになるが，共同募金（community chest）という呼称についていえば，1918年にニューヨーク州のローチェスター市で，共同募金会を組織して以来，普及したものである。それ以後，全米各都市にこれら協議会と共同募金会が広がっていったが，このアメリカの活動に，わが国の社会福祉協議会や共同募金会の原型が求められる。

2）CO理論の発展

① ニーズ資源調整説

　全米社会事業会議「コミュニティ・オーガニゼーション起草委員会報告書」（1939年），いわゆる「レイン報告」（Lane Repoort）は，最初にCOを体系化し，その基礎を築いたものであり，「ニーズ資源調整説」と呼ばれている。このCO説は，かつて牧賢一によってCO研究のバイブルともいうべき，最も貴重な文献と評価された[4]。この報告ではCOの主たる機能を，ニーズに適合するように公私機関の諸資源を開発，動員するものとし，ソーシャル・サービスの創出，関係機関の連絡調整，福祉計画の策定を内容とする。ダナム（A. Dunham）によって継承され，それがわが国に紹介される最初のCO理論となった。

② インターグループワーク説

　このCO説はニューステッター（W. I. Newstetter）を中心に，1947年に理論化され，その高弟のグリーン（H. Green）らが発展させた。地域社会に存在する各種集団が問題解決に向けて，集団相互の連絡調整や共同化を進める技術としてCOを捉える説である。そこでは各集団が代表を送り，協同のための協

議などを行い，その決定に基づいて各組織が活動を展開する。この各団体の代表と成員との意思の疎通，活動に参加した集団間の良好な関係づくりというプロセスを通して，問題の解決や地域福祉活動を発展させようというものであり，わが国でも社協の組織化活動の方法として広く活用されている。

③ 組織化説

ロス（M. Ross）に代表されるCO説である。この説は，COを地域社会の協調や団結，統合に関心を向けて住民を組織化する技術と捉えることから，「組織化説」もしくは「統合説」といわれる。そこでは問題解決それ自体よりも，そこに至る住民参加や協力態勢づくりのプロセスを重視する点に特徴がある。ロスの著書『コミュニティ・オーガニゼーション』ではCOを，「地域社会が自ら，その必要性と目標を発見し，それらに順位をつけて分類する。そしてそれを達成する確信と意志を開発して，必要な資源を内部・外部に求め，実際行動を起こす。このようにして地域社会が団結協力して実行する態度を養い育てる過程」と定義している[5]。このCO過程においてロスは，①自己決定，②共同社会固有の歩幅，③地域から生まれた計画，④共同社会の能力増強，⑤改革への意欲の5つを重視したが，この住民参加を重視するロスのCO理論は，わが国の「社会福祉協議会基本要項」に，大きな影響を与えたことは周知の通りである。

④ 1960年代以降の展開

1960年代のアメリカは，急速な都市化の進展や人種差別問題の激化を背景として，「貧困の再発見」に象徴される，多様な社会病理現象や地域問題が広がりをみせた時代である。貧困撲滅の中心事業となった「コミュニティ活動事業」（Community Action Program）はじめ，公民権運動やその延長としての福祉権運動が展開され，ソーシャルアクションへの注目や計画的変革の強調など，COも伝統的技術からの脱皮が試みられ，一層多様な展開を遂げるなかで，CO役割も複合化・多様化していった。この時期のCO理論は，ロスマン（J. Rothman）に代表される。社会問題の深刻化と社会運動の高まりを背景に，

COも「問題解決指向」を強め，中央や地方の政府による地域・都市計画の取り組みとも相俟って，計画的変革が重視されていった。多様なCOアプローチをロスマンは，次のように包括的に整理して3つのCOモデルに類型化し，その統合的活用を提起したが，その後1987年にはトロップマン（J. E. Tropman）との共同執筆で，これまでのCOモデルに「政策モデル」，「アドミニストレーションモデル」を加えた改訂をしている。

小地域開発（Community Development）モデル

住民の多くが目標の決定や活動に参加することにより，コミュニティの組織化を進めようとする伝統的COである。このモデルは，いわゆるプロセス・ゴールを採用し，ワーカーにはイネーブラー（enabler，能力を引き出す人）としての役割を重視する。

社会計画（Social Planning）モデル

現代都市社会の複雑で錯綜した問題状況のもとでは，伝統的COによる問題解決には限界があるとして，問題解決に向けて専門技術的なプロセスを重視した。科学的な計画技術の採用による統制的な変革を目指し，問題の具体的で効率的な解決や予防を優先目標とし，いわゆるタスク・ゴールを掲げている。そこからこのCOモデルでは，専門家であるプランナー（planner）の役割が重視されている。

ソーシャル・アクション（Social Action）モデル

これは搾取され，差別と不利益を受けている住民層の問題解決を図るために，かれらを組織化し，資源やサービスの獲得や意思決定過程への参加等，権力構造の変革を目指すCOモデルである。そのため地域社会の連帯や合意形成を重視するアプローチとは対照的に，対立や抗争を重視し，アリンスキー（S. Alinsky）の〈社会的コンフリクト〉の活用を代表的な戦術とする。ワーカーには，アドボカシー（advocacy），オーガナイザー（orqanizer）としての役割が求められる。

2節　地域福祉を支える諸理念

(1) 現代日本の福祉理念

　この四半世紀の間に日本の社会福祉も，多くの課題を残しつつも，地域福祉への方向転換を図ってきた。この地域福祉の推進にとっても，それが本来あるべき姿，もしくは目指すべき目標である「理念」(idea) を確認しておくことは重要である。しかし，地域福祉の理念といっても，現代社会の普遍的な価値や憲法の基本原理である国民主権，平和主義，生存権を含む基本的人権の尊重を前提とし，社会福祉一般の理念とも共通するものが多い。

　社会福祉の制度や実践を根底で支える理念は，〈人間の尊厳〉もしくは〈人間尊重〉といってよい。それは一人ひとりの人間がかけがえのない人格をもった存在であることを認め，個人として尊重しようとする立場や思想であり，社会福祉においては，「人間が人間として生まれながらに持っている権利」(『広辞苑』第六版) と説明される，〈人権〉の実現や価値が強く主張されてきた。それも単なる理念や思想としてだけでなく，わが国の最高法規である憲法にも明確に規定されている。社会福祉制度の根本理念となってきた憲法第25条 (「国民の生存権保障」,「国家責任」) はじめ，第11条「基本的人権」，第13条「個人の尊重」や「国民の幸福追求権」，第14条「法の下の平等」も，社会福祉の理念構成に深く関わる条文である。

　社会福祉共通の理念や思想には，上記の人権尊重のほかにも，それと密接な関連をもち，かつ福祉政策的にも重視・注目されているものがある。福祉的支援を必要とする人のなかには，自己の権利や必要性を十分に表現もしくは行使できない人々が存在する。そのような場合に注目されるのが，「権利擁護 (アドボカシー)」である。これは人々の人権を保障し，サービス利用支援を目指す思想や仕組みを示し，利用者のエンパワメント，意思や決定を重視した擁護を理念とする。わが国における権利擁護の代表的な制度としては，成年後見制度や福祉サービス利用援助事業 (日常生活自立支援事業) がある。社会福祉法

は，よく自立支援の法律といわれるが，この「自立支援」もあるべき福祉や援助の姿と考えられている[6]。ちなみに同法第3条では，福祉サービスの基本理念として，福祉サービス利用者が自立生活をできるように支援することを掲げているが，自立の意味も利用者・当事者の立場で捉え返すことが求められる。

これ以後では，従来より地域福祉の実践や理論，政策的な展開のなかで掲げられ，強調されてきた地域福祉理念を3つに整理している。それらの理念は変化発展を遂げつつ，それぞれが独立した単一の理念というよりも，相互に影響しあい複合化している。その意味では，地域福祉の諸理念というべきである。通常，ここに掲げた理念と現実との間には，乖離がみられるのが普通であるが，それらの理念が現実をみつめ，福祉や地域を豊かに変える目標を示している点に注目したい[7]。

(2) ノーマライゼーション

地域福祉の代表的理念として，「ノーマライゼーション」(normalization) がある[8]。この福祉理念は，1950年代前半にデンマークの知的障害児をもつ親の会の運動に始まり，バンク・ミケルセン（N. E. Bank-Mikkelsen）によって，1950年代末に提唱された。わが国でも，1974年には関係文献に登場するが，一般的に広まるのは「国際障害者年」(1981年) を契機に，急速に新しい福祉理念として定着していった。それは福祉政策の理念としても積極的に採用され，社会保障制度審議会の建議「老人福祉の在り方について」(1985年) では，「自立とノーマライゼーションという考え方を基本理念」に据えて，新しい老人福祉のあり方をまとめたし，1990年の社会福祉事業法改正でも，第3条（基本理念）にノーマライゼーション理念をうたうなど，今や障害者分野を超えて社会福祉全般の理念となった。社会福祉法第4条（地域福祉の推進）の目的にも，ノーマライゼーションの理念・思想が掲げられている。

ノーマライゼーションの理念とは，ハンディキャップをもつ人のいる社会がノーマルな社会であり，そうした人々が地域のなかで，ごく普通の生活を営め

るような条件を作り出していこう，という思想と実践をいう．それが求めているのは，「すべての人たちが〈コミュニティ〉に〈完全参加〉し，〈人権〉と〈平等〉が保障されること」と集約されるが[9]，この世界的な福祉理念も単線的な発展を辿ってきたわけではない．障害をもつ人々を一般社会から分離・隔離するのではなく，ともに学び，働き，生活しようとするインテグレーション（統合化，integration）とも密接に結びつき，一体化して地域福祉理念を形づくっている．またアメリカの「自立生活（Independent Living）」運動が示した，当事者による自己決定や自立生活への支援システムの重要性や可能性，人権思想や「生活の質（QOL）」も，ノーマライゼーション理念の豊富化と発展に大きく貢献している．

さらに近年，注目されることの多い「ともに生きる」ことを意味する「共生」，ホームレスや社会的に弱い立場の人たちを地域社会から排除することなく，コミュニティで支え合い，ともに生きようとする「ソーシャル・インクルージョン」（社会的包摂，social inclusion）も，ノーマライゼーション理念と重なる部分が多い[10]．これらの諸理念を含めて，ノーマライゼーションという理念が語られるのが普通である．ソーシャル・インクルージョンは，1990年代以降フランスやイギリス等のヨーロッパ諸国で社会政策の基本にしてきたが，2000年以後には日本社会でも，ホームレス，障害者，外国人，刑務所出所者など地域から阻害されたり，排除されがちな人々を社会や地域の一員として，包み込むことをめざす福祉理念として注目されている．これらの諸理念がわが国の地域社会で定着していくには，福祉サービスや地域環境の整備だけでなく，何よりも人権尊重やつながり・支え合いを大切と考え，行動する住民の広がり，地域福祉文化の創造が不可欠である．

(3) 住民参加・住民主体

「住民参加なくして，地域福祉はない」．このくり返される言説は，地域福祉展開の大前提といってよく，それは常に地域福祉の理論や実践における当為や

目標とされてきた。住民の参加なくして，行政機関や専門家のみで地域福祉のシステムやサービスを計画したり，運営実施することは望ましくないし，また可能でもない。さらに地域福祉が目標とする住民の主体化，福祉コミュニティの形成化も不可能である。

　住民参加の形態や活動は，広範かつ多様であり，それには行政や福祉施設，専門サービスが担えない固有の価値と役割がある。それゆえに住民参加には，参加の量的な拡大のみでなく，参加のあり方や質が問われてきた。そこでは行政の下請的な参加への批判や，反省が行われただけでなく，住民の自発性や内発性を重視し，住民本位で自己決定力をもつような住民参加が追求されてきた。この住民参加のあるべき姿を，とくに「住民主体」と呼び，地域福祉実践の理念や原則として重視してきたのである。地域福祉の成否は，住民に大きく依拠する。かつて岡村重夫も，地域の方法を考える際の根本は，住民の自己教育活動としての社会教育だとし，主体性の論理を住民がはっきりとつかむこと，つまり住民の意識改革がないと地域福祉はできない，と座談会で語っている[11]。地域福祉において住民の主体性が問われ，参加が重視される所以を端的に示す発言である。

　社協などの地域福祉領域を中心に，「住民主体」という言葉が一般化するのは，「社会福祉協議会基本要項」(1962年) に登場して以降のことである。この理念は，現実との乖離を指摘され続けながらも，社協活動を超えて広く，保健・医療・教育・福祉などの地域的な取り組みでも用いられてきた。住民参加の理念は，地域福祉の代表的な理念や思想として広く支持を集め，1992年に改訂された「新・社会福祉協議会基本要項」でも，社協理念として継承されている。住民主体といっても，何か特別な住民参加があるわけではなく，「決定への参加」や「住民の立場に立った参加」を強調した，住民参加のより主体的な表現といわれる[12]。それを単なるスローガンに終わらせることなく，住民主体の地域福祉を推進していくには，住民参加の理念に基づく「参加」を粘り強く指向し，住民のエンパワメントをすすめ，質量ともに住民参加を発展させる

ことが唯一の方途といえる。

(4) コミュニティケア

地域福祉の目標としては，福祉コミュニティの形成を掲げることが多い。それを援助や支援のあり方に即して考えると，「コミュニティケア」の理念ということになろう。英国コミュニティケアの理念や発想，政策や実践の展開は，わが国における地域福祉の発展に多大な影響を与えて今日に至っている。コミュニティケアは，地域福祉の要素としても基本的な重要性を占める。それは施設中心のケアに対する批判と反省のなかで，高齢者や障害をもつ人々が地域や家庭で日々の生活を営むことが，より自然で望ましいと考え，そうした援助や支援の理念や方法として打ち出されてきた。

このコミュニティケアの理念や支援システムは，ノーマライゼーションの考え方にもよく合致しているし，住民参加などの諸理念とも相互に深く連動して，福祉援助の基本として地域福祉の中核を構成する。コミュニティケアを一言でいえば，家庭や地域において公私の専門機関・施設や地域住民が協働して，利用者の自立生活を支援していく，地域（共同）ケアの考え方や実践といえる。わが国の今世紀に入っての分野別福祉の動向をみても，地域化をキーワードにコミュニティケアを軸とした福祉政策が趨勢となっている。高齢分野における地域包括ケアシステムの構築をはじめとして，地域子育て支援，障害分野を中心に施設や病院から退所・退院して「地域移行」を促進し，自立した日常生活を支える「地域生活支援」が取り組まれている。

コミュニティケアの実践には，援助や支援を必要とする人々への社会福祉や生活関連サービスの直接提供だけでなく，多様な公私のサービス組織のネットワーク化，施設サービスを含めた地域福祉の総合的展開を必要とするし，近隣コミュニティや家族が担う役割も大きい。また自立生活を支える住まいの改造，ハンディキャップ（ハンディをもつ人）の社会参加を阻害している道路，交通機関，公共施設，病院，百貨店，スーパーなどの地域生活環境を利用

できるように改善・整備する，「バリアフリー」や「福祉のまちづくり」も，そこでの重要な福祉課題になっている。

3節　多様な地域福祉の概念

(1)「地域福祉」という用語

　社会福祉の基本的な方向やあり方として，地域福祉が注目を集めてから半世紀に近い歳月が経過した。しかし，用語としてならば戦後の早い時期から，社会福祉協議会では日常的に使用され，「地域と福祉」，「地域における福祉活動」を意味する言葉として，漠然とかつ便宜的に用いられてきた歴史がある。この日本独自といってよい「地域福祉」という用語の定着には，地域と福祉を関連づけるのに簡明でなじみやすく，自然で使いよい用語であったという，ネーミングのよさも一因しているにちがいない[13]。

　地域福祉という用語は，1970年代以後に展開される地域福祉とそれ以前のものとでは，その意味内容や社会福祉における位置づけが異なる。1960年代半ばまでは，COや地域活動などで使われ，内容的にも「地域における福祉活動」に集約される類のものであり，近年のような社会福祉のあり方，生活・福祉課題の解決する方法や枠組みを意味するものではなかった。そこに両者の間には区別が必要になるが，同時に共通性があることも見逃せない。ともに人々の生活上の課題解決に，住民の参加や活動を求めるだけではなく，生活が営まれる地域に着目し，地域と福祉を関連づけて考える視点や指向性を共有する。そのために地域社会に働きかける組織化の技術を必要とし，住民活動と行政との相互補完を強調するなど，問題関心や方法には共通する面も多い。さらに21世紀の福祉形成にとって，1960年代初頭に提起された「住民主体」の原則も，継承発展されるべき思想といってよい。

　このように両者の間には，継承される共通の要素や活動があるが，ドラスティックな社会変容の進展と，社会福祉の制度や実践枠組みの変化がもつ意味は大きい。50年以上が経過した住民主体にしても，単なる理念・原則の継承

というよりも，近年地域福祉の発展や文脈に即して捉え返し，今日的に発展させる視点が求められる。地域福祉の発想や枠組みのなかで，地域と福祉を重層的に関連づけ，住民の位置や役割，行政の守備範囲と責務を明確にしつつ，住民と行政との協働を焦点とした，地域福祉の構築が課題となっている。

(2) 概念の共通性と差異

地域福祉に関する議論が台頭して以来，半世紀に近い歳月が経過したが，そこに共通する意味内容（内包）と適用範囲（外延）を一義的に示す地域福祉の概念は，いまだ確立していない[14]。とはいえ，そこには多様な地域福祉論の存在，問題関心や概念構成の差異のみでなく，多くの共通する発想や認識および構成要件を確認することができる。

かつて鈴木五郎『増補 地域福祉の展開と方法』（筒井書房，1983年）は，1970年代の主要な地域福祉論を取り上げて，その概念を構成する要件を整理したが，それは30年以上経った今日でも，地域福祉の概念を考える上で有益である。2つの柱（目的）とA～Dの構成要件でまとめた図表5-1をみると，地域福祉の意味内容や視点も論者で異なり，それを構成する要件も多様な様相を呈している。しかし，「1．地域での福祉サービスの整備・統合化する」（A．在宅福祉サービス，B．地域福祉計画），「2．地域で住民福祉活動を組織化する」（C．要援護者・ボランティア・地区住民参加の地域組織化活動，D．福祉教育・情報提供サービス）のうち，各論者ともに2つの柱（目的）および，A．在宅福祉サービスとC．要援護者・ボランティア・地区住民参加の地域組織化活動を含む点では共通する。ここに地域福祉の概念には，全員が「サービスの体系」と「方法の体系」を含めているが，B．地域福祉計画とD．福祉教育・情報提供サービスに関しては，一致がみられない。これら地域福祉の言説が分かれて多様化していく，いわば分岐点になるものを次に見ていきたい。

第1に，「社会福祉」と「地域社会」の理解と位置づけである。もともと地域福祉は，社会福祉と地域社会という2つの問題軸を合成して形成されるゆえ

図表5-1 地域福祉の構成要件

岡村重夫	三浦文夫	前田大作	阿部志郎	井岡勉	右田紀久恵
A．要保護対象者への直接的具体的援助活動としてのコミュニティ・ケア C．一般地域組織化（コミュニティづくり） C．福祉組織化活動（福祉コミュニティづくり） A．予防的社会福祉	A．要援護者の自立のための対人援助サービス（個別援助活動）としての ○予防的福祉活動 ○狭義のコミュニティ・ケア ○在宅福祉サービス A．C．当該地域の社会的統合性を高めるための環境制度の改善・整備等の活動 ○物的環境整備 ○要援護者の社会参加の促進 C．要援護者に対する住民の意識・態度の変容，住民の社会福祉への参加の促進，組織化	A．居宅対象者の自立の諸社会福祉サービスの整備，収容ケア施設の社会化 B．地域福祉計画（Aを含んで）の推進，県・全国の長期福祉計画 C．社会福祉サービスへの住民参加，福祉教育 C．福祉的地域社会，コミュニティ形成の推進	A．C．住民が協働しうる範囲の小地域において，住民参加による福祉を基盤として，行政機関，施設等の社会資源を動員して，地域の福祉ニーズの充足を図り，地域の福祉を高める公私協働の体系である C．対象者による生活形態の選択 B．生活形態選択のための条件整備 C．住民参加	B．公的責任の基本体系としての制度・政策的地域福祉基準の設定・行財政上の遵守措置 A．公私福祉サービスの体系，予防的治療回復的諸サービスとコミュニティ・ケアのネットワーク的配置 C．以上の体系の有機的調整，拡充強化を働きかける組織化・運動化の体系	B．地域福祉計画 C．住民主体・住民参加・住民運動を内容とする地域組織化 A．制度サービスの体系化（予防対処療法・アフターケア・サービス，コミュニティ・ケア） B．サービスの配置基準の体系化 ○地域福祉を目標とする方法論・技術論の組織化

注）岡村重夫『地域福祉論』光生館，1974年
　　三浦文夫「公私の役割と参加の展開」『地域福祉論』全社協社会福祉研修センター，1977年
　　前田大作「地域福祉の概念とその推進方策」『現代社会福祉学』八千代出版，1976年
　　阿部志郎「今日の社会福祉の諸問題」『ソーシャルワーク研究』vol.15，No.4，相川書房，1980年
　　井岡勉「社会福祉の基礎知識」有斐閣，1973年，p.420
　　右田紀久恵「地域福祉の本質」『現代の地域福祉』法律文化社，1973年
出所：鈴木五郎『地域福祉の展開と方法』筒井書房，1981年，p.32

に，その枠組みも両者をどのように捉え，相互に関連づけるかで方向づけられる。社会福祉の範囲も捉え方次第で，限定的にも包括的にもなるし，地域社会も単なる地理的範囲（area）とみるのか，サービスや問題解決の資源・手段なのか，それとも人々がともに生きる場であることを強調するかで違いは大きい。論者によってコミュニティを重視したり，住民自治に注目する程度も違う

し，社会福祉と地域社会のどちらに力点を置くのかも重要な相違点になる。

　第2に，地域福祉を推進実施する「主体」に関する認識である。一般に地域福祉では，公私の多様な主体を包括的に捉えて位置づけるが，そこでは行政役割や専門機関・施設・サービス事業者を重視するものから，地域住民やNPO，ボランティアもしくは当事者の参加や主体化を強調するものなど，論者によって立場や視点の違いがある。また各々が示す地域福祉の内容や姿も，政策，運営，実践，住民・当事者のどこに焦点を当てるかで異なる。行政の責務や守備範囲とともに，地域の住民や多様なセクターの守備範囲，役割可能性をめぐる認識や評価も多様である。

　第3に，地域福祉の主要な分岐点の一つとして，「住民参加や地域組織化，コミュニティ形成」と「在宅福祉サービス（コミュニティケア）の整備拡充」という，地域福祉をめぐる2つの主要課題に対するアプローチの違いを指摘できる。一般論としていえば，この両課題は二者択一の問題ではなく，ともに主要な地域福祉の要件であり，両者の総合的な形成化が求められる。それゆえに，あくまでも重点の置き方，方法をめぐる争点ともいえるが，これも地域福祉に関する立場や視点の差異になっている。

(3) 地域福祉概念の展開

　1970年代から1980年代前半にかけての多様な地域福祉概念の類型化については，牧里毎治による分類がよく知られている[15]。かれによる分類は，地域福祉を構造と機能のいずれによって把握するかにより，構造的概念（アプローチ），機能的概念（アプローチ）の2つの流れに大別している。そこで構造的アプローチとは，社会福祉理論における制度政策論・運動論の立場から，地域福祉を政策として捉えたもので，それをさらに「制度政策論的アプローチ」と「運動論的アプローチ」に分けている。また機能的アプローチは，社会的ニーズを充足する，社会的サービスおよび社会的資源の供給システムとして地域福祉を捉え，「主体論的アプローチ」と「資源論的アプローチ」の2つに分類し

ている。

さらに牧里は,「制度政策論的アプローチ」には右田紀久恵や井岡勉,「運動論的アプローチ」には真田是, またニーズの主体である住民サイドの地域福祉の体系を構想する「主体論的アプローチ」には岡村重夫, サービスの供給サイドからサービスや資源のシステム化を指向する「資源論的アプローチ」には永田幹夫を, それぞれ位置づけて説明を加えている。この地域福祉概念の分類は, 社会福祉本質論争以来の系譜や類型に大きく依拠していたといってよい。各アプローチの論者の所論については, 次に簡単な紹介をしていきたい。

1) 地域福祉の「機能的」概念

岡村重夫 地域福祉の概念化に先駆的役割を担ったのは, 周知のように岡村重夫である。社会福祉を「社会関係の主体的側面にかかわる社会的援助」と捉える岡村は, いわゆる岡村理論を基盤として, CO理論とコミュニティケアを有機的に結合し, 地域福祉の概念形成をしている。かれは1970年『地域福祉研究』(柴田書店), 1974年には日本で最初の地域福祉の体系書『地域福祉論』(光生館) を発表するなど, わが国地域福祉の理論と発展に, すぐれて主導的な役割を果たした。

それまで未分化であった地域福祉概念を, 岡村は直接的サービスの体系と地域組織化活動の体系に区分し, 予防的社会福祉を加えて, 地域福祉概念を構成した (図表5-2)。つまり, (1)最も直接的具体的援助活動としての「コミュニティ・ケア」, (2)コミュニティ・ケアの前提条件をつくるための「地域組織化活動」(一般的地域組織化活動と福祉組織化活動), (3)「予防的社会福祉」, 以上の3つを地域福祉の構成要素とする。岡村によると, 地域福祉の中核に位置づけたコミュニティケアは, 普遍的サービスと対比される個別的サービス (personal social services) であって, 公共機関の責任で実施される直接サービス活動と説明している。このコミュニティケアの前提には,「同一性の感情」に基づく, コミュニティの存在を必要と考えただけでなく, 当事者中心の福祉組織化活動を重視し, その目標として掲げたのが〈福祉コミュニティ〉であっ

図表 5-2　地域福祉の構成要素と分野

	対象者			
	児童	老人	心身障害者	その他
構成要素 ｜ コミュニティ・ケア →	児童地域福祉	老人地域福祉	障害者地域福祉	その他の地域福祉
一般地域組織化 →				
福祉組織化 →				
予防的社会福祉 →				
	分野			

出所：岡村重夫『地域福祉論』光生館，1974 年，p.63

た。

永田幹夫　資源論的アプローチとされた永田幹夫は，設立の当初より全国社会福祉協議会に勤務し，後に事務局長を務めている。かれによると，「地域福祉とは，社会福祉サービスを必要とする個人，家族の自立を地域社会の場において図ることを目的とし，それを可能とする地域社会の統合化および生活基盤形成に必要な生活・居住条件整備のための環境改善サービスの開発と，対人的福祉サービス体系の創設，改善，動員，運用，およびこれら実現のためにすすめる組織化活動の総体をいう」と定義し，その構成要素を①在宅福祉サービス，②環境改善サービス，③組織活動の3つとした[16]。この永田による地域福祉の概念化は，1980年代初頭に全社協が提示した地域福祉の内容に一致し，当時の全社協による概念整理の到達点でもあった。地域福祉の当面する課題を，永田は方法論的体系と在宅福祉サービスの体系の追求にあるとし，そこでは住民参加と行政能力および，その限界が特に問題になると主張している。

2）地域福祉の「構造的」概念

右田紀久恵 制度政策論的アプローチとされた右田紀久恵によると、「地域福祉概念は、地域社会における住民の生活上の諸問題を社会問題として認識・把握する点に固有性」があるとし、生活問題に対する政策として捉える立場から地域福祉論を提起している。長文で表現的にはやや難解であるが、地域福祉を「生活権と生活圏を基盤とする一定の地域社会において、経済社会条件に規定されて地域住民が担わされて来た生活問題を、生活原則・権利原則・住民主体原則に立脚して軽減・除去し、または発生を予防し、労働者・地域住民の主体的生活全般にかかわる水準を保障し、より高めるための社会的施策と方法の総体であって、具体的には労働者・地域住民の生活権保障と、個としての社会的自己実現を目的とする公私の制度・サービス体系と、地域福祉計画・地域組織化・住民運動を基礎要件とする」ものとして概念化した[17]。やがて右田は1990年代に入ると、〈あらたな公共の構築〉を掲げて、「自治型地域福祉」の理論的展開を主導していくことになる。

真田　是 運動論的アプローチとされた真田の所論には、制度政策論的アプローチと共通する面も多いが、地域福祉に地域産業の発展を含めるなど、より広い意味内容を付与し、地域社会の階級性や運動的要素を特に重視した地域福祉論を展開した。それゆえに真田による地域福祉の規定をみると、「生活の共同的維持・再生産の地域的システム」として地域福祉を把握し、①産業政策を通して地域の経済的基盤を強め、住民の生活の基礎を発展させる、②過密・過疎問題にみられるような生活の社会的・共同的な再生産の部分の遅れやゆがみを正す、③これらの措置を住民の自主的な参加＝運動の支えによって行っていく、という3本柱からなる地域福祉の構成を提示している[18]。

3）1990年代以後の発展

よく知られた牧里による概念整理も、それを行った時期からして、わが国の社会福祉制度改革の動きを反映していない。1990年代に入ると、地域福祉を基調とした改革動向に注目しながら、三浦文夫は市町村を基盤に社会福祉の推

進を図る「自治体型地域福祉」と，在宅福祉を基調とする「在宅福祉型地域福祉」という2つの系譜を提示している[19]。今日の時点からいえば，それに住民の主体形成を重視する大橋謙策に代表される「参加型地域福祉」の系譜を加える必要がある。大橋は地域福祉を，「自立生活が困難な個人や家族が，地域において自立生活できるようネットワークをつくり，必要なサービスを総合的に提供することであり，そのために必要な物理的，精神的環境醸成を図るため，社会資源の活用，社会福祉制度の確立，福祉教育の展開を総合的に行う活動」と定義づけているように，地域福祉の要件に福祉教育を掲げている点が特徴的である[20]。

社会福祉法成立後の問題関心の所在や布置連関を考えるには，岡本栄一による「地域福祉論4つの志向性」は，すぐれた鳥瞰図を提供している[21]。岡本は，各地域福祉論には「場」を志向するものと，「主体」を志向するものに大別できるとし，次の4つの類型論を提示した。それによると「場」に近い理論としては，①福祉コミュニティ・地域主体志向（岡村重夫，阿部志郎）と②在宅福祉志向（永田幹夫，三浦文夫），そして「主体＝推進支援軸」に近い理論として，③政策制度志向（右田紀久恵，真田是，井岡勉）と④住民の主体形成参加志向（大橋謙策，渡邉洋一）が対応するという。これら地域福祉諸概念の検討および系譜を辿ることで，地域福祉を捉える多様な立場や視点が確認できるし，その理論的・実践的な探求にも多くの示唆を与えてくれる。

4節　地域福祉の内容

(1) 在宅福祉サービス

1980年代の初頭に全国社会福祉協議会（以後，「全社協」という）は，やや限定的な地域福祉の内容を提示した。それは図表5-3のように，(1)在宅福祉サービス，(2)環境改善サービス，(3)組織化活動の3つの柱に整理し，(1)と(2)のサービスの体系，(3)の方法の体系から構成されている。それから30年以上が経過し，やや古い感じもするが，簡潔さと明瞭さをもつという利点がある。この全

社協の整理をもとに,地域福祉の発展にも留意しながら,その内容をみていくことにする。

いわゆる在宅福祉サービスは,在宅で生活する援助や支援が必要な人々に提供される対人福祉サービスであり,その充実は施設ケアから在宅ケアへの転換,地域ケアシステムの構築を目指す地域福祉の基本課題といってよい[22]。それは福祉サービスのみでなく,在宅医療や訪問看護をも含む「福祉・保健・医療サービス」を内容とする。①予防的福祉サービスは,寝たきりや認知症などの状態を未然に防ぐための相談・情報提供,ニーズ発見,各種の生活改善,健康教育,権利擁護などのサービス・活動である。④福祉増進サービスは,生涯学習やつどい,レクリエーションなど,高齢者や障害者の社会参加の促進,生きがいづくりの推進を内容とする。この①と④は一括して,「予防的・福祉増進的サービス」と呼ばれることも多く,一般住民を含めたサービスである。

②専門的ケア・サービスは,福祉施設や医療機関などの専門家によって担われる。専門的な相談や判定,訪問による医療・看護・教育・リハビリなど,もともと家庭内では対応できないサービスである。それに対して③在宅ケア・サービスは,家庭が担ってきた身体的な介護や家事,養育などであるという理由で,②専門ケア・サービスと区分された。しかし,ケアワークに対する認識の高まりやサービス実態からは,それを専門的ケアサービスと非専門的ケアサービスに二分類する必要がある。また地域ケアシステム構築の視点からは,「施設ケアサービス」の追加が欠かせない。在宅者の施設利用もデイサービスの広まり,ショートステイの期間延長により中期の利用に及び,その延長線上に入所型サービスも捉えられるなど,今や訪問サービスから通所サービス,さらに短期入所施設や入所施設をも連続的に捉え,トータルな地域ケアシステムを構築する時代になった。

(2) 環境改善サービスと組織化活動

環境改善サービスは,高齢者や障害者などの自立生活や社会参加を妨げてい

図表 5-3 地域福祉の内容

- 地域福祉
  - 在宅福祉サービス
    - 予防的福祉サービス（活動）
      - 要援護にならないための諸活動 地域住民全体・あるいは特定の階層の集団等に対して行う
      - 情報の提供，教育，相談活動
      - ニーズの早期発見
      - 事故等の発生を防ぐための地域環境条件や物品危険防止等の点検整備
    - 専門的ケア・サービス
      - 要援護者のニーズのうち，従来社会福祉施設，医療機関の一部で行われてきた専門的サービスを地域で再編成したもので，特質はあくまで専門的サービスを中軸とするもの
      - 医療，看護（訪問）
      - リハビリテーション，教育，カウンセリング，濃密な身辺介助サービス（施設の社会化，中間施設創設，サービスネットワーク）
    - 在宅ケア・サービス
      - 家庭内で充足されてきた日常生活上の介助，保護，養育等のニーズが家庭機能の変化により社会化されたものを，施設で対応するのではなく地域で在宅のまま再編するもの。必ずしも専門的サービスとする必要なく非専門的サービスとしてボランティア，地域住民の参加を求める
      - 家事援護サービス
      - 給食，配給，入浴，洗濯，布団乾燥，買物，歩行，外出，雑用
    - 福祉増進サービス（要援護者に限らず，一般住民を含めて福祉の増進をはかる）老人の社会参加，生きがい対策
  - 環境改善サービス
    - 要援護者の生活，活動を阻害している物的条件の改善整備をはかる
    - 要援護者の社会参加を促進するために必要な制度的条件の改善整備
  - 組織化活動
    - 地域組織化 —— 住民の福祉への参加・協力，意識，態度の変容をはかり福祉コミュニティづくりをすすめる
    - 福祉組織化 —— サービスの組織化・調整・サービス供給体制の整備効果的運営

出所：『在宅福祉サービス組織化の手引』全国社会福祉協議会，1980年，p.65

る阻害要因の除去，生活環境面の整備充実を図るものである。それは地域ケアの基盤づくりの機能だけでなく，誰もが住みよい地域づくりの役割をもち，「物的環境」と「制度的環境」に大別される。そこで物的環境というのは，住まいの構造や設備，公共施設や道路，交通機関や地域施設，通信手段などを指し，それらの改善や改造，補修や整備など，ハード面のバリアフリー化により，人々の自立と参加の支援を行う。車いす対応のトイレ，リフトバスの導入，スロープやエレベーター設置などが代表的だが，当初からあらゆる人が利用できるようにデザインする，ユニバーサルデザイン（universal design）の考え方も浸透している。他方の制度的環境改善は，バリアフリー新法や福祉のまちづくり条例など，法律や条例を制定・改定したり，福祉マインドの涵養による市民の意識・態度・行動を，福祉的に改変することをいう。

　方法の体系といってよい組織化活動も，2つの柱で構成される。当事者・住民を組織化する「地域組織化」と，多様な福祉関係機関・団体・施設を組織化する「福祉組織化」である[23]。組織化活動をすすめる方法・技術は，コミュニティワークと呼ばれるが，それをソーシャルワークの系譜に即していえば，地域組織化がコミュニティ・オーガニゼーション，福祉組織化が社会福祉運営管理の流れに属する。この2つの組織化は，地域福祉の二大課題である〈住民参加〉と〈サービスの整備・統合化〉に対応しているが，地域福祉の推進には，双方の組織化活動を有機的につなげる展開が不可欠になる。

　地域組織化では，福祉活動への住民の参加や組織化をすすめ，人々のつながりや共同性を培い，地域の福祉力を高め，福祉コミュニティの形成化が指向される。代表的な活動には，小地域福祉活動，ボランティア活動，福祉問題を抱える当事者組織化活動がある。また福祉組織化では，社会資源の開発や連絡調整，ネットワークづくりや協働化を促進し，地域社会において安定したサービス供給体制の整備および効果的運営を図り，最適なサービス・支援の提供が達成課題となる。

(3) 地域福祉の構成内容

　多様にみえる地域福祉論も，いずれもサービスと方法の体系を有し，かつ環境条件の整備を不可欠とする点にも一致がみられる。さらに，それらが整合性をもつような統合化を必要とするなど，地域福祉を構成する中心的な要件はほぼ共通する。社会福祉制度改革の進展により，地域福祉を基調とした社会福祉時代が到来した。地域福祉の構成を考える上で，いくつか重要と思われる点を列挙したい。

　第1に，「在宅福祉サービス」という名称に関してである。近年，トータルな地域ケアシステムの構築が求められ，施設サービスとの連結，一体的な整備や活用が指向され，「地域ケアサービス」という名称に置き換える場合も多い。「施設ケアサービス」と「地域ケアサービス」から成る，「施設・地域サービス」の体系として捉え直した方が適切にみえる。

　第2に，地域福祉の方法・技術に関する点である。地域ケアを支えるケアマネジメント，ソーシャルサポートネットワーク，ニーズ発見システム，多職種連携によるチームアプローチ，アウトリーチ等の実践技法，小地域でのコミュニティワーク，コミュニティソーシャルワークの実践にも広まりがみられる。また地域福祉推進のツールとして，市町村と社協による地域福祉の計画的推進が進められているが，そこでは施策・方策の総合化，行政による条件整備（活動拠点，資金，人材），重層的なエリアの設定が欠かせない課題となっている。

　第3に，地域福祉の担い手に関する点である。地域福祉のサービスや活動を担うのは，人や組織である。地域福祉の構築も，地域の多様な主体の参加と協働によるローカルガバナンスを基調とし，法律的にいえば住民も地域福祉推進の主体に転化した。そこでは参加支援や福祉教育の実施が必須であり，小地域で福祉実践を担うコミュニティワーカー，コミュニティソーシャルワーカー等の増員，養成と配置が急務となっている。地域福祉の内実や水準は，その構成内容（リスト）のみで決定するものでなく，市町村の地域福祉推進に対する意欲と政策の立案・運営能力，住民の主体的な参加が大きく影響する。

注

1) 阿部志郎「セツルメントからコミュニティ・ケアへ」同編『地域福祉の思想と実践』海声社, 1986年, p.29

2) 田端光美『イギリス地域福祉の形成と展開』有斐閣, 2003年, pp.185-191
3) 田代不二男『全訂 社会福祉学概説』光生館, 1976年, p.77
4) 牧賢一『コミュニティ・オーガニゼーション概論—社会福祉協議会の理論と実際』全国社会福祉協議会, 1966年, p.81
5) M. G, Ross with B. W, Lappin, *Community Organization: theory, princioles, and practice*, 2nd ed. 1967. マレー・G・ロス著, 岡村重夫訳『〈改訂増補〉コミュニティ・オーガニゼーション—理論・原則と実際』全国社会福祉協議会, 1968年
6) 自立支援という用語には, 福祉の理念や論理, 実践的にも検討すべき隘路や困難が存在する。徳永哲也『たてなおしの福祉哲学』(晃洋書房, 2007年, pp.92-120) を参照してほしい。
7) この節のタイトルでは, 一般に使用されることの多い「理念」という用語を用いた。しかし, 現実を意図的に変えるという意味合いを強めるには,「まとまりのある考え」を意味し, 知識と価値意識が結合して人間の行動の指針となり, 行動を支配することができる,「思想」という用語の方がよいのかもしれない (思想の科学研究会編『新版 哲学・論理学用語辞典』三一書房, 1995年, p.190)。
8) 竹端寛 (『枠組み外しの旅—〈個性化〉が変える福祉社会』青灯社, 2012年, p.129) によると, ノーマライゼーション理念も, 障害を個人の機能障害 (インペアメント) として捉え, 社会の差別や障壁として捉えないとの理由で, 1980年代以後には, 国際舞台で徐々に使われなくなり, 現在では参画と平等という言葉に置き換えられるようになった。
9) 空閑厚樹「ノーマライゼーションとコミュニティ」『新・コミュニティ福祉学入門』有斐閣, 2013年, p.28
10) 社会福祉法第4条が示す地域福祉推進の目的も, ノーマライゼーション理念やソーシャル・インクルージョン理念の実現にあると説明されることが多い。これなども両理念が掲げる意味内容に共通性が高いことを物語っているが, そこには問題関心に差異もある。瓦井昇 (『地域福祉方法論』大学教育出版, 2011年, p.6) は, ノーマライゼーションよりもソーシャルインクルージョンの理念の方が, 積極的なコミュニティ変革の意味合いを含んでいるいう。
11) 三浦文夫・右田紀久恵・大橋謙策編著『地域福祉の源流と創造』中央法規出

版，2003年，p.117。岡村重夫は晩年に，「地域福祉の思想」(『大阪市社会福祉研究』第16号，大阪市立社会福祉研修センター，1993年)を著している。この論文のなかで岡村は，「思想のない制度の運用は，単なる事務でしかない」と明言し，その後に地域福祉の思想とは，地域福祉の理論と実践の基底にある人間観であり，人間性豊かな社会観に関する思想である，と明快に述べている。

12) 永田幹夫「〈社協基本要項〉策定の意義及び背景」日本地域福祉学会地域福祉史研究会編『地域福祉史序説——地域福祉の形成と展開』中央法規出版，1993年

13)「地域福祉」という名称は，欧米のことばを翻訳したものではない。それを英訳しようとしても，community development, community work, community care, community-based social service など，いずれの用語も地域福祉の全体を意味してはいない。三浦文夫(『社会福祉の現代的課題』サイエンス社，1993年)によっても，地域福祉という概念は欧米などの諸外国ではあまりみられず，それに匹敵する適当な外国語が存在しない特殊日本的用語といわれている。

14) わが国における地域福祉概念の特質を，和気康太は「二重性」「包括性」「対抗性」の3点に集約し，それらが地域福祉概念の一義的な確立を妨げている理由としている(和気康太「わが国における地域福祉概念——その特異性と今後の方向性」栃本一三郎編著『地域福祉を拓く第1巻 地域福祉の広がり』ぎょうせい，2002年，pp.16-21)。

15) 牧里毎治「地域福祉の概念」市川一宏・牧里毎治編『地域福祉論』ミネルヴァ書房，2002年，pp.122-130。牧里自身(『地域福祉論』放送大学教育振興会，2003年，p.15)も，この構造と機能で捉える方法に1990年代以降かげりがみえてきたという。

16) 永田幹夫『改訂 地域福祉論』全国社会福祉協議会，1995年，pp.45-47

17) 住谷馨・右田紀久恵編『現代の地域福祉』法律文化社，1973年，pp.1-2

18) 真田是『地域福祉の原動力——住民主体論争の30年』かもがわ出版，1992年

19) 三浦文夫「現代地域福祉の意義と課題」大阪譲治・三浦文夫監修『高齢化社会と社会福祉』中央法規出版，1993年

20) 大橋謙策『地域福祉論』放送大学教育振興会，1995年，p.28

21) 岡本栄一「場——主体の地域福祉論」『地域福祉研究』30号，日本生命済生会，2002年

22) 全国社会福祉協議会は，「コミュニティケア」を「在宅福祉サービス」に置き換えたが，その理由を永田幹夫(『地域福祉組織』全国社会福祉協議会，1981年，p.38)は，『在宅福祉サービスの戦略』によって，在宅福祉サービスの概念がかなり明確になり，地域福祉の概念形成にとってサービス部門を明確にした方が，理解しやすいという考え方によるものと説明している。

23) この組織化活動の捉え方は，岡村重夫による「地域組織化活動」（一般的地域組織化と福祉組織化）と同一ではない。岡村の「福祉組織化」は，当事者中心の組織化を意味し，その内容は大きく異なっている。

第3部　地域・住民による福祉形成

第6章

地域福祉の主体と福祉教育

1節 「主体－対象」という枠組み

(1) 地域福祉の主体と対象

　もともと「主体」という言葉は，客体に対置される単語といってよく，それは一定の意図をもって働きかけるもの，行為するものを指している。それゆえ地域福祉の主体も，地域福祉の推進や実践を担う，多くの組織や個人を示すものといってよい。それは地域福祉の「担い手」，というように言い換えられることも多かった。

　よく「福祉は人」といわれる。かつて岡村重夫も，ある座談会で「これまでの地域福祉の研究でわかった結論は何かというと，要するに熱心な人がいるかいないかによって違うということでした」[1]と述懐しているように，地域福祉では人という要素が大きい。そしてこの人と，人の集合体である組織が地域福祉の主体である。そこに地域福祉の主体も，社会福祉の主体枠組みに即していえば，「政策主体」と「実践主体」に大別可能だし，さらに「経営主体」や「運動主体」，「利用者もしくは当事者主体」を加えた主体類型も提示されてきた。しかし，論者の視点や意図により，地域福祉の主体枠組みや各主体に関する認識に一致した見解は存在しない[2]。そこで本書では，地域福祉の主体を①政策主体，②経営主体，③実践主体，④運動主体，⑤生活主体の5類型に分類してみた。

ここでの主体類型を簡単に説明すると，①政策主体は，国・地方自治体を意味し，②経営主体は，福祉サービス供給組織やソーシャルワーク機関を指している。また③実践主体はサービスや支援を提供する専門職員や福祉活動への住民等の参加者，④運動主体は地域福祉運動を担う住民や当事者やその組織，⑤生活主体は地域住民や要支援者を示している。ただし，上記で政策主体とされた行政は，同時に経営主体や実践主体でもあり，特に地域福祉の推進に直接的な責任をもつ市町村には，地域福祉の経営や実践を担う複合的な主体として，その機能が求められる。市町村社協も，市町村を範囲とした「地域福祉の推進」を目的に，②と③の主体としてだけではなく，①との公私協働をはじめ，社協を除く②と③や地域との連携・協働を推し進め，④と⑤との協働や参加支援を担う中核的な民間組織といえよう。こうした主体枠組みの認識には，複合的な主体役割とともに，主体間の相互関連や相互補完への視点が不可欠となる。また地域福祉の推進主体は，地域福祉の主体枠組みの一部ではなく，主体や担い手と同一概念として広く理解したい[3]。

一方，これら地域福祉の主体が働きかける対象は，いわゆる社会福祉の対象や守備範囲よりも広い。つまり，「要援護性（社会的ニーズ）」をもつ人々や問題を超えて，地域の多様な生活課題を含めて捉える点に特徴があり，制度としての社会福祉が解決する問題の枠内にとどまらない[4]。これからの地域福祉のあり方に関する研究会報告（2008年3月）では，地域での普通の生活を妨げるものを生活課題と捉えた上で，地域福祉の概念は，「暮らしのあらゆる場面で起こりうる生活課題に対応する，幅の広いもの」と規定している。同報告書では，地域における多様な福祉課題として次の4点を挙げている。

① 公的な福祉サービスだけで対応できない生活課題

（軽易な手助けなど制度では拾いきれないニーズ，「制度の谷間」にある者，問題解決能力が不十分で公的サービスをうまく利用できない人，孤立死等身近でなければ早期発見が困難な問題など）

② 公的な福祉サービスによる総合的な対応が不十分であることから生じる問題
　（複合的な問題のある事例など）
③ 社会的排除の対象となりやすい者や少数者，低所得者の問題
　（ホームレス，外国人，刑務所出所者など）
④「地域移行」という要請
　（地域生活に移行する障害者を支える仕組みが必要）

　これら福祉課題の解決や支援には，公的な制度や福祉サービスによる対応のみでは困難なものが多く，住民参加による共助の拡大と強化を図り，住民と行政との協働による対応が不可欠という認識を同報告は示したが，それは地域福祉の基本認識そのものといってよい。そこに地域福祉の対象も，「人間の生活の場としての地域社会（コミュニティ）であり，そのコミュニティにおける人間の社会生活である」[5]と規定されたり，より簡潔に「人であるとともにコミュニティそのものである」[6]と考えられている。地域福祉の対象には，人々の生活困難を軸に，住民とその生活に及ぶだけでなく，コミュニティを位置づけることが不可欠である。

(2) 地域福祉の「主体」認識

　社会福祉の世界では，長いことサービスを提供する側＝主体，受ける側＝対象であるというように捉え，この「主体―対象」という基本関係を軸にした，社会福祉枠組みを採用してきた。それゆえに社会福祉の構成要素も，「対象」（要援助者）と「主体」（援助者）に，「価値」（目的・理念）と「方法」（専門技術）を加えた4つと考えてきた[7]。社会福祉の主体も，「社会福祉の担い手というぐらいの意味であり，社会福祉の対象なり〈客体〉に対するものぐらいに理解してほしい」[8]と説明されてきたように，そこでは援助をする者を主体，援助を必要としたり受ける者を対象，とそれぞれ呼んできたのである。

　地域福祉における主体認識は，従来の社会福祉の主体認識とは異なり，それ

が地域福祉の固有性をよく象徴してきた。その固有性というのは，地域福祉の主体に広範かつ多様な機関，施設や団体，住民が網羅されるだけでなく，社会福祉の主体認識のごとく，主体と対象を二分法的に区分できないという発想や考え方にあった。しかし，それも近年の社会福祉制度改革を経て，社会福祉が地域福祉を基調に展開されだすと，社会福祉の「主体―対象」という認識も，その影響を強く受けて変換しつつある。

　従来の「主体―対象」枠組みの揺らぎは，近年に始まったものではない。1960年代の日本社会を特徴づけた住民運動は，高度経済成長を背景に公害や環境破壊，生活破壊に対する抵抗運動としての色彩を強くもちながら，住民パワーや地域社会の再発見につながる広がりや深さを示し，社会福祉の主体論にも大きな影響を及ぼした。1970年代に入ると，社会福祉の主体の範囲をより広く捉え，政策主体と実践主体に新たな「運動主体」を加えた所説が，副田義也や星野貞一郎などにより提起されている[9]。そこで新たに加えられた「運動主体」は，福祉運動の担い手を意味し，それが担い手として活動するならば，地域住民や福祉労働者のみでなく，要援助者やその家族も主体に位置づけられる。これを各主体が担う機能からいえば，政策主体が福祉の政策化によって，実践主体が福祉サービスや活動を直接担うのに対して，運動主体は福祉施策の充実を求めて，要求や運動を組織化して福祉の発展を支える，という論理である。ここで提起された見解は，住民・当事者を本源的な担い手に措定する地域福祉の主体論に，多くの示唆とインパクトを与えたといってよい。

　この運動主体について星野は，「社会福祉の対象者（または対象者と同じ階層・階級）＝権利主体をさす」と簡潔に示し，福祉の対象が運動主体に転化することを示唆している。また副田義也も，「運動主体とは，政策主体にたいしてその営為の水準の向上をもとめる地域住民，労働者などの大衆組織」であると規定して，それらが展開する運動を社会福祉運動と呼び，運動主体がもつ属性によって，1. 福祉労働者たちの運動，2. 福祉政策の対象となっている人びとの運動，3. 福祉政策の対象の外延である人びとの運動，という3つに類型

化した。この運動主体は、それまでなら社会福祉の実践主体である福祉労働者であったり、福祉対象である要援助者や地域住民など、行政サービスの受益者層にほかならない。このように福祉運動の担い手という視点の導入により、「運動主体」を提起したが、そのことは福祉対象の主体への転化の筋道を示し、従来の「主体―対象」枠組みを超えるものであった。しかし、その場合でも福祉的援助を担う「主体」、援助を受ける「対象」という、社会福祉の「主体―対象」枠組み自体が変わることはなかった。それゆえに「対象即主体」というように、住民や当事者こそが主体であるといった、地域福祉に固有な論理や発想に到達したり、導き出すには至っていない。

2節　地域福祉の主体枠組み

(1) 社会福祉法と地域福祉の推進主体

　前節の主体枠組みを念頭に、社会福祉法における地域福祉の推進主体に関する規定をみていく。この法律で「地域福祉の推進」という用語を使用しているのは、第1条、第4条、第107条、第108条、第109条、第110条、第112条である。それらを順に辿ると、第1条（法の目的）に掲げた「地域社会における社会福祉（地域福祉）の推進」を受けて、第4条（地域福祉の推進）では、その推進主体として①地域住民、②社会福祉を目的とする事業を経営する者、③社会福祉に関する活動を行う者の三者を示し、それらが互いに協力して地域福祉の推進に努めることと定めている。もともと地域福祉では、その根源的主体を住民とする認識が広く支持されていたが、本条文により法律的にも、地域福祉を推進する努力義務の主体に地域住民を位置づけている[10]。さらに同条では地域福祉推進の対象を、福祉サービスを必要とする地域住民とし、地域住民には福祉サービスの利用者および地域福祉活動の担い手という、2つの側面ないし性格をもつことが明記され、地域福祉の主体にふさわしい主体的力量と参加が求められることになった。

　周知のように社会福祉法第4条の条文には、地域福祉の推進主体として市町

村の行政，社協や共同募金会は入っていない。しかし社協に関しては，同法第10章第2節「社会福祉協議会」の第109条（市町村社会福祉協議会及び地区社会福祉協議会）および第110条（都道府県社会福祉協議会）で，社協がそれぞれの区域内において，「地域福祉の推進を図ることを目的とする団体」と規定し，それが推進主体であることに疑念の余地はない。それに続く第10章第3節「共同募金」も，その発足時より社協とは表裏一体ともいえる関係を有してきた共同募金を，第112条で地域福祉の推進を図るという目的をもった制度として定義し，第113条で共同募金事業および事業主体である共同募金会を定めている。これら社会福祉法で明示された地域福祉の推進主体をみると，そこで明文化されているのは，住民・事業者・活動者・社協・共同募金会に限定され，地域福祉の推進に最終的な責任をもつ，国・都道府県・市町村を主体として明確に規定した条文はない。

地域福祉の推進主体をめぐっては，その概念規定や社会福祉法の解釈も必ずしも一定ではない。特に市町村行政が推進主体もしくは実施主体であるか否かを含めて，それが担う守備範囲や役割をめぐる議論も活発である[11]。福祉サービスの提供も，近年は多様な供給主体が担うことになり，市町村の役割も実施責任から管理運営責任に移行しつつある。とはいえ，わが国社会福祉の実施体制をみると，市町村は個別法に基づく大半の事務を実施する主体であり，「1990年の福祉八法改正，分権一括法の施行，介護保険制度の始動，社会福祉法とそれにともなう個々の事業法の改正により，市町村は基本的には〈社会福祉の実施主体〉として明確に位置づけられている」[12]と理解できる。このように市町村行政は，地域福祉の推進に不可欠な事業経営や実務を求められるだけでなく，実際にも多くの事業や役務の直接提供を行っている。これからの地域福祉のあり方研究会報告（2008年3月）でも，市町村行政は地域福祉の推進において，住民と協働する主体として捉えているし，それは環境や条件を整備し，管理運営の責任を負うのみでなく，直接的な介入や支援を担う主体として明記している。あくまでも，「地域福祉を推進する中核はコミュニティと自治

体である」[13]という明快な事実に立脚し,行政を地域福祉を推進・実施する主体として考えるのが,妥当だし合理的である。それが先に行政を政策主体としてのみでなく,経営主体や実践主体とした理由にほかならない。

(2) 地域福祉を担う住民と行政

　地域福祉が指向するのは,住民・当事者の参加や意思を基底に,多様な非営利組織・団体等とも連携・協働し,行政との緊張関係のもとに公私協働で形成していく福祉のあり方といってよい。それゆえに地域福祉の主体枠組みにも,従来からの政策主体や実践主体に加えて,問題解決や地域生活の主体として地域住民・当事者を明確に措定してきた。それは何よりも,住民・当事者が支援や福祉サービスの対象であるだけでなく,本源的な主体であるという地域福祉の発想やあり方に由来している。

　地域ではめずらしくないが,援助する側と援助される側の住民が入れ替わる事態はよく起きるし,要援助者相互の支援や交流活動も,自らの主体的な力量を培い,地域や福祉を変える力を高めるものと考えられてきた。地域福祉の政策と実践でも,これら地域生活の本源的な主体とでも呼ぶべき人々の意思や参加を核にして進めるのが基本である。この立場からいえば,地域福祉の最も重要な主体は住民・当事者であり,地域福祉のあり方を決定し,主導するのも主権者としての住民自身ということになる。

　このことは地域福祉を推進する行政の重要性を,いささかも否定するものではない。行政に住民の地域生活や福祉を支える固有の責務があるように,住民にも参加や主体性の発揮が求められる場面は多い。行政施策の改善や充実,地域福祉の条件整備を求めるのも住民の大切な役割である。地域福祉の推進には,住民自身が受益や受動の位相から抜け出し,自治と協働の位相へと移行することが必要だし,サービス要求や行政要望に終わらない住民の主体的な参加と自覚が求められる。

　地域福祉の推進にとって住民参加と行政努力は,いわば車の両輪といってよ

図表6-1 地域における「新たな支え合い」の概念

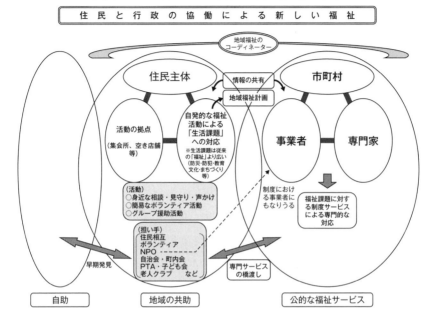

出所:『これからの地域福祉のあり方に関する研究会報告』全国社会福祉協議会, 2008年, p.32

く, 両者の役割分担や連携・協働は, 最も重要な課題である。これからの地域福祉のあり方に関する研究会報告 (2008年3月) では, 住民と行政の協働による新しい福祉のかたちを,「地域における〈新たな支え合い〉の概念」というタイトルで図化している (図表6-1)。この地域福祉をテーマとした国による最初の報告書は, 地域における〈新たな支え合い〉(共助) の拡大と確立の推進を意図したものである。そこでは「自助―地域の共助―公的な福祉サービス」(「自助・共助・公助」) という概念枠組みを提示し, 共助を公的な福祉サービスや制度である公助と対置させつつ, 情報の共有や専門サービスの橋渡し, 地域福祉計画等, 相互の関連や協働を描いている[14]。「地域の共助」では, 住民主体のもとに生活課題への対応を図る活動や担い手, 活動拠点を例示する一方

で,「公的な福祉サービス」では,住民の福祉を最終的に担保する主体である市町村は,福祉課題に対して制度サービスを事業者や専門家とともに対応する概念図となっている。さらに地域福祉推進の担い手として,地域福祉コーディネーターを位置づけている点にも注目したい。

(3) 新たな福祉供給主体

かつて福祉サービスの供給組織といえば,行政や社会福祉法人,ボランティアなどに限られていたが,1980年代以降になると規制緩和や民営化の方針のもとに,営利・非営利の民間組織の参入が活発化する。福祉サービス供給主体の多元化・多様化は,公的部門の後退と並行しながら,地域で福祉サービスや活動を担う,事業所やマンパワーを飛躍的に拡大し,対人福祉サービスの量的整備が進められている。新たに登場した営利組織や非営利組織は,地域で大きな影響を与えることから,それぞれの主体がもつ特性を考慮して,地域福祉の主体枠組みに適切に位置づける必要がある。

サービス供給組織の多元化の動きをみていくと,1981年の武蔵野市を皮切りに,各地で福祉公社の設立が広がっていくが,この頃から市町村の社協も,在宅福祉サービスに力を入れだす。生活協同組合も,コープこうべ生協「コープくらしの助け合いの会」(1983年) がスタートし,神奈川の生活クラブ生協の支援で「ワーカーズ・コレクティブ」が創設された。一方,農業協同組合も1985年には,高齢者福祉活動推進の基本方針を示し,農村部を中心に活動を展開していった。住民を担い手とした非営利の有償・有料の「住民参加型在宅福祉サービス」も,全国的な広がりを見せていったし,1986年には八王子市でわが国最初の自立生活センター(ヒューマンケア協会)が発足している。

やがて1990年代に入ると,介護や子育ての専門的な相談援助を行う在宅介護支援センターや地域子育て支援センター,訪問看護婦(師)により看護サービスを提供する訪問看護ステーションの活動も広まり,都道府県にも福祉人材センターが設置された。1990年代後半には特定非営利活動促進法の制定によ

り，NPO法人が各地に誕生して急増を続け，現在では5万を超えるNPO法人が「保健・医療・福祉」分野を筆頭に，20の活動分野で活躍している。2005年の介護保険法の改正で創設された地域包括支援センターも増加を続け，2014年4月現在で4,557カ所が設置されている。一方，シルバーサービスやチャイルドビジネス等の福祉産業，医療法人による福祉領域への進出も著しく，特に2000年の介護保険導入を契機として，介護関連サービスを中心に目覚ましい拡大を遂げている。

(4) 地域福祉実践の主体

　地域福祉の取り組みは，狭い福祉領域だけでは行えない。住民参加のもとに地域を基盤として，公私の多様で広範な主体による協働と総合的な展開を必要とし，福祉づくりは地域づくりにつながると主張されてきた。包括的な福祉サービスの整備や制度的・物的環境づくり，福祉コミュニティの形成化には，市町村行政と地域住民を筆頭に，多くの機関や施設，非営利や営利の組織による役割遂行と参加が求められる。そこに主体の範囲も，地域住民・当事者はじめ，社会福祉，保健・医療，教育や労働の領域を超えて，都市計画や交通部門にも広がり，さらには市民組織や地域組織，民生委員やボランティアなど広範に及ぶ。それゆえに地域福祉の主体枠組みも，「地域福祉の担い手は，誰でも担うことができ，限定できない」[15]といわれるように，主体の多面的な広がりを視野に入れる必要がある。

　地域福祉の主体に関しては，地域福祉サービスの提供を担う「ケアワーク群」，その基盤整備を支える「コミュニティワーク群」に分類することも多い。一般に，ケアワーク（care work）とは，介護福祉援助技術を指したり，直接的な対人福祉サービス実践を意味するが，その担い手〈ケアワーカー〉は，地域生活を支える対人サービスの主力である。広い意味でのケアワーク群には，福祉・保健・医療領域にわたる多様な職種，つまり在宅サービスを代表するホームヘルパーはじめ，福祉施設の介護職員や保育士，保健・医療の専門サー

ビスを担う医師，看護師，保健師，さらに近隣住民やボランティアを列挙できる。他方のコミュニティワーク（community work）とは，ケアワークの基盤づくりを課題とし，福祉資源や当事者・地域住民に働きかけて，地域や福祉の組織化を行う方法や実践をいう。

ケアワーク群とコミュニティワーク群を，専門性の有無という視点で分けると，両群ともに専門性を有する「専門職員」と，それを有さない「住民・ボランティア」に大別できるが，これらの人々が地域福祉実践の担い手である。これに近い考え方で上野谷加代子は，「ケア性—オーガナイズ性（コーディネイ

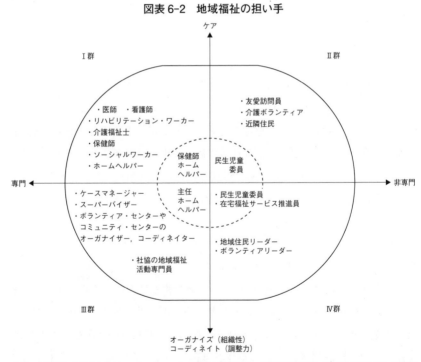

図表6-2　地域福祉の担い手

出所：上野谷加代子「在宅ケア・ネットワークの課題」沢田清治・上野谷加代子編『日本の在宅ケア』中央法規出版，1993年，p.14を一部修正

ト性)」，「専門―非専門」という2軸を交差させ，4つの象限に地域福祉の担い手を類別している（図表6-2）。この図をみると，在宅福祉サービスに焦点を置いて担い手を位置づけているためか，地域福祉の主体枠組みとしては，やや狭い印象も受けるが，具体的でイメージしやすい整理になっている。

3節　参加と学習がつくる地域福祉

(1) 本源的主体としての地域住民

　地域福祉の推進には，地域住民の主体的な参加が不可欠であり，それは地域福祉の根底を支える大前提といってよい。しばしば住民参加への期待が，援助を必要とする人々への支援に限定して語られるが，そうした問題関心のみで住民の参加を捉えるのは，地域福祉の主体認識として適切でない。当事者を含む地域住民は，生活や地域の主人公であり，行政や地域の社会資源と協働して，地域課題を解決する地域福祉の根源的な主体である。地域の福祉を支えて豊かに変える主体は，誰よりも日々地域で生活し，困難や不安を抱いて暮らす住民ということになる。

　地域住民であることと，地域福祉の具体的担い手であることはイコールではないし，住民の参加や主体形成といっても，自然の成り行きに期待できるものではない。参加の現実を直視するならば，多くの住民は日常性のなかに埋没して，日々を過ごすことの方が一般的であり，地域の生活課題に無関心な人々が多数派である。それでも地域の抱える福祉課題に気づき，それをどうにか解決しようとする思いや願いが，住民の参加や活動の契機となり，それが地域や生活困難を抱える人を支える力になる。そうした住民の思いをかたちに変え，住民主体を具現化することは，地域福祉の基本命題といってよい。住民が生活課題の共同的解決に向けて，自らの自治力や共助力を高め，地域で実践を担うことにより，初めて真の意味で，住民を地域福祉の主体と呼ぶことができる。

　コミュニティワーク実践における主役は住民であり，ワーカーの基本的役割も，住民や地域組織の活動を側面的に支援することにある。それゆえにワー

カーは黒子として，どのように住民の参加や主体化を支援するか，福祉コミュニティの形成化を推進するかを実践課題としてきた。地域住民の福祉的力量として，沢田清方は①問題の共有力，②実践力，③教育・学習力，④結集力，⑤制度活用力，⑥連携力，⑦共生力，⑧民主主義的プロセス，⑨意見具申力，⑩計画力，に集約している[16]。ここには地域福祉の主体である住民に求められる力量がどのようなものか，換言するならば，地域福祉を担う住民の役割が何かを簡明に示している。住民の主体形成を重視する大橋謙策も，福祉教育との関連で，地域福祉の主体形成を①地域福祉計画策定主体，②地域福祉実践主体，③社会福祉サービス利用主体，④社会保険制度契約主体，という4つの側面から説明する[17]。この説明からも住民は，地域福祉の主体として多くの役割をもち，地域福祉の主人公であることが明示されている。

　住民の福祉への参加と主体形成に向けて支援する，それが福祉教育にほかならない。住民の主体形成も，身近な地域福祉活動への参加，福祉教育などを契機として進展することが多い。そこに福祉活動に関心の低い一般市民を含めて，住民・当事者を地域福祉の本源的主体として再度捉え返し，その担い手に変えていくような，福祉教育や地域福祉活動，福祉文化の創造が地域福祉の課題として注目される所以である。

(2) 福祉教育・学習と福祉実践

　地域福祉の主体としての住民が，その主体的・組織的な力量を高めるには，自らが地域の福祉課題に関わるプロセスを必要とする。ドラスチックな生活変容や福祉対象の普遍化は，人々の社会福祉への関心や福祉活動への参加可能性を高める要因になることは間違いないが，それが直ちに人々の参加意欲を高め，主体的な問題解決に向けて行動化するわけではない。最近は多くの福祉関係の知識・情報も，新聞やテレビ等のマスコミ，書籍やインターネット，地方自治体や社協の広報紙などによって住民に提供される。それらの情報に接しただけで，福祉問題の解決に向けて動き出す住民は，決して多くはない。

福祉活動に人々が参加するプロセスをみても、そこには活動を始める何らかの契機が存在する。この契機も活動する人や地域、活動内容によって異なり、実に多様である。援助を必要とする人との偶然の出会い、近隣での見守りや手助けの経験が、その後の活動の契機になったり、行政や社協、施設やNPOが主催する福祉体験プログラム、ボランティア講座、コミュニティ・ミーティングへの参加が引き金になる場合も多い。また友人からの誘いもあれば、地域でのつき合いや学校での紹介、さらに自分自身が生活上の困難を抱えて福祉活動を始めることもある。これら多様な契機を媒介にして、住民の福祉参加はスタートし、それが地域福祉の担い手へと住民を転化させる第一歩になる。

住民による地域福祉活動には、地域や暮らしを見つめ、行政や地域の社会資源とも協働し、生活上の困難や不安を解決する知恵と力が求められる。それは地域で人と人をつなぎ、地域の福祉力を強めるプロセスでもある。この地域福祉を担う住民の力量形成には、福祉力をつくり高める〈実践〉と、それを支える〈学習〉を相互媒介にした展開が欠かせない。すぐれた実践活動には、それを支えて発展させる学習活動があるといわれるが、地域福祉活動でも実践と学習は車の両輪といってよい。最近では、地域福祉の推進が主要な地域課題となり、福祉学習に対する期待も福祉マインドの涵養、住民の福祉力を高める方策として一段と強まっている。住民による福祉活動と学習の相乗効果により、個人レベルでのつながりと主体的な力量を培い、それが地域レベルでの福祉力の発揮や福祉コミュニティの形成に途を拓いていく。ここに福祉学習に対する今日的な期待と意義がある。

4節　福祉教育と地域福祉文化

(1) 福祉教育と地域福祉

いわゆる福祉教育は、大きく「学校における生徒を対象とする福祉教育」と「地域における一般市民を対象とする福祉教育」に分けられる[18]。戦後、早い時期からの福祉教育実践の蓄積をふまえて、「福祉教育」が概念提起されるの

は1970年前後である。それは地域福祉が台頭する時期とほぼ重なっている。

戦後における福祉教育実践は、それよりも相当早く戦後の初期より、児童・生徒に対して学校教育を基盤に展開されている[19]。敗戦の翌1946年には、徳島県で「子供民生委員制度」が創設されているし、1950年には神奈川県「社会福祉事業研究普及校制度」によって、学校を指定しての福祉教育実践がすすめられた。それらを出発点として、各地の福祉教育実践が進展し、やがて1977年には国庫補助事業「学童・生徒のボランティア活動普及事業」が始まり、多くの小・中・高校が各地で指定を受けて、全国的な福祉教育実践を展開していった。これらは学校における福祉教育の系譜である。

一方、地域でも1950年代末に始まる保健福祉地区組織活動の取り組みにより、住民に対する福祉教育が関心を高めていった。その後、「市町村社協当面の振興方策」(1968年)において全国社会福祉協議会(以後、「全社協」という)は、市町村社協の当面する活動目標と推進方策の1つとして「福祉教育の推進」を掲げ、地域において住民対象の福祉教育の展開を社協課題のひとつに位置づけ、初めて福祉教育という用語を使用した。さらに全社協は、1971年5月に「福祉教育の概念―福祉教育に関する中間報告」を発表し、研究委員会等による福祉教育に関する検討をしている。

この1970年前後という地域福祉と福祉教育の登場時期の一致は、単なる偶然によるものではない。未曾有の社会変動を背景に登場する地域福祉は、何よりも住民の主体的な参加を必要としたし、その実現に向けて住民の学習・参加活動を促進する役割が福祉教育に求められる、という両者の関係に起因する。1970年以降に福祉教育が必要とされた背景を大橋謙策は、①高齢化社会の進展による支え手・担い手の形成、②障害者とともに生きる福祉のまちづくり、③子ども・青年の発達の歪みの現象化、④国際化時代(飢えと飽食)をともに生きる、⑤地域の連帯力・地方自治力の形成に集約している[20]。これら5つに整理された福祉教育の背景は、いずれも地域福祉が展開される社会的文脈や課題でもあった。

1980年に全社協は,「福祉教育研究委員会」をスタートさせ,福祉教育実践の方法論や推進方策などを検討して,その成果である『福祉教育ハンドブック』(1984年)を刊行している。公私協働を前提とする地域福祉にとって,住民参加は最大の要件であり,参加する住民の量(人数)だけではなく,常に住民参加のあり方や質が問われる。いわゆる住民参加には,地域の福祉力を高める実践のなかで,住民相互のつながりや連帯性を高め,地域の本源的な主体としての住民の力量を培うこと,住民の一人ひとりのエンパワメントが求められる。この文脈のなかで地域福祉領域を中心にして,地域に新たな人間関係や福祉コミュニティ,福祉の装置をつくり,地域福祉文化の創出する方策として,住民参加を支える福祉教育・学習が必要とされたのである。

(2) 地域福祉時代の福祉教育

　「福祉関係八法」改正によって,法制度的にも地域福祉時代を迎え,ここに福祉教育の重要性も一段と高まる。その時に改正された社会福祉事業法の第3条2では,社会福祉事業者に「地域住民等の理解と協力を得るよう務める」ことを明記したが,その方策としての福祉教育にも,当然のごとく関心が向けられた。さらに同法第70条の2第1項の規定に基づき,厚生大臣(現・厚生労働大臣)は,国民の社会福祉に関する活動への参加の促進を図るための措置に関する基本的な指針を定めることになり,1993年4月には「福祉活動参加基本指針」を策定した。そこでは措置すべき項目を5つ挙げたが,その1番目に「福祉活動に対する理解の増進」をうたい,その実現のために(1)福祉教育・学習,(2)啓発普及,(3)社会的評価の必要性を指摘した。この指針を受けて同年9月には,「ボランティア活動の中長期的な振興方策について」(意見具申)を出し,その「Ⅳ振興の重点課題」の第1番目には,「福祉教育,啓発,社会的評価の確立」を据えている。このように政策的にも,福祉教育・学習が地域福祉の主体形成,福祉活動への参加の促進に向けて,積極的に推進されていった。阪神・淡路大震災が発生し,ボランティア活動への社会的関心を一挙に高

めた1955年には,「日本福祉教育・ボランティア学習学会」が設立されている。

　2000年6月の法改正により,利用者主体の理念が明確化され,地域住民は社会福祉事業者,社会福祉の活動者とともに互いに協力して,地域福祉の推進に努めなければならないことになった。そこでは住民に,サービス利用者としての自己決定や自己責任が求められたし,地域住民の参加による福祉援助や支援,福祉コミュニティをつくる主体としての役割が期待されている。この法改正によって福祉教育・学習が,住民参加による主体形成と地域福祉文化の創造を支援する方策として,さらに大きな関心を呼ぶことになる。

　教育の分野においても1990年代以降,一連の教育改革のなかで福祉教育が注目を集めている。1998年には,教育職員免許特例法によって小・中学校の教員免許取得に,福祉施設での「介護等の体験」を課したし,高校教員免許には新教科「福祉」が加わった。2002年になると,子どもが主体となって学校教育に国際理解や情報,環境,福祉・健康などの課題を考え,その解決方法を学習する「総合的な学習の時間」が導入されたし,同年の7月には,中央教育審議会「青少年の奉仕活動・体験活動の推進方策について―個人の豊かな人生と新たな〈公共〉による社会をめざして」(答申)が出されるなど,学校教育においても福祉教育が政策的にも,実践的にも重視される新たな段階に入っている。こうした福祉学習・教育に対する社会的要請を背景に,そのあり方のみでなく,方法的にも具体的な検証と工夫が重視され,学校や社協,公民館や施設など地域の社会資源が,より一層相互の連携を深め,協働的な福祉学習活動を展開することが求められている。

(3) 福祉教育の理念と方法

　福祉教育という場合,それが対象とする年齢から「成人」と「子ども」に区分できるし,実施される場所によっても「学校」,「地域」,「施設」に分類できる。これら福祉に関わる学習や交流の活動は,主に成人が地域,子どもが学校

を，それぞれ軸にして展開されてきた。学校における全国的な福祉教育活動としては，「学童・生徒のボランティア活動普及事業」(1977年)がスタートし，各地での実践活動が始まって40年近い歴史をもつ。一方，地域での福祉学習の開催や支援をみると，市町村の社協をはじめ，公民館や行政の福祉関係部課，福祉施設，NPOやボランティア団体等によって実施されてきた。

　福祉教育・学習には，それが目指す福祉理念（思想）があり，その理念を具現化していく担い手形成を達成課題とする。それゆえに，「福祉教育は，人権思想を基盤に，〈自立と共生〉の福祉社会や福祉のまちづくりをめざして日常的な実践や運動を展開する主体の形成を図ろうとするものである」[21]といわれる。もう少し具体的にいえば，福祉教育には人権意識や感覚を高めること，福祉に関する認識（知識・事実）を高めること，活動・運動への実践的な意欲を高めことが求められるし，それらが複合して総合的な達成を課題とする。そこでの福祉理念といえば，〈人権・ノーマライゼーション・共生〉などの語彙がよく用いられるが，抽象的な理念を掲げること自体に意味があるわけではない。近年，よく耳にする「共生」も文字通り，「ともに生きる」ことに違いないが，響きのよいこの言葉も，管理と競争が支配的な現実のなかで，共生を目指す実践につなげることは容易ではない。理念の実践化には，現代社会のあり方を問うだけでなく，わたしたち一人ひとりが，人間として生きるという原点に立ち返って，その意味を問い直すことが求められる。

　福祉学習には，人々の理性的認識のみでなく，感性的認識を高める必要があるし，そこでは価値や態度，方法やスキルの修得も大切な課題になる。福祉学習の方法としては，講演や講義を聞く，映画やビデオを見る，文献などを読み合う，施設を訪問したり，地域で調査を行う，見学や先進地を視察する，介護体験や技術講習，車イスやアイマスクを用いて高齢者や障害者の不便さや不自由さを疑似体験をするなど，実に多種多様である[22]。近年は，福祉学習の取り組みにも，施設を含む多様な地域の人材・資源を活用したものが目立つようになってきた。高齢者や障害者，保育所の子ども，福祉活動者や専門職員など，

地域の多様な人々との相互の対話・交流を組み入れたり，地域や福祉施設での体験的学習を重視する傾向を強めている。地域の実情に即して学習内容を工夫したり，福祉施設による学習活動にも，地域とのかかわりを強化・模索する動きがみられる。

　これら福祉学習への期待と実践の広がりのなかで，福祉教育実践の形骸化を危惧する指摘も多く，学習活動の広がりが直ちに，福祉マインドをもつ人々の増大に直結するとは限らない。地域や住民意識の改革は，社会的な通念や社会福祉実践の定石からの問題指摘だけではできず，自分はどのように生き，地域のつながりや共感的理解をどう作っていくかを，問題解決の根本に位置づける必要がある[23]。地域における福祉教育実践でも，住民の主体形成が強調されて担当職員の関心事となってきたが，これは裏返していえば，住民の学習が主体的でなかったり，主体性の伸長につながらない現実があることを示唆している。

　何よりも福祉教育は，住民自身による自己教育・相互教育を当為とし，教育の主体は地域住民や児童であり，この思想や認識を基底とした実践化が求められる。福祉教育・学習の企画や方法も，住民・児童の主体化の契機を重視し，学ぶ者の主体性を尊重し，「正解」や「よいこと」を学習者に教え込むというよりも，関心や興味を引きだし，それを実践へと発展させる点に力点がある。むのたけじ『希望は絶望のど真ん中に』[24]によると，「教育という営みは，教えて育てているなんていう無礼な行為ではない。……。教育行為はまさに引き出す情熱，その努力から始まる」という。ここには教育という行為の本質に迫る言説が，力強く簡明に提示されている。福祉学習に歪みをもたらす要因として，過度な実践活動への方向づけ，政策的な誘導や操作が指摘されることも多いが，誰のための福祉教育かを，改めて問い返すことが，専門職員にとっても出発点になるにちがいない。

注

1) 三浦文夫・右田紀久恵・大橋謙策編著『地域福祉の源流と創造』中央法規出版，2003年，p.132
2) たとえば山口稔（「地域福祉の推進主体」山口稔・山口尚子編著『地域福祉とソーシャルワーク実践〈理論編〉』樹村房，2005年，pp.76-84）は，地域福祉の推進主体を①政策主体，②経営主体，③実践主体，④運動主体の4つに区分しているが，③実践主体には住民やボランティアを含めず，④運動主体のなかに活動主体として含めている。これは従来の社会福祉の主体研究の文脈とは，異なる見解といってよい。
3) 『広辞苑（第六版）』から「推進」の文字を引くと，「おし進めること」と簡潔に記されている。これを「地域福祉の推進」という文脈に即して考えると，そこで推進・実施する中身が「地域福祉」であり，そのために用いる手段についての限定はなく，事業・サービス・活動の企画・実施・運営を除くという意味合いもないことになる。
4) 全国社会福祉協議会『地域福祉計画による社会福祉の総合化をめざして』（2006年3月，p.36）では，地域福祉固有のニーズを示す枠組みとして，「制度で応え切れないニーズ」とみる捉え方を提示している。そのなかには，制度化できるものもあるが，できないものが大量にあり，その対応にはボランタリーなシステム，住民の福祉活動の活性化を必要とするという。
5) 高田真治『社会福祉混成構造論』海声社，1993年，pp.50-51
6) 栃本一三郎「地域福祉政策と地域社会の再構築」大森彌・松村祥子編著『福祉政策Ⅰ—福祉政策の形成と実施』放送大学教育振興会，2006年，p.232
7) 渡辺武男「福祉社会学の方法と対象」星野貞一郎・渡辺武男編著『福祉社会学』ミネルヴァ書房，1986年，pp.9-10
8) 三浦文夫「社会福祉の〈主体〉①」『月刊福祉』1971年2月号，全国社会福祉協議会，p.46
9) 副田義也「社会福祉論の基本的枠組」（同編著『社会福祉の社会学』一粒社，1976年，pp.43-56），星野貞一郎「社会福祉主体の分析視角」（星野貞一郎・今岡健一郎・吉永清編『社会福祉概説』有斐閣，1976年，p.91）。仲村優一・岡村重夫・阿部志郎・三浦文夫・柴田善守・嶋田啓一郎編集『現代社会福祉辞典』（全国社会福祉協議会，1988年，p.245）でも，「社会福祉の主体」を執筆した嶋田啓一郎は，政策主体，実践主体，運動主体の3類型としている。
10) 地域福祉の推進主体として，地域住民を努力義務主体に措定したことは，特記に値する条文といえる。地域福祉時代にふさわしい規定とする言説が多いが，それは「いささか住民に対して権力的とも言える」ものであり，1990年改正の

社会福祉事業法の方が適切とする見解もある（栃本一三郎「社会福祉法成立の思想的背景―10年を経ての遠近法」『社会福祉研究 第108号』鉄道弘済会，2010年，p.37）。

11) 社会福祉法第4条を根拠に，市町村は地域福祉の政策主体だが，推進主体ではない（金井利之「自治体行政における地域福祉サービス」宮島洋・西村周三・京極高宣編『社会保障と経済 3 社会サービスと地域』東京大学出版会，2010年，p.227）という主張がある一方で，同法第4条および第6条の規定は，地域福祉の推進主体を住民・事業者・行政の三者と明確にしている（上野谷加代子「地域福祉の主体と対象」社会福祉学習双書編集委員会『地域福祉論―地域福祉理論と方法』全国社会福祉協議会，2009年，pp.72-73）との見解もある。

12) 澤井勝「地域福祉と自治体行政」大森彌編著『地域福祉を拓く第4巻 地域福祉と自治体行政』ぎょうせい，2002年，p.360

13) 内藤辰美「縮む都市と地域福祉―変化する都市と地域福祉」橋本和孝・藤田弘夫・吉原直樹編『都市社会計画の思想と展開』東信堂，2009年，p.142

14)「自助・共助・公助」という概念枠組みは，「補完性の原理」(principle of subsidiary) の私領域・市民領域・政府領域にも対応し，地域福祉計画や防災分野，地方自治でも有用な概念として普及している。しかし，社会福祉・社会保障領域には，この連語以外にも類似もしくは，異なる概念枠組みや用語が存在するし，自助・共助・公助という並列的に配置された，この概念枠組みが孕む理論的な問題にも，見過ごせないものがある。詳細は拙稿「地域福祉の推進と共助の拡充」（立正大学社会福祉学部紀要『人間と福祉』第28号，2014年）を参照してほしい。

15) 和田敏明「広がる地域福祉の担い手の役割分担と協働」同編著『地域福祉を拓く第3巻 地域福祉の担い手』ぎょうせい，2002年，p.8

16) 沢田清方「地域福祉の推進課題とその方法」井岡勉・坂下達男・鈴木五郎・野上文夫編著『地域福祉概説』明石書店，2003年，pp.159-160

17) 大橋謙策『地域福祉論』放送大学教育振興会，1995年，pp.75-80

18) 全国社会福祉協議会 福祉教育研究委員会「福祉教育の概念―福祉教育に関する中間報告」（1971年5月）。また全国社会福祉協議会全国ボランティア活動振興センター編『福祉教育ハンドブック』（全国社会福祉協議会，1984年）でも，第1部「福祉教育の理念と構造」に続いて，第2部「学校における福祉教育」と第3部「地域における福祉教育」を配置し，第4部「福祉教育の実践」，第5部「資料編」という構成になっている。

19) 木谷宣弘「福祉教育実践と社会福祉」一番ケ瀬康子・大橋謙策編『学校における福祉教育実践Ⅰ』光生館，1987年，pp.136-140

第 6 章　地域福祉の主体と福祉教育　131

20) 大橋謙策, 前掲書, pp.72-75
21) 阪野貢「福祉教育の概念」阪野貢編『福祉教育の理論と実践―新たな展開を求めて』相川書房, 2000 年, p.11
22) 代表的な福祉教育のプログラムであった疑似体験にも, 老化や障害がもつネガティブイメージのみが教化され, 貧困的な福祉観の再生産につながることが危惧されてきた。原田正樹「福祉教育実践の新潮流―共生文化の創造をめざして―」(『月刊福祉』2013 年 4 月号, 全国社会福祉協議会) によると, それも最近では, ICF (国際生活機能分類) の視点を踏まえ, 当事者との交流体験やその人の生活の様子を聞いたり, 一緒に考えて語り合う実践の広まりがみられるとして紹介している。
23) 辻浩『住民参加型福祉と生涯学習―福祉のまちづくりへの主体形成を求めて』ミネルヴァ書房, 2003 年, p.51
24) むのたけじ『希望は絶望のど真ん中に』岩波書店, 2011 年, p.30

第7章

住民による地域福祉活動

1節　多様な地域福祉活動の展開

(1) 戦後地域福祉活動のあゆみ

　地域福祉活動という用語も，それを広く解釈すると，行政や専門家による支援やサービスを含み，地域福祉に関する全活動を意味する。しかし通常は，地域における住民の福祉活動に限定される。ここでも通例に倣って，地域福祉活動という用語を，地域住民・当事者による福祉活動という意味で用いたい。それは地域における住民の福祉活動への参加と言い換えてもよい。この住民を担い手とする活動は，全国各地で広範多岐にわたって，膨大な生活や福祉を支える実践を日々繰り広げ，その全体像を正確に捉えることは不可能である。ここでは最初に，戦後日本の地域福祉活動のあゆみを素描することにしたい。

　戦前日本でも住民を担い手とする方面委員活動，セツルメント運動，隣保事業，農村社会事業などが取り組まれてきたのは，周知の通りである。やがて日本社会も敗戦を迎えるが，この混乱と極貧状態にあった戦後十数年というのは，住民による相互扶助と組織化が大いに力を発揮した時期であり，保健医療や社会福祉領域において，「地域福祉活動が国民的な広がりをもった特殊な時代」を経験している[1]。名称変更された民生委員による活動も，戦前に引き続き全国的に展開され，1947年10月には共同募金運動が始まる。1950年代前半には社会福祉協議会（以後，「社協」という）が，全国および都道府県，市町村

で相次いで結成されていった。終戦に伴う混乱と生活の窮乏化や困窮という世相を背景に，海外からの引き揚げ者や戦災・戦傷病者への援護活動，歳末助け合い活動，農村や地方都市では生活改善運動が取り組まれ，児童福祉領域においてもボランティア活動，子ども会活動などが行われていった。

　1950年代に入る頃から，地域の住民活動が広がりをみせ，子ども会，母親クラブ，老人クラブも各地に誕生し，これらの活動を基盤として50年代後半には，「住民ぐるみ」の地区組織活動が進展していく[2]。公衆衛生分野でも，コミュニティ・オーガニゼーション技法を活用して，「蚊とハエのいない生活」実践運動などの地区衛生組織活動が地域で実施されている。やがて1959年には「保健福祉地区組織育成中央協議会」（育成協）が結成され，社協と公衆衛生関係団体とが連携して，小地域を範囲に住民参加による"保健福祉地区組織活動"が展開されていった。

　1960年代に入ると，高度経済成長に伴う家族変化や都市化により，国民生活にも多くの歪みをもたらし，地域問題や生活問題を多発させながら，伝統的な地域社会の解体化が進行する。こうした問題状況に直面するなかで，住民による地域福祉活動も幅を広げ，新たに住民運動や障害者運動，子どもの遊び場の確保や保育所づくり運動が登場している。また各地に善意銀行（後のボランティアセンター）が誕生したり，民間のボランティア推進機関の設置も相次ぎ，徐々にボランティア活動も普及していった。それも1970年代後半に入ると，ボランティア活動に対する振興策とも相まって，各地域で福祉ボランティア活動の気運を高めていったし，高齢化の進展に伴って在宅高齢者への給食サービスや入浴サービスなどが広がっている。また福祉施設の社会化，住民との交流活動が前進したほか，障害者による自立生活運動の萌芽も認められる。

　1980年代に入ると，ボランティアによる在宅福祉活動が広がりをみせ，有償ボランティア活動や生協による福祉サービス活動が台頭したし，認知症高齢者を抱える家族の会，障害者が地域で自立生活を指向する当事者運動の発展が注目を集めていった。これに続く1990年代には，福祉政策的にも住民参加，

地域福祉活動への期待が飛躍的に高まるなかで，小地域ネットワーク活動やサロン活動が始まり，阪神・淡路大震災という予期せぬ不幸との遭遇も，地域における住民役割の大切さを喚起した。それはボランティア・NPO等の市民活動の前進にも大きな影響を与え，NPO法人による地域レベルでの活動を各地に誕生させていく。2000年の介護保険の実施も，公的サービスの基本的な重要性とともに，その限界や守備範囲が話題になり，改めて住民による福祉活動の役割や存在意義を浮上させていった。さらに社会福祉法の誕生により，その第4条では地域福祉の推進主体に地域住民を位置づけ，法律上も住民による参加，地域福祉活動の担い手として明記している。

今世紀に入って15年が経過した。地域福祉活動の視点や文脈からは，次のような点に注目したい。日本社会も人口減少化や超少子・高齢化に加えて，経済の低迷が続くなかで無縁化や孤立化が進行し，今や福祉課題の対応にもつながりの再構築が注目を集め，住民参加による地域で支える仕組みづくりが要請されている。とはいえ，近年の地域包括ケアシステムの構築，障害者の地域移行や生活困窮者への支援にしても，住民や地域への役割期待がときに過大とみえるほどに大きく，あくまでも適切かつ遂行可能な住民役割に，限定されなくてはならない。

地震国の日本では，新潟県中越地震（2004年）に続いて，2011年の東日本大震災・福島原発事故が与えた，被害やインパクトは甚大であった。被災地でのボランティアの支援活動，被災地住民による生活や地域の再生に向けた努力は，5年の歳月を経ても終わることがない。災害時要援護者の把握方法，情報共有，安否確認の仕組みづくりは各地で進展している。さらに2014（平成26）年度末時点で，全市町村の66％が地域福祉計画を策定するに至っている。市町村社協が策定する地域福祉活動計画とともに，住民参加が必須の計画であり，各地の計画策定にかかわるワークショップ，地区福祉計画の策定等への住民参加は低調にもみえるが，新たな地域福祉活動の契機として注目に値する動きといえる。

(2) 地域福祉活動の類型

　住民による福祉活動は多種多様だし,その広がりも無限ともいえそうである。それを大別して列挙すると,小地域福祉活動,当事者活動,民生委員活動,社協活動,共同募金活動,ボランティア・NPO活動,施設を拠点とした活動,それをさらに地区別・階層別・問題別にみた活動に分類することもできる。しかし,このような例示や分類では,具体的な地域福祉活動をイメージすることは難しい。そこで地域福祉活動が全体として,どのようなものかを捉えるために,次の①～⑥に類型化した沢田清方による分類をみる[3]。

① **基本的活動型**——調査活動,要援護者個人台帳作成,ケース検討会,学習研修活動,広報活動,福祉懇談会,計画立案,財源づくり活動

② **住民の組織的活動型**——安否確認活動,見守り,ニーズキャッチ,緊急コール

③ **当事者組織を軸とした型**——リハビリ友の会活動,介護家族会活動,独居老人の会

④ **在宅福祉サービス実践型**
　〔拠点型〕——会食サービス,宅(託)老所,各種相談,おもちゃ図書館,地区ボランティアセンター活動
　〔訪問型〕——配食サービス,家事援助,介助・介護活動

⑤ **行事型**——福祉大会,敬老会,福祉まつり,三世代交流事業

⑥ **ソーシャルアクション型**——施設設置運動,福祉施策実施要望,条件改善要望,各種施策提言・提示

　長い社協実践の経験をもつ沢田の整理からは,多様な地域福祉活動の広がりが確認できるし,活動のイメージを描くのにも役立つ。ただし,沢田もいうように,実際の活動には各種の要素が入り混じっているのが現実であり,多くの要因が複合して,多様な地域福祉活動として展開されており,それが地域福祉活動の一大特徴である。活動の実施団体をみても,多様な活動を幅広く取り組むものもあれば,手話や配食サービスといった特定の活動のみを行うグループ

もある。また新たな活動を開拓するグループのみでなく、活動から撤退するグループもあるなど、活動は発展するのみでなく、ときに停滞し消滅するのが地域福祉活動といえる。

　これら地域福祉活動も、「地域性」を軸に2つに分類できる。つまり地域を基盤とする度合いによって、地域性の強い「コミュニティ型」（エリア型、近隣型）と、それが希薄で脱地域性を示す「アソシエーション型」（テーマ型）との区分である。一般的にいえば、ボランティア活動や当事者活動は、ともに活動者の共通関心が中心となり、地域コミュニティの範囲に活動が限定されない。それらは自主性や任意性が強く、NPO、生活協同組合、テーマ型の市民活動などと同様に、地域性が希薄なアソシエーション型活動である。一方、近隣による見守り活動や地区社協の場合は、あくまでも小地域の範囲内で活動が行われる。それは、近隣性・地域性を色濃くもつ、地域住民中心の活動であり、コミュニティ型活動といってよい。この地域福祉活動の2類型は、コミュニティ型が地域の公認団体（町内会、老人クラブ、PTA、婦人会など）、アソシエーション型が自発的なボランティア団体や当事者団体に代表されるが、両類型ともに類似の機能を担うことも多く、一方が活発であれば、他方が不活発であるなど、ともに並び立つことは難しいともいわれる[4]。

　地域的互助の衰退という現代の趨勢からいえば、いつの時代、どこの社会にもあり、「受けた贈与・援助はいつかは返済しなければならないとする慣習・制度」[5]と説明される互酬性（reciprocity）は、昨今地域でも弱いものになっている。いま一方のアソシエーション型の活動も、近年は地域や福祉を支える力を高めてはいるが、それが取り組む地域や担い手、領域にはバラツキがあり、その広がりや安定性には懸念が抱かれることも否めない。地域における互助・共助の重要性は強調されるが、その機能や力は縮小・低下が続いている。地域福祉活動が目標とする福祉コミュニティ（welfare community）も、小地域を範域とした活動だけでなく、多様なアソシエーション型活動によっても形成される。さらに個々の地域や団体の活動をよくみると、アソシエーションとコ

ミュニティという、2つの側面を併せもつ場合も多い[6]。これら2つの活動類型それぞれの特徴と機能、役割の分担や取り組みの実態を見極めた、地域レベルでの連携・協働が必要になる。近隣地域における活動を今日的に甦らせるとともに、当事者や市民によるアソシエーショナルな活動の強化という、双方向での活動の発展と結合・統合が求められている。

2節 地域福祉活動への期待

(1) 住民参加の意義と機能

いかなる地域福祉活動も、住民の参加なくしては成り立たない。それは地域住民が行う活動であり、住民ゆえにできること、期待される固有の機能や役割というものがある。住民参加による地域福祉活動の機能を列挙するが、それらの機能をよく担うことが住民活動の意義を高め、住民主体の地域福祉の推進につながる。

① **ニーズの発見・把握**——住民は地域生活者ゆえに、地域における福祉問題やニーズを早期にキャッチすることができる。この住民の"目"や"耳"としての機能により、地域による支援や専門機関につなぐことができる。

② **サービスや支援**——住民や市民としての特性、つまり近隣性や連帯性を発揮した、きめ細かな見守りや日常生活上の支援をしたり、緊急事態に対しての初期対応の担い手としても、欠かせない存在が地域住民である。

③ **住民の主体化**——住民の福祉活動への参加は、自らの地域や福祉の現状に対しての認識を高めるだけでなく、住民の意識・態度・行動を能動的、主体的なものへと変容する契機となる。それは住民を地域生活の主体者に変える力と働きをもっている。

④ **住民の組織力**——地域における生活課題の解決には、住民の組織的な力や問題解決力が重要である。地域福祉活動の具体的な取り組みのなかで、住民相互の理解やつながりを培い、自治や生活の主体としての住民の力量、組織力を高めることができる。

⑤ 地域のコミュニティ化——人と人とのつながりがコミュニティをつくる。住民参加は，地域で孤立したり排除されがちな人々，高齢者や障害者の交流や自立生活を支え，住民相互の関係づくりや絆を強め，地域福祉の母胎となるコミュニティ形成を進めることができる。

⑥ 福祉や地域の市民化——住民の参加は行政や地域，福祉の仕組みやあり方を市民のものとしていくプロセスでもある。それは公的サービスを住民本位，利用者本位で身近なものに取り戻し，市民的・福祉的なものへと変える力をもつ。

⑦ 福祉資源の充実化——住民の活動には，固有の役割とともに限界がある。それゆえに自己完結することなく，公的なサービスにつないだり，地域資源と協働する必要がある。地域福祉の充実に向けて，福祉資源や地域環境を豊かに変えていく働きである。

⑧ 福祉文化と価値の創造——地域福祉活動への住民の参加や広まりは，地域に福祉文化と価値を創造し，それを発展させる力をもつ。それが母胎になって，個々人が福祉の価値を内在化し，住民の福祉的行動を方向づける機能が期待される。

　公私の協働を原則とする地域福祉の推進には，上記①〜⑧の多様で厚みのある住民参加の働きが必要になる。住民の参加なくして，地域の福祉力を高めることはできない。地域福祉活動では，住民・当事者が主体的に参加や組織化を図り，自らの問題解決力を強めながら，行政や専門機関とも協働して地域の福祉力を高め，人々の共生を支える福祉コミュニティの形成が目標となる。それは住民・当事者ゆえにもつ，固有の役割を担うことにより，はじめて達成できる地域を福祉化する機能でもある。

(2) 当事者参加の意義と機能

　地域福祉活動のひとつとして，当事者活動がある。福祉的支援を必要とする高齢者や障害児・者，母子・父子家庭などの多くは，地域のマイノリティと

いってよい。かれらの地域生活は孤立しがちで、そのニーズも埋没して顕在化しにくく、外から見えにくいのが特徴といわれてきた。これら当事者同士が互いに励まし、悩みや情報を共有したり、支え合えるようなつながりや仲間づくり、さらに日々の生活上の課題に主体的に取り組む活動が注目されて久しい。それは一般に、当事者組織やセルフヘルプグループ（self-help group）と呼ばれる[7]。それは当事者の会、当事者団体、当事者グループ、自助グループ、自助組織、本人の会、家族の会など、多くの用語で語られる。これらの組織・グループには、福祉コミュニティ形成の核となり、当事者自身が生活者としての力量を培い、自己決定力を高めるエンパワメントが期待されている。

　かつて定藤丈弘は、当事者の組織化活動の機能を自助（セルフヘルプ）機能、政策形成・運動機能、地域福祉機能の3つに集約した[8]。この定藤の所説に従うと、第1の自助機能は、当事者個々のかかえる問題をメンバー相互の協力や自力で軽減・解決していくなかで、当事者の主体的に取り組む力を高め、自立と問題解決能力を向上させる働きである。第2の政策形成・運動機能は、当事者の立場からニーズや資源を捉え、それらを集約して行政の施策化に反映させたり、福祉サービスのあり方や方策に発言をしていく働きである。そして第3の地域福祉機能は、当事者組織が住民との交流や連帯を基盤に地域社会づくりを進め、住民とともに地域の福祉機能を高めることであると説明している。

　上記3つの機能は、当事者活動の重要性をよく示している。当事者とその家族による組織・グループ活動は、生活上の困難に直面している人々の主体形成、福祉資源・サービス・環境づくりに欠かせないし、それには専門職やボランティアが代替できない固有の役割がある。そこに当事者組織化活動が重視されてきた理由があるが、グループ活動がポジティブな機能をもつだけではない。セルフヘルプグループ活動についても、「それがもつネガティブな側面をしっかり見つめ、そのネガティブな側面をもプラスに転換しうるような自覚的なグループ運営」が求められる[9]。そこでは何よりも、当事者主体の組織・グ

ループをつくり，必要な専門家の支援やボランティアの協力を確保しながら，個々人の福祉とエンパワメントを支援していく視点と方策が必要になる。

　市町村社協は事業として，当事者組織化を実施してきた。社協が支援促進している当事者組織には，①ひとり暮らし高齢者の会15.4％，②認知症高齢者（家族）の会15.4％，③②以外の要援護高齢者（家族・支援者）の会21.1％，④身体障害児・者（家族）の会62.3％，⑤知的障害児・者（家族）の会56.5％，⑥精神障害者（家族）の会30.5％，⑦ひとり親（母子）家庭の会42.4％，⑧ひとり親（父子）家庭の会5.0％などがある[10]。各地の社協は，活動場所や福祉関連情報の提供，学習機会づくり，事務局の担当といった支援を行っている。

3節　小地域福祉活動の広がり

(1) 〈小地域〉の範囲と活動主体

　小地域における住民の福祉活動は，その歴史の古さだけでなく，人々が暮らしを営む近隣や居住地を舞台としているという点でも，もっとも身近で日常的な活動といえよう。この小地域福祉活動では，身近な地域や支援を必要とする人の課題解決に向けて，住民が一緒になって考えて協働的に取り組み，ニーズ・問題の発見や通報，日々の見守りや簡易な生活支援をしたり，人々のつながりや交流をつくりだしてきた。その活動のあり方や進め方も，地域性を強く反映して多様なことが特徴といわれる。この小地域を範囲とする福祉活動には，個人的に行っている場合もあるが，それでは活動の広がりや福祉力を高める力としては弱く，組織的活動に限定されるのが普通である。

　小地域福祉活動において〈小地域〉という場合，その範囲（エリア）というのは，必ずしも固定的なものではない[11]。一般に，「向こう三軒両隣」や「近隣・隣保」にはじまり，それよりも広い「町内会・自治会」，さらに広く「小・中学校区」の範囲と考えられている。それでもふさわしい小地域の範囲となると，住民の参加しやすさという点から地理的にコンパクトであるほどよ

く，農村では地区（集落），都市はほぼ民生委員が担当する地区の範囲から小学校の広さといわれる[12]。これら小地域において全国各地で，多様な福祉活動が実践されているが，その活動は重層的な広がりをもって展開されていることが多い。それは地域規模にもよるが，おおよそ①近隣コミュニティ（町内会・自治会の班・組），②町内会・自治会，③小学校区に区分できる。たとえば見守り活動の場合でも，実際に見守りをするのは，①近隣コミュニティの隣人であっても，そこのみで完結していることは少ない。②町内会・自治会の事業・活動として実施されていたり，担当地区の民生委員がその見守り活動と連携して，専門機関・サービスにつなぐ仕組みになっていることも多い。さらに③小学校区もしくは中学校区を範囲とする地区福祉計画で，地区社協や民児協活動の一環として実施していたり，さらには市町村単位の活動として，社協の地域福祉活動計画に位置づけられていることの方がはるかに多いといえよう。

この小地域における住民活動としては，町内会・自治会を中心に老人クラブ，婦人会などの地縁組織による取り組みも多い[13]。そこでは交流活動やいきがいづくり，空き缶拾いや草刈り等の環境美化，健康教室や料理講習，給食サービスやねたきり老人への友愛訪問の実施など，多くの活動を確認できる。さらに民生委員による地区活動をはじめ，学校・PTA，公民館，生協，農協，漁協などの既存組織，福祉関係の施設やボランティアグループ，NPOや当事者組織によっても，多様な小地域活動が展開されてきた。

地縁組織の代表格である町内会・自治会は，全世帯加入を建前に，一定地域を単位として行政活動の補完や協力，地域の共同事業を包括的に行っている。しかし，住民に広く支持される地域の共通課題に活動が限定される性格をもつゆえに，福祉活動を担う主体としての限界が指摘されてきた。そのため地域福祉の推進を使命とする市町村社協では，早い時期から小地域を基盤に，住民主体の福祉活動を担う組織として小地域社協を位置づけ，その整備や活動の支援をしてきた。小地域に設置する社協の名称について，全社協『社協基盤強化の指針―解説・社協モデル』（1982年）では，市町村社協への組織的または運営

上の依存度が高いものを「支部社協」,逆に依存度が低く独立性の高いものを「地区社協」と説明している。それ以外にも「校区社協」,「地区福祉委員会」などの名称で呼ばれることもあるが,ここでは以後,「地区社協」という用語に統一して用いる[14]。

最近では,市町村単位の地域福祉計画や地域福祉活動計画でも,小地域単位の計画づくりの必要性が改めて着目され,各地で地区社協などの小地域を範域とする福祉活動の計画的推進が取り組まれている。町内会・自治会による地域の生活・福祉課題に対する取り組みへの期待も,高齢化や無縁化・孤立化の急速な進展に伴い,一段と大きくなってきた。ここに小地域福祉活動の推進においても,町内会・自治会と地区社協との関連づけや役割分担,連携・協働の視点や方策が注目を集めている。

(2) 代表的な小地域福祉活動

小地域を基盤に展開される〈地区社協〉は,地域の生活・福祉課題に対する住民活動をすすめる「住民主体」の組織として,福祉コミュニティ形成の中心的な役割を果たすものとされる[15]。かつて岡村重夫も,「小地域社協こそは,住民の"生活の場"を反映し,真に市民参加の原則を実現しうる組織」であると見做し,それは広域社協が住民に根をおろすための組織であるとその重要性を述べた[16]。一般に地区社協は,市町村の範囲をさらに細かく分けて,学校区や旧町村などの住民の日常生活圏を中心に組織される。それは町内会・自治会をはじめ,民生委員,福祉委員,地域組織やボランティアグループ,当事者組織,社会福祉施設などで構成され,地域に密着した見守りやニーズ発見,要援助者への支援,交流・ふれあい活動などを行う。市町村社協の47.4%と半数近くが「地域福祉推進基礎組織(地区社協等)」を設置しているが,その設置割合は都市部で高く,郡部とくに村社協で低くなっている[17]。

地区社協以外にも,小地域福祉活動として注目されるものに〈小地域ネットワーク活動〉がある。それは小地域を単位として,要援助者の一人ひとりを対

象に，近隣住民による見守りや安否確認とともに，買い物やゴミ出しなどの在宅生活の支援を行う。その担う機能は，住民による「ニーズ発見」と「生活支援」（助け合い）に区分できるが，何よりも要援助者中心のネットワーク実践が求められる。この活動を担うのは，地区社協や町内会・自治会，民生委員，福祉委員，地域ボランティアなどであるが，地域の専門機関や専門家が加わることも多い。高齢者（ひとり暮らし・夫婦・寝たきり・認知症），障害児者，ひとり親家庭を対象に活動を展開し，市町村社協による事業実施率も50.7%とほぼ半数である。

　全社協が1994年に提唱した〈ふれあい・いきいきサロン〉も，介護保険の実施を契機に注目を集め，全国的に急速な広がりと浸透をみせている。それは小地域を拠点にして，当事者（高齢者・幼児と親・障害者）と住民・ボランティアが，一緒になって楽しい時間を過ごす仲間づくりの活動といわれる。高齢者サロンが多いなかで，近年注目を集めているのが子育てサロンである。サロン活動の呼び名も，地域や団体ごとで異なるし，運営の担い手や参加者，活動の内容や規模，場所や回数，参加費，関係する機関や団体，社協による支援も多様である。そこに共通するのは，集う人々の"たのしさ"や"つながり"の存在であり，2009年度では市町村社協の79.1%と8割近くがサロン活動を支援実施している。

　〈福祉委員〉は，「地域の福祉活動の推進者・調整者であり，社会福祉課題を住民活動に結びつける役割を果たす」[18]ことを使命とする。それは小地域における福祉活動の推進や実践を担うボランティアであり，市町村社協の会長によって委嘱される。その名称も福祉推進委員，福祉協力員，福祉活動推進員など市町村で異なる。地域に密着した活動を担う福祉委員は，問題の発見，見守りや訪問活動，サロン開催や支援活動，民生委員・社協への連絡や連携などを行う。民生委員の役割と重なる点も多く，両者の役割分担や協働関係づくりがポイントといわれる。このほかにも，地域の問題を当事者を含めて住民同士で話し合い，問題の共有化や解決に向けた行動化につなげる〈住民座談会〉，地

区の福祉状況，日常の見守りや支援，緊急時の対応を必要とする人の所在を把握する〈福祉マップづくり〉などは，小地域福祉活動の典型である。

4節　民生委員・児童委員の活動

(1) 民生委員の性格と位置づけ

　地域福祉の担い手として，「行政委嘱」もしくは「制度ボランティア」と称される人々がいる。ここでは，その代表格である民生委員・児童委員（以後，「民生委員」という）をみていくが，ほかにも保護司，身体障害者相談員，知的障害者相談員，介護相談員，母子自立支援員，婦人相談員などを挙げることができる。

　民生委員法に基づく民生委員は，地域で福祉を支えるキーパーソンといってよく，児童福祉法による児童委員を兼務する。それは岡山県の済世顧問制度（1917年），大阪府の方面委員制度（1918年）を発端とし，その後方面委員令（1936年）によって，全国的な制度として発足している。この歴史ある民生委員の活動は，日本地域福祉の源流のひとつといわれる。1994年1月には子育て支援が社会的課題となるなかで，地域の児童問題を専門に担当する，「主任児童委員」が創設されている（2001年11月に法定化）。民生委員の定数は，主任児童委員を含めて23万3,911人を数え（2013年12月），すべての市区町村で3年の任期ごとに，全国一斉に改選される。これら民生委員による地域福祉活動は，総量としても膨大であり，地域福祉を第一線で支える実績とともに，地域での存在感や期待は大きい。この民生委員の選出は，市町村に設置された民生委員推薦会によって選考・推薦され，それを受けた都道府県知事の推薦により，厚生労働大臣がこれを委嘱する仕組みとなっている。市町村の区域ごとに設置される民生委員は，そこを活動の範囲とし，さらに市町村の一部区域が個々の民生委員が担当する区域として定められ，その職務を支える民生委員の組織「民生委員協議会」（以後，「民児協」という）の結成も，法律により義務化されている。

2000年には「民生委員法」も，半世紀ぶりに大改正されて地域福祉新時代にふさわしい法律に変わっている。その第1条（任務）では，「民生委員は，社会奉仕の精神をもつて，……社会福祉の増進に務めるものとする」を変えていないが，従来の「保護指導」という文言を削除し，その性格を「常に住民の立場に立って相談に応じ，及び必要な援助を行う」に変更した。さらに第10条では，民生委員を「名誉職」とする規定を削除し，「給与を支給しないもの」として，無報酬が原則であることを明示した。

また民生委員法第14条には，民生委員の職務，つまり役割を規定している。その第1項では，①住民の生活状態を適切に把握すること，②援助を必要とする者が，地域で自立して生活が営むことができるよう生活に関する相談に応じ，必要な援助を行うこと，③援助を必要とする者が福祉サービスを適切に利用できるよう，必要な情報提供等の援助を行うこと，④社会福祉を目的とする事業の経営者又は社会福祉に関する活動を行う者と密接に連携し，その事業・活動を支援すること，⑤福祉事務所等の関係行政機関の業務に協力すること，さらに第2項では前項の職務のほか，⑥住民の福祉の増進を図るための活動を行う，以上の6つを掲げている。ここでも⑤の内容に変化がなかったのを除いて，大きく条文が書き改められた。なお，児童委員の職務については，児童福祉法第17条で児童および妊産婦の支援や主任児童委員の役割を定めている。

渡辺武男によると，民生委員制度の特質は，都道府県知事の推薦－厚生労働大臣の委嘱－協力機関－無報酬－社会奉仕の精神，という要素によって組み立てられているところにある[19]。厚生労働大臣によって委嘱される民生委員は，非常勤・特別職の地方公務員として，福祉事務所等の業務に協力する行政協力機関としての役割や性格をもつ。それと同時に，地域ごとに住民のなかより選ばれ，住民の立場から福祉を支え，地域をゆたかに変える無報酬のボランティアとしての性格を併せもつ。この二面的性格ゆえに，その活動も福祉事務所などの関係行政機関に対する「協力活動」，規則や法律によらない任意の実践として進める「自主活動」という，2つの側面で捉えられるが，それは住民の福

祉増進を使命にした，住民参加の一形態として統一的に把握することができる。この民生委員がもつ使命の達成には，鋭い人権感覚と批判精神をもって行政との関係を築き，社協をはじめ地域の資源との連携化，協働化に向けた不断の努力が要請されている。

(2) 民生委員活動とその課題

　民生委員制度創設80周年に策定された活動強化方策「地域福祉の時代に求められる民生委員・児童委員活動」(1997年) をみると，3つの基本的性格（自主性，奉仕性，地域性）と，3つの活動原則（住民性，継続性，包括・総合性）を踏まえて，7つのはたらき＝①社会調査，②相談，③情報提供，④連絡通報，⑤調整，⑥生活支援，⑦意見具申を求めている[20]。90周年の活動強化方策 (2007年) では，「広げよう 地域に根ざした 思いやり」をスローガンに，早急に取り組むべき地域の課題への具体的な対応を行動宣言として，①安心して住み続けることができる地域社会づくりに貢献する，②地域社会での孤立・孤独をなくす運動を提案し行動する，③児童虐待や犯罪被害などから子どもを守る取り組みを進める，④多くの福祉課題を抱える生活困難家庭に粘り強く接し，地域社会とのつなぎ役を務める，⑤日頃の活動を活かし，災害時に要援護者の安否確認を行うことを示した。この行動宣言は，時代とともに変化してきた民生委員活動の当面する課題を如実に物語っている。

　民生委員の活動内容としては，住民の生活状態を把握し，相談に応じたり，必要な援助を行うことはよく知られている。また市区町村社協の設置する「心配ごと相談所」(1960年より国庫補助開始) の相談員，「生活福祉資金貸付制度」(1955年「世帯更正資金貸付制度」として発足) の実施にも大きな役割を担ってきたし，1968年「寝たきり老人実態調査」を嚆矢とする全国一斉の各種社会福祉モニター調査も有名である。近年 (2013年度) の民生委員の活動状況をみると，相談・支援件数は年間671万4,349件であり，民生委員1人当たり28.8件，月に2.4件程度である。その他の活動件数は，年間2,619万8,777件（調

査・実態把握19％，行事・事業・会議への参加協力23％，地域福祉活動・自主活動33％，民児協運営・研修23％等）であり，民生委員1人当たり112件，月に9.3件程度になる[21]。この数字からも近年の相談・支援件数の減少傾向，その他の活動件数の増加傾向を指摘できる。担当地区の福祉を支えるキーパーソンとして，友愛訪問や見守り活動，サロン活動や小地域ネットワークづくりなど，民生委員による地道な活動は広範多岐にわたっている。

　地域福祉の担い手として，民生委員が担っている役割や期待は大きいが，それが抱える問題点や課題も多い。活動を担う民生委員の確保や資質の向上，民生委員協議会活動の強化・発展という2つの点に絞って言及したい。最初に，民生委員の確保や資質に関してである。2013年12月の一斉改選時には，民生委員のなり手がなく，3,851人の欠員を数えた。民生委員の定数の充足は，喫緊の課題とされつつも欠員は増え続けている。さらに年齢的な若返り，各人の意欲や資質の向上など，ふさわしい担い手を確保することは簡単ではない。民生委員の選考のあり方や方法にも工夫が必要だし，民生委員法第18条では〈指導訓練〉の計画的実施を都道府県知事に課しているが，各人が知識や技術を修得し，力量を高めるような研修や学習活動の充実強化は，今も変わることのない課題である。

　次いで，区域ごとに設置される「民生委員協議会」（法第20条，以後「民児協」という）活動の発展も，民生委員活動の全体的力量を高める基礎的条件といってよい。それは個々の民生委員の力量を高め，その活動を支援し，組織としての民児協活動を強化し，地域の福祉力を高める要である。そこでの情報や認識の共有化をはじめ，相互の学び合いや活動支援，住民や地域資源との協働活動は，地域福祉推進の大きな力となる。行政や社協，地域組織や福祉関係団体との協働にも，民児協活動の充実が欠かせない。民児協による関係機関への意見具申（第24条の2）への期待も高いが，その機能を発揮するためにも，組織活動に支えられた民協の力量と主体性の確立がポイントになる。

5節　住民参加型サービスの発展

(1) 住民による有償・有料の活動

　かつて住民による福祉活動といえば，見返りのない無償の行為と考えられてきた。それが1980年代初頭になると，有償・有料の住民活動として，これまでのボランティアとは一線を画する〈有償〉の活動が登場してくる。この有償で在宅福祉サービスを提供する活動の広まりに注目した全社協は，1986年度に「住民主体による民間有料（非営利）在宅福祉サービスのあり方に関する研究」委員会を発足させ，その報告書『住民参加型在宅福祉サービスの展望と課題』(1987年)において，〈住民参加型在宅福祉サービス〉（以後，「住民参加型サービス」）という呼称を提起し，それが定着して今日に至っている[22]。

　このサービス活動は，中高年女性を主な活動の担い手として，都市部を中心に全国的に広がっていった。それはわが国における高齢化の急速な進行，地域や家族の福祉機能の低下による高齢者問題が多発するなかで，それに対応すべき福祉サービスが未整備で，質量ともに不十分な社会状況を背景に登場した。自分たちの力と参加により，高齢者の生活を支え，地域に新しい福祉の仕組みを作ろうとする，人々の強い思いや願いが活動を支えたといってよい。住民参加型サービスも，社会福祉の動向に大きな影響を受けて変化を遂げてきたが，おおよそ次のような特徴がみられる。

① 住民の参加を組織理念としている。それは住民の参加によって担われる活動であり，住民の互助や連帯に支えられるシステムといってよい。地域で人と人をつなぎ支え合う，住民による福祉コミュニティづくりの営為としても注目されてきた。

② 非営利の有償・有料の活動である。福祉産業によるサービスや無償のボランティア活動とは区別される。組織として営利を目的としないが，サービス利用者には有料，担い手には有償という労力精算システムを採用することにより，利用者の気兼ねや心理的負担を軽減している。時間

貯蓄・点数預託制、地域通貨を採用する団体もある。
③ 家事や介護を中心に幅広くサービス提供している。制度的サービスとは異なり、サービス利用の制限も緩やかであり、サービスの対象や内容も、住民の多様なニーズに即して幅広く、柔軟にきめ細かく対応している組織が多い。
④ 多くの組織は会員制度を採用している。サービスの利用者と提供者（担い手）が、ともに会員として組織され、会の活動や運営を支える仕組みとなっている。ともに会員として参画し、対等な立場を大切に、継続的な活動が目指されている。
⑤ 多様な主体が運営実施している。団体の性格や規模、運営システムやサービス内容も多様である。全社協は団体類型として住民互助型、社協運営型、生協型、農協型など9つに区分しているが、住民互助型がほぼ半数を占めて最多の団体類型である。

(2) 住民参加型サービスの可能性

　1990年代に入ると地方都市や町村部にも住民参加型サービスが広がり、農協型の団体数も増えたし、農業協同組合法改正により、JA組合員以外にもサービス実施が可能になった。そこでのあり方や推進方法をみると、従来の都市型の理念や特性とは異なる点も多く、ときに住民参加型サービスとは、「似て非なるもの」とさえ映ることも少なくなかった。このサービス活動には、過疎地域であっても、面識性や知悉性の高さを活かした地域にふさわしい工夫と開拓の余地があることを示唆した[23]。ここに住民参加型サービスというものも端的にいえば、住民が担うサービスに対して、金銭で報いる互酬性の活動といった捉え方になるだろう。

　住民参加型サービスは、1990年代に急激な量的拡大を遂げた後、必ずしも直線的な発展を遂げてきたわけではない。NPO法と介護保険法の登場という新たな局面を迎え、NPO法人格取得の是非、介護保険事業者へと進むか否か

といった選択を迫られていった。NPO法人格を取得して，介護保険事業者となる途を選択した団体もあった。それは運営基盤を強化し，安定的に良質なサービスを提供し，担い手の報酬の向上をも活動目標にするような「市民事業型」組織である。その一方で，住民相互の支え合い，助け合いの気持ちや関係を重視し，介護保険事業に参入しない団体も存在した。そこでの取り組みは，介護保険の守備範囲外のサービス・支援が焦点になる「相互支援型」組織である。サービスの担い手に注目すると，「重介護などを行える専門的技能を修得した活動」を望む人，「身の回りのお世話を出来る範囲でやろう」とする人々への両極化ともいえるが，実際にはその中間に位置するサービス団体や人々が存在し，介護保険事業に参入後も併行して従来の参加型サービスを実施し，両者を合わせての取り組みをした団体も多い。

　在宅福祉サービスの未整備状態ゆえに広がったサービス活動であったが，ゴールドプラン以後，公的サービスも拡大し，2000年の介護保険発足により，低廉なサービスを特質としてきた参加型サービスの利用料よりも，介護保険によるサービス利用の方が，はるかに本人負担額が安い時代に入った。ここに廉価性という住民参加型サービスの特徴が崩れ，新たな公的サービスや環境に適合する見直しが迫られた。そこに改めて，サービス利用の対象や要件，サービス内容など，住民ニーズへの柔軟な対応を指向する住民参加型サービスの特徴を生かし，制度的サービスが担えないニーズの発掘，ニーズ充足に向けたサービス開発が求められてきた。さらに最近は，介護保険法の改正ごとに，負担増とともに保険の給付が狭義の介護サービスに限定される度合いを強めるなかで，住民参加型サービスにも，介護保険制度外の多様な生活ニーズを充足する，新たな役割の遂行が期待されている。

　住民参加型サービスは，金銭を介在させたサービス提供を核に，地域で多くの福祉の担い手を掘り起こして福祉文化を培い，福祉ニーズに応えようと努力して，ボランタリーで温もりのあるサービスを提供してきた。それに期待される役割も，①地域住民によるサービス提供（個々のニーズに柔軟に対応し，福

祉サービスに幅や厚みをもたせる），②地域の福祉づくり（福祉サービス・環境を整備充実し，市民的な性格に変える），③福祉コミュニティの形成（住民の絆・関係づくりを進める）に集約できる。これら3つの役割は，住民参加型サービスの目標や理念と言い換えてもよく，それは担い手の意識調査データからも明確に読み取れた[24]。このサービス活動の使命や可能性，その意味・意義が地域包括ケアシステム構築との関連で，今日改めて問われている。

注

1) 鈴木五郎「地域福祉活動の展開史」井岡勉・坂下達男・鈴木五郎・野上文夫編著『地域福祉概説』明石書店，2003年，p.93
2) 永田幹夫『地域福祉組織論』（全国社会福祉協議会，1981年，p.16）によると，1950年代後半には「地域福祉活動」という用語が，いくつかの著作に登場している。ちなみに全社協の基本文書「市区町村社会福祉協議会当面の活動方針」（1957年6月）でも，地域福祉活動という用語の使用が確認できる。
3) 沢田清方『住民と地域福祉活動』ミネルヴァ書房，1998年，p.136-137
4) 金子勇『地域福祉社会学』ミネルヴァ書房，1997年，pp.165-166
5) 富田富士雄『コミュニティ・ケアの社会学』有隣堂，1995年，p.25。神野直彦（『システム改革と政治経済学』岩波書店，1998年，p.154）によると，コミュニティで互酬性が機能する条件を，①コミュニティの規模が小さく，持続的な交流関係の存在，②構成員の流動性が少なく，③構成員の同質性の確保，としている。それらが今日，近隣社会でかなり失われていることは間違いない。
6) コミュニティとアソシエーションは，2項対立的に捉えられることが多いが，それは必ずしも固定的なものではない。両者の性格を併せもつ組織や活動は経験的にも多く，加藤春恵子（『福祉市民社会を創る―コミュニケーションからコミュニティへ―』新曜社，2004年，pp.244-246）によっても，イギリスのノースケンジントンの地域で行われている非営利市民組織の活動が，アソシエーションとコミュニティの二面性をもっていること，その必要性と意義について説得力のある論述がされている。
7) ここでは当事者組織とセルフヘルプグループの異同については，言及していない。ともに当事者本人や家族自身のグループであり，それが果たす機能には共通点も多いが，後者では共通の問題，課題を抱えるメンバーの交流による経験，感情，知恵の共有や「わかちあい」を特に重視している。
8) 定藤丈弘「地域福祉援助技術論の基本的課題」右田紀久恵編著『地域福祉総

合化への途』ミネルヴァ書房, 1995 年, pp.266-277
9) 春日キスヨ『介護問題の社会学』岩波書店, 2001 年, p.243
10) 全国社会福祉協議会「平成 21 年度 社会福祉協議会活動実態調査結果速報」(全国社会福祉協議会『社協情報ノーマ』No.239, 2010 年 8 月号, p.3)。全社協は 3 年ごとに, 市区町村社協の活動実態を明らかにする目的で「市区町村社協活動実態調査」を実施し, 2003 年度までは全市区町村社協より回答を得ていた。その後, 2006 年度 84.5%, 2009 年度 91.6%, 2 回に分けて調査した 2012 年度は 65.6%と 71.3%という回収率であった。ここでは全体的傾向の把握を重視して, 回収率の低かった 2012 年度は使用していない。
11) 兵庫県社会福祉協議会『市町村社協地域福祉推進計画―ささえあうまちづくり推進プラン 4』(2005 年, p.10) では, 小地域 (日常生活圏域) を小学校区の範囲と捉え, それは政策的に打ち出されるサービス資源を整備する生活圏域がほぼ中学校区と想定されるのと異なるという。ここでいう日常生活圏域は, 介護保険法にいう地域包括支援センターを設置する日常生活圏域とは異なって, もっと狭い範囲を意味している。
12) 沢田清方『小地域福祉活動』ミネルヴァ書房, 1991 年, p.49
13) 老人クラブが最初に, 誕生した場所・時期を確定することはできない。しかし, 少なくとも 1954 年には, 112 の老人クラブが存在していることは確認されている (全国老人クラブ連合会『全老連十五年の歩み』pp.7-8)。
14) 全国社会福祉協議会は 2009 年度「市区町村社協活動実態調査」以後, それまでの地域福祉の推進を直接目的とする「地区社協」設置の有無を尋ねていたのを, 「地域福祉推進基礎組織」という新用語に改め, まちづくり協議会の福祉部会などの地域福祉の推進を担う住民組織を含めて, より広い概念で捉えている。
15) 全国社会福祉協議会『社協基盤強化の指針―解説・社協モデル』1982 年, p.55
16) 岡村重夫『地域福祉研究』柴田書店, 1970 年, p.142
17) 本節で小地域福祉活動の実施状況を示す数字は, 2009 年 4 月 1 日現在の市区町村社協の活動実態 (全国社会福祉協議会『社協情報ノーマ』No.235, 2010 年 3 月号, p.6-7) である。
18) 全国社会福祉協議会『社協基盤強化の指針―解説・社協モデル』1982 年, p.52
19) 渡辺武男「民生委員・児童委員活動の将来」秋山智久他編『社会福祉の思想・理論と今日的課題』筒井書房, 2004 年, pp.120-122
20) 全国民生委員児童委員連合会は, 済世顧問制度創設 50 周年に民生委員・児童委員活動の指針となる「民生委員活動強化要綱」(1967 年) を定め, それ以後

10年ごとに「活動強化方策」を策定してきた。すでに50周年で現在の3つの基本的性格を提示し，60周年に5つの機能，70周年ではそれに「調整」と「支援」を加えて7つの機能とし，80周年でもこれに若干の修正を加えている。
21) 社会福祉の動向編集委員会編『社会福祉の動向2015』中央法規出版，2015年，p.95。ここでの民生委員1人当たりの件数は，2011年の民生委員定数で計算した。
22)「ボランティア活動の中長期的な振興方策について」(中央社会福祉審議会，1993年) では，住民参加型在宅福祉サービスを「住民参加型サービス」という名称で呼び，その特徴に会員制，互酬性，有償性を挙げている。
23) 全国社会福祉協議会「地方都市・市町村部における住民参加型在宅福祉サービスの普及・振興のあり方に関する調査研究報告書」1995年3月
24) 埼玉県社協「埼玉県における〈住民参加型在宅福祉サービス〉担い手調査」(1991年実施)，全社協「住民参加型在宅福祉サービス活動の担い手意識調査」(1992年実施) をみると，このサービスを支えた担い手の意識に関して，多くの一致点が発見できる。それは多くの担い手が，①社会福祉への関心をもち，社会福祉を自分との関わりの深い問題と考え，②住民参加型サービスには行政の担うことのできない固有の性格や役割があり，地域の福祉やサービスづくりの願いや思いを抱き，③単にサービス提供にとどまらない機能や性格を期待している，といった点であった。

第8章

ボランティア活動の現在

1節 ボランティア活動とNPO

(1) 市民による非営利活動

　ボランティアやNPOも，市民が自発的に公共・公益のために行う活動という点では同じである。社会的な期待が高く，それに関する多くの書籍が刊行されたり，マスコミで取り上げられることも両者は多い。最近では，ボランティア・NPOの活動に対する，社会的な認知や活動領域も急速に広がり，21世紀の日本社会や地域・福祉を支えて豊かにしていく重要な部門や活動である，と考えられているのも共通している。社会福祉に引きつけていえば，それらは社会福祉法第4条にいう地域福祉の推進主体のうち，〈社会福祉に関する活動を行う者〉の代表格といっても過言ではない。そこに今日，ボランティア・NPO活動の質量にわたる発展は，地域を基盤とした福祉のサービス・システム，福祉コミュニティ形成を進める地域福祉の重要課題と見做されている。

　このNPOとボランティアの両者には，共通点や重複する点が多い。いずれも市民による自発的な社会貢献活動であるというだけでなく，ともに活動を支えるボランティア・スピリットが期待されているのも似ている。ただし，ボランティア団体はすべてNPOといってよいが，その逆は必ずしも真ではない。よく知られているようにNPO活動の重要な担い手として，多くのボランティアが理事や会員，サービス提供ボランティアとして，NPOの仕組みのなかで

活躍している。ボランティアとの共通点も多く，ボランティアから発展したともいえるNPOだが，ボランティアとNPOはイコールではない。NPOにとってボランティア精神は重要ではあるが，ボランティアのマンパワーだけでは，NPOという組織は成り立たないし，安定した活動を行うこともできない[1]。NPOがボランティアと大きく異なるのは，それが個人の活動というよりも，組織による事業体化した活動であるということ，それによって活動の継続性を高めることが可能になること，そして非営利ではあるが，事業で利潤を得て，それを活動に還元することができるといった点にある。

(2) NPO活動の現在

日本社会でNPO (non-profit organization) が注目される主要な契機となったのは，1995年の阪神・淡路大震災であるといってよく，ボランティアという用語の普及よりも30年ほど遅い。NPOという英語をそのまま直訳すれば，「非営利組織」となる。それに少し説明を加えると，それは市民による自発的で公益的な活動を行う民間の非営利組織といってよい。つまり，それは公共の担い手として期待されるが，民間であるゆえに行政＝公的機関ではなく，利益を関係者に分配しない非営利の組織であるゆえに，営利企業でもないということになる。さらに市民による活動ではあるが，ボランティアと同様に，あくまでも任意による参加に特徴があり，従来からの地縁に基づく町内会・自治会，PTAなどの自動加入型の公認アソシエーションとは，その性格は根本的に異なる。

このようにNPOを捉えると，それはNPO法人だけに限定されず，地域福祉領域に限っても，社協や福祉施設などの社会福祉法人をはじめ，ボランティア組織，住民参加型団体，当事者組織などの法人格をもたない団体を含む組織を意味する用語である。1998年3月には，わが国で「特定非営利活動促進法」（NPO法）が成立し，ボランティア団体や市民活動を行う団体も，一定の条件を満たすならば，法人格を取得できることになった。それ以後，NPOという

と，NPO法人を意味するものとして限定する使用法が少なくない。ここでも限定的な意味で，NPO法人に絞って現況をみていくが，1998年12月1日にNPO法が施行されて以後，NPO法人数は増加を続けて，2015年6月30日現在，5万260法人がNPOの認証を受けている。このNPOの量的な拡大に比例して，その役割も規制緩和や民営化，行政部門のリストラ化が進行するなかで，地域や福祉を支える新たな担い手として存在感を高めている。

わが国のNPO活動をみても，さまざまな分野で活躍している。NPO法人を取得できる分野は当初12分野であったが，二度の法改正を経て，現在は20分野に拡大された。特定非営利活動とは，この20分野に該当する活動をいい，それらの活動を行うことを主目的に，不特定かつ多数のものの利益に寄与することを目的とするものをいう。ひとつの法人が複数の分野で活動する場合が多い。2015年3月末現在，5万90法人のうち，もっとも多い分野が「保健・医療・福祉」の58.5％で6割近くに達しているほか，「社会教育」47.7％，「まちづくり」43.8％，「子どもの健全育成」43.6％，さらに「連絡，助言又は援助の活動」45.5％を活動分野としている。ボランティア団体や住民参加型サービス団体も，緩やかな条件でNPO法人格を取得できるようになり，その弱点である活動基盤の強化が可能となった。ボランティア組織もNPO法人になることにより，銀行口座の開設や契約行為の主体となる道が開かれたし，組織の財産がNPOの所有であることが明確になり，運営責任の所在もはっきりして，社会的信用を高めるのにも役立つといったメリットがある。

それゆえにボランティアグループが，NPOの法人格を取るといった例も多い。とはいえ多くのNPOは，資金面も零細で事務所の確保も難しいなど，活動基盤が脆弱といわれる。NPO法人への寄付に対する税制上の優遇措置や助成，公共施設の活用・提供等，組織・活動への支援，行政による支援が求められる。NPO法人の活動を支援する税制上の優遇措置として，認定NPO制度を設け，2015年8月14日現在，所轄庁認定NPO法人（587件），所轄庁仮認定NPO法人（189件），国税庁旧認定NPO法人（189件—2015年3月1日現在）

が認定・仮認定を受けている。NPOを組織支援・活動支援する「NPO支援センター」も，全国各地で設置されている。

2節　ボランティア活動の発展

(1) 戦後から1980年代までの展開

　日本社会においてボランティアという言葉が使われだすのは，大正中期とされている。それが用語として徐々に普及し始めるのは，戦後も1960年代以後のことである。ボランティア・NPO関連の年表（図表8-1）をみると，戦後も比較的早い時期に，児童・学生や青年を中心としたボランティア活動の取り組みが確認できる。やがて1960年代に入ると，全国社会福祉協議会（以後，「全社協」）によるボランティア活動の普及・推進もスタートし，1968年には「ボランティア育成基本要項」を策定している。この時期には，世界的なボランティア活動推進機関の設立の動きが起こり，わが国でも1963年に日本青年奉仕団推進協議会，1965年に北海道青年ボランティア連盟や大阪ボランティア協会，1967年には日本青年奉仕協会というように，民間のボランティア推進機関が相次いで誕生していった。

　1960年代までのわが国は，ボランティアに対する国民の認識や意識も低い時代だったが，それでもその後の市町村社協ボランティアセンターにつながる「善意銀行」が，徳島県と大分県で1962年に設置されたのを契機に，全国各地に広がっていった[2]。それが1970年代には「奉仕活動センター」，さらに今日の市区町村社協「ボランティアセンター」へと名称を変えつつ発展を辿り，ここに地域において社協は，ボランティア活動を推進する中心的な機関として位置づけられていった[3]。

　日本社会でも1970年代には，コミュニティ政策の推進やコミュニティケア理念の拡がりを反映して，ボランティア活動の対象も高齢者・障害者へと広がっていったし，家事の省力化を背景に主婦によるボランティア活動も活発化するなど，地域における活動者も急増していった。また市民運動や障害者運動

図表 8-1　戦後ボランティア・NPO 年表

1946 年	徳島県で「子ども民生委員制度」創設
1947 年	「京都少年保護学生連盟」結成（やがてBBS運動へと発展），共同募金始まる
1948 年	「赤十字奉仕団」設立　大阪社会事業ボランティア協会
1952 年	愛媛県でVYS（Voluntary Youth Social Worker's Movement）運動始まる
1955 年	「全国学生セツルメント連合会」結成
1960 年	「富士福祉事業団」設立
1962 年	「善意銀行」（徳島県／大分県）設置，「日本病院ボランティア協会」結成
1965 年	大阪ボランティア協会，北海道青年ボランティア連盟の設立 「青年海外協力隊」発足
1967 年	「日本青年奉仕協会」設立
1968 年	全社協「ボランティア育成基本要項」策定
1970 年	全社協「全国ボランティア活動推進協議会」開催
1971 年	文部省「社会教育審議会」（答申）
1973 年	都道府県奉仕活動銀行に国庫補助
1975 年	市区町村奉仕活動センターに国庫補助 中央ボランティア・センター設置（現・全国ボランティア・市民活動振興センター）
1976 年	文部省「婦人ボランティア活動促進事業」開始
1977 年	厚生省「学童・生徒のボランティア活動普及事業」（ボランティア協力校） 全社協「ボランティア保険制度」発足
1980 年	日本奉仕センター（現・日本国際ボランティアセンター）発足
1981 年	経済企画庁「ボランティア活動の実態」
1983 年	文部省「青少年ボランティア参加促進事業」開始
1985 年	「福祉ボランティアのまちづくり事業」（ボラントピア事業）開始 環境庁「環境ボランティア構想」発表
1987 年	「NGO活動推進センター」設立
1990 年	経団連「1％（ワンパーセント）クラブ」発足，「フィランソロピー元年」
1991 年	郵政省「国際ボランティア貯金」開始，経団連「社会貢献部」新設 「ふれあいのまちづくり事業」（国庫補助事業） 文部省「生涯学習ボランティア活動総合推進事業」開始
1992 年	全社協「第1回全国ボランティアフェスティバル」開催

1993 年	厚生省「福祉活動参加基本指針」策定・告示 全社協「ボランティア活動推進7か年プラン」構想 中央社会福祉審議会「ボランティア活動の中長期的な振興方策」
1994 年	「市区町村ボランティアセンター活動事業」創設 「都道府県・指定都市ボランティアセンター事業」創設 「広がれボランティアの輪連絡会議」発足
1995 年	阪神・淡路大震災 「ボランティア元年」，日本福祉教育・ボランティア学会設立
1996 年	「NPO サポートセンター連絡会」設立，「日本 NPO センター」設立
1998 年	「特定非営利活動促進（NPO）法」成立
2000 年	「社会福祉法」成立
2001 年	「ボランティア国際年」 全社協「第2次ボランティア・市民活動推進5か年プラン」策定 全社協「社協ボランティア・市民活動センター強化・発展の指針」策定
2002 年	「総合的な学習の時間」導入 中央教育審議会「青少年の奉仕活動・体験活動の推進方策について」（答申）
2004 年	新潟中越地震
2005 年	国民生活審議会総合企画部会「コミュニティの再興と市民活動の展開」
2008 年	全社協「第3次ボランティア・市民活動推進5か年プラン」策定
2011 年	東日本大震災・福島原発事故，NPO 法改正

が台頭するなかで，わたぼうしコンサートや地下鉄エレベーター設置など，障害者の自己実現を目指した，ソーシャル・アクション型の活動が注目されていった。その一方で，ボランティアに対する政策的関心も高まり，とくに 1971 年には総理府が新生活運動協会に助成して，「郷土奉仕活動事業」のモデル都市を指定したほか，厚生省も老人の生きがい対策の一環として，「老人社会奉仕団」への助成を始めている。さらに文部省「社会教育審議会」の答申が，ボランティア活動の重要性を指摘したほか，1971 年度から 1973 年度にわたって，「婦人奉仕活動促進方策研究」を全国の 12 市に委嘱するなど，社会教育領域でのボランティアへの注目が始まっている[4]。

福祉分野でも 1970 年代後半に入ると，行政による積極的なボランティア振

興策が採用されていく。全社協に全国のボランティア育成に向けて中央ボランティア・センター（1975年，現・全国ボランティア・市民活動振興センター）を開設したり，都道府県および政令指定都市社協の「善意銀行」への国庫補助を，市町村社協「奉仕活動センター」にも拡げている。さらに1977年には，全社協「ボランティア保険」制度，小・中・高の生徒を対象に，学校教育における福祉教育「学童・生徒のボランティア活動普及事業」をスタートさせたり，全社協「ボランティア活動振興のための提言」（1979年）を発表するなど，ボランティア推進方策の動きも活発化していった。

次にくる1980年代という時代は，ボランティア活動が拡がりだす時期といってよい。全社協が1980年より全国のボランティア数の把握を始めたり，大阪ボランティア協会編『ボランティア—参加する福祉』（ミネルヴァ書房，1981年）の刊行や有償・有料の住民活動の登場など，「参加型福祉」の台頭期を迎える。各地で高齢化の問題が社会的関心を集めるなかで，日本奉仕センター，NGO活動センターの誕生など，国際的活動，海外協力活動にも人々の目が向けられていった。福祉領域における「有償ボランティア」の登場は，ボランティア活動の無償性をめぐる議論に大きな波紋を投げかけながらも，市民活動の新たな展開とその可能性を示すことになる。さらに1985年度に始まる「ボラントピア事業」では，1993年度までに635市区町村社協が指定を受け，ボランティア活動の基盤となる人的・物的条件の整備を進めた。また1980年代後半には，企業や労働団体による「社会貢献活動」の取り組みも始まり，わが国のボランティア・市民活動にも厚みと拡がりをもたらしている。

(2) 1990年以後の本格的展開

1990年代に入ると，社会福祉領域を超えて広がるボランティア活動の動きが現れる。経済団体連合会の「1％クラブ」や「社会貢献部」の発足により，企業ボランティアも活発化し，ボランティア休暇やボランティア休職制度を採用する企業も増加していった。また郵政省も「国際ボランティア保険」を開始

するなど，ボランティアが身近な話題となって関心を呼んだほか，国の審議会によるボランティア関係の答申や意見具申も相次いだ。1992年7月には生涯学習審議会も，「今後の社会の動向に対応した生涯学習の振興方策について」を答申して，生涯学習におけるボランティア活動の振興策を打ち出したし，青少年問題審議会も，1994年3月に「〈豊かさとゆとりの時代〉に向けての青少年育成の基本的方向―青少年期のボランティア活動の促進に向けて」（意見具申）を提出している。

　社会福祉領域でも1990年代は，注目すべき動きがみられた時期である。1991年度に始まる「ふれあいのまちづくり事業」（地域福祉総合推進事業），「地域福祉基金」の造成など，財源面での支援方策が採られている。また1992年6月の人材確保のための社会福祉事業法の改正（第70条の2第1項）を受けて，翌年4月には「国民の社会福祉に関する活動への参加の促進を図るための措置に関する基本的な指針」（いわゆる「福祉活動参加基本指針」）を告示している。そこでは福祉活動への参加促進の考え方として，①自主性の尊重，②公的サービスとの役割分担と連携，③地域福祉の総合的推進，④皆が支え合う福祉コミュニティづくりの4点を指摘し，公私の役割分担についても社会福祉の基礎的需要については，行政が第一義的に供給し，ボランティア活動等の福祉活動は，公的サービスで対応できない福祉需要に，柔軟かつ多様なサービスを提供すると説明した。また住民参加型福祉サービス供給組織を，ボランティアの範疇に含めて捉え，その支援や振興の姿勢を明確に示したほか，この時の「社会福祉事業法」改正により，社協の事業目的に「社会福祉に関する活動への住民の参加のための援助」を追加規定したが，それは現在の社会福祉法第109条に同一文言で継承されている。

　中央社会福祉審議会・地域福祉専門分科会は，1993年7月に1年間にわたる審議を経て，「ボランティア活動の中長期的な振興方策について」（意見具申）をまとめた。これは先の「福祉活動参加基本指針」の内容を掘り下げて，国民にわかりやすくアピールすべく，ボランティア活動の振興方策を提言して

いるが，それはボランティア活動に対して，国の審議会が初めて本格的な審議を行ったことでも知られる。そこでは国民の過半数が参加して，活動する社会づくりを振興の長期的目標に据え，20世紀中に国民の4人に1人が参加を実現することを目標に，その活動基盤づくりを課題として整理している。また①いつでも，②どこでも，③誰でも，④気軽に，⑤楽しく，ボランティア活動に参加できるような条件整備の必要性を指摘したり，住民参加型サービスへの支援も明記している。さらにボランティア活動振興の重点課題として，ここでは1）福祉教育，啓発，社会的評価，2）活動参加プログラムの開発普及，3）ネットワーク体制の整備とこれを支える推進者の育成，4）企業・労組の社会貢献活動，5）住民参加型サービスの振興，6）社会福祉施設，社協の役割，7）活動基盤の整備と支援，以上の7項目を掲げている。

　こうした福祉政策の動向のなかで全社協も，参加型福祉社会を実現するために，2000年までに達成すべき基本構想『ボランティア活動推進7カ年プラン』(1993年8月)をまとめている。そこでは「国民の過半数が自発的に参加する参加型社会の実現」プランの基本目標に置いて，①誰でも，いつでも，どこでも，気軽に活動に参加できる環境・機会づくり，②ボランティア活動への世論形成，活動を支援する体制づくり，③市町村，都道府県，全国を結ぶボランティアセンターネットワークの整備，以上の3点を重点課題とした。ここに国の指針を受けて1994年度より，9年間続いたボラントピア事業は，「市区町村ボランティアセンター活動事業」へと継承されていった。

　これら政府によるボランティア振興策が採られるなかで，突如起こった「阪神・淡路大震災」(1995年1月17日)により，ボランティア活動は一躍脚光を浴びることになる。大震災による人々の不幸や悲惨さとともに，被災地で全国から駆けつけたボランティアの活躍する姿が，テレビで連日繰り返し伝えられ，多くの人々の感動と共感を呼び起こした。このインパクトは大きく，それはわが国にボランティアという用語を完全に定着化させたし，人と人とのつながりややさしさ，行政よりも迅速かつ柔軟に対応できたボランティア・市民活

動の重要性に対する認識を確実なものとしていった。この大震災を契機として，1995年を「ボランティア元年」と称するような社会状況が出現し，市民活動への政策的な支援策を求める機運を高めた。ボランティア社会の到来を予感させる動きは，分権化の流れとも連動して，「特定非営利活動促進（NPO）法」（1998年3月）を成立させていった。これは市民団体が法人格をもつことにより，社会的な契約の主体となり，ボランタリー部門が新たな公共性の担い手として，組織的に活躍できる条件づくりを意味するものであった。

さらに2000年「社会福祉法」では，地域福祉の推進主体の一つとして，〈社会福祉に関する活動を行う者〉を位置づけたが，それはボランティアやNPO，民生委員，福祉委員等を意味している。2001年8月に全社協・全国ボランティア活動振興センターは，「第二次ボランティア・市民活動推進5カ年プラン」と「社協ボランティア・市民活動センター強化・発展の指針」を作成した。そこでいう市民活動とは，自助的な活動，小地域活動，自治活動などの地域活動，有償活動，NPO活動などを含むものと規定し，社協ボランティアセンターも，ボランティア活動と市民活動を一体的に推進するべく，その名称も「ボランティア・市民活動センター」などに改める提案をした[5]。21世紀に入った後も，大きな地震や災害が相次いだが，被災地ではボランティアが大きな役割を担うようになった。とくに2011年3月11日に起こった東日本大震災・福島原発事故は，甚大な被害と社会的インパクトを与えたが，全国各地からボランティアが被災地に駆けつけ，現在もボランティアによる被災者への生活支援，被災地域の復興支援が続けられている。

3節　ボランティア活動をめぐる動向

(1) 高まる社会的な関心

わが国においてもボランティアという用語は，すっかり定着をみたといってよい。近年は福祉領域を超えて，私たちの社会や地域生活を支え，福祉システム形成の一翼を担うものと考えられだした。それは単に，行政機能や公的サー

ビスの代替・補完だけでなく，ボランティアゆえにできたり，可能なことに根ざしている。そこには行政や専門家とも，また市場とも異なる，ボランティア固有の役割や機能への期待が存在する。

ボランティア活動に対する国民の関心の高さは，すでに1983年（総理府広報室「ボランティア活動に関する世論調査」），1993年（同「生涯学習とボランティア活動に関する世論調査」）でも，ボランティア活動に「関心がある」と答えた人が6割を超え，国民多数の関心事になったことを裏付けていた。このボランティア活動への関心が，人々の参加意向に連動しているか否かを，調査データから捉えたい。そこで「国民生活選好度調査」（1993年・1996年・1999年・2002年・2005年）をみると，「ボランティア活動には積極的に参加したい」という意見に，「全くそうである」＋「どちらかといえばそうである」と肯定的に回答した人は，各回の調査ともに6割を超えつつも横ばい状態が続いている。これら調査データが示す活動への関心や参加意向と，ボランティア数には大きなギャップがある。

ボランティア活動への参加率は，1976年から5年に1度実施されてきた「社会生活基本調査」から，ボランティア行動者率（過去1年間にボランティア活動をした人の割合）をみると，この20年に大きな変化はない。つまり行動者率は，1991年30.0％，1996年26.9％，2001年28.9％，2006年26.2％，2011年26.3％と26～30％の間で推移し，そこにボランティア活動への参加率の上昇を認めることはできない。なお，1996年調査は阪神淡路大震災の後，2011年調査も東日本大震災後の調査データであり，被災地でのボランティアの活躍も，全国規模でのボランティアの拡大には直結していない。ここに社会的期待のもたれるボランティアの「量的拡大の命題」は支持されない[6]。「国民生活選好度調査」（2011年）では，約半数の人々に今後のボランティア活動への参加意向がみられたが，社会や地域でこの参加意向を，ボランティア活動や市民活動につなげる方途が求められている。

(2) 活動の多様化と担い手

　ボランティアという用語の定着化は,「ボランティアの大衆化」とも呼ばれる,多様なボランティア活動の広まりと表裏一体のものといえよう[7]。このボランティア活動の拡大化のなかで,その領域や形態も多様化した。25年前の『厚生白書 平成3年版』でも,「児童や障害者,高齢者等を対象とした福祉活動を中心としていたものが,地域づくりや文化・伝承活動,国際交流,自然保護活動などへと多様化しつつある」と,福祉領域を超えて広がるボランティア活動の多様さに注目している。福祉領域でも伝統的な施設訪問に加えて,地域における食事サービス,見守り活動,傾聴,移送・運転,外出介助,介護・家事援助,ミニ・デイサービス,サロンづくり,子育て支援,一時預かり,点訳・手話・朗読,福祉のまちづくりなどが取り組まれている。

　総務省統計局「社会生活基本調査」(2011年)データによると,ボランティア行動者率は26.3%である。それをボランティア活動の種類別行動者率でみると,「まちづくりのための活動」10.9%(男11.5%,女10.4%)が最も高く,次いで「子どもを対象とした活動」が8.2%(男5.5%,女10.6%)となっていた。それらに続く行動者率を高い順に並べると,「安全な生活のための活動」,「自然や環境を守るための活動」,「災害に関係した活動」,「高齢者を対象とした活動」などが続いている。この種類別の行動者率を性別でみると,子どもを対象としたり,高齢者を対象とした活動では,男性よりも女性の行動者率が高く,男女の違いは大きい。逆に,まちづくりや安全な生活のための活動は,女性よりも男性の行動者率が高いが,行動者率の開きは小さかった。

　ボランティア活動の担い手も,この60年ほどの間に大きく変化してきた。かつて学生や勤労青年中心であったものが,1970年代以後になると,高齢者問題への関心を引き金として,主婦層がボランティアとして大きく進出している。その後さらに,定年退職者や社会貢献活動による企業ボランティア,一般市民へと拡がっていった。先の「社会生活基本調査」(2011年)より,ボランティアの属性別に行動者率をみると,性別では男性(24.5%)よりも女性

（27.9％）が3.4ポイントも高く，65歳未満の年齢階級すべてで女性が男性を上回ったが，65歳以上では男性の方が行動者率が高い。年齢的には，男女ともに「25歳～29歳」が最も低く，30歳代以降で行動者率を高め，「40～44歳」が最も高い。女性では，この「40～44歳」をピークに下降線をたどるが，男性では「70～74歳」にピークを迎えるなど，年齢によって男女の行動者率は相当に違っている。

4節　ボランティア活動の理念とゆらぎ

(1) ボランティアの意味

　かつて「有志者」や「志願者」と訳された，ボランティア（volunteer）という外来語も，最近では片仮名で，そのまま「ボランティア」として用いられることが多くなった。とくに阪神・淡路大震災を契機として，ボランティアという用語は日本社会にすっかり定着したといってよい。とはいえ，ボランティアという言葉の使われ方をみても，必ずしも明確な輪郭やイメージを人々に与えているわけではない。

　英語のボランティアという語源を遡ると，ラテン語のvolo（ウォロ＝意志する）から派生したvoluntas（ウォルンタス＝自由意志）という言葉に由来し，それにer（人）つけて人称化したのが，ボランティアということになる。それゆえにボランティアを支えるエートス（精神）は，その語源となった人間の自由意志を意味する，ボランタリズムにあると考えられている。そこでは何よりも，個人の〈何かをしようとする意思〉，つまり自発性を生命とし，他から強制されない自由な活動であること，自らの意思に基づき，行為者がすすんで行うところに，ボランティア活動の核心があるといえよう。言い換えると，このボランタリズムに基づき，他者や社会のために行う自発的な行為，つまりボランタリー・アクションを行う人がボランティアであり，その働きや動きがボランティア活動にほかならない。それは人間を人間たらしめる，最も本源的な人間行為の要素といってよく，人類の歴史とともに存在した行為でもあ

図表 8-2　ボランティアの性格・理念・原則

〈民間の推進機関〉
① 主体性　連帯性　無償性（性格）
　　全国ボランティア活動振興センター編『ボランティア活動ハンドブック』1984 年
② 自主性・主体性　社会性・連帯性　無償性・無給性　創造性・開拓性・先駆性（原則）
　　東京ボランティア・市民活動センター『ボランティア・アラカルト』1999 年
③ 自発性　社会性・公益性　無償性（性格）
　　大阪ボランティア協会『ボランティア・NPO 用語事典』2004 年

〈公的機関〉
④ 自発性　無償性　公共性　先駆性（基本理念）
　　生涯学習審議会「今後の社会の動向に対応した生涯学習の振興方策について」1992 年
⑤ 自発性　無給性　公益性　創造性（基本的性格）
　　中央社会福祉審議会「ボランティア活動の中長期的な振興方策について」1993 年
⑥ 自発性　貢献性（最大公約数的な要素）
　　経済企画庁編『国民生活白書 平成 12 年版』2001 年

〈著書〉
⑦ 自発性　無償性　公共性　先駆性（原則）
　　高橋勇悦・高萩盾男編『高齢化とボランティア社会』弘文堂，1996 年，pp.6-8
⑧ 自発性　社会性　無償性（原理）
　　田中尚輝『ボランティアの時代』岩波書店，1998 年，pp.97-98
⑨ 自発性　無償性　公益性（条件）
　　内海成治ほか編『ボランティア学を学ぶ』世界思想社，1999 年，p.5

る[8]。

　このようにボランティア活動にとって，〈自発的〉行為であるということが基本であり，この自発性こそはボランティアの性格や理念，原則として不動の位置を占めている。そのことは，わが国の主要なボランティア推進機関や審議会答申等が示した，ボランティアの理念や原則からも確認できる（図表 8-2）。このボランティアの自発性とは，ⅰ）自己の責任で状況を認識し，ⅱ）自己の責任で価値判断を行い，ⅲ）自己の責任で行為する，ということになる[9]。このようにボランティア活動の核となる自発性を捉えると，学校で授業の一環として半ば強制的に行われる「奉仕活動」や「体験学習」，自治会・町内会での義務的な参加，組合や職場からの指示などによる，自発性を伴わない公益活動や地域活動などは，ボランティア活動と区別した方がよいといえよう。

先の図表8-2から，ボランティア（活動）の性格・理念・原則をみると，そこで使用している用語には幾分の差異もあるが，すべてが次の2つの要件を掲げている。それは第1に，自らの主体的な意思による行為であることを示すのに，自発性・主体性・自主性と表現している。そして第2には，社会や他者のために行われる行為であることを示す，社会性・公共性・連帯性・公益性・貢献性を掲げている。これを裏返していえば，他者や社会に強制されたり，自分自身や身内のために行う行為は，ボランティア（活動）ではないということになる。さらに図表8-2では，ボランティアの要件として大半が，「無償性」を挙げていることに注目したい。それ以外にも約半数で，先駆性・創造性・開拓性を指摘しているが，それらはいずれも概念的に重なる部分も多く，ボランティアにとって本質的な要件というよりも，その本来的なあり方から導き出される当為に近いものかもしれない。

(2) ゆらぐボランティア像
 1) 無償性

この40年ほどのボランティア活動の発展はめざましく，ボランティア像やボランティア観のゆらぎも大きい。ここでは最初に，ボランティアの無償性（無給性）をめぐる動向からみていこう。先の図表8-2でもボランティア活動を，金銭などの報酬を期待しない行為と特徴づける無償性を挙げていないのは，経済企画庁『国民生活白書 平成12年版』のみであった。しかし，図表8-2に掲げなかった『厚生白書』では，1990年代に入るとボランティアの要件から無償性を外し，平成11年版でも「慈善や奉仕，相互扶助の心に支えられて，他人や社会に貢献する自主的な活動」というようにボランティアを捉え，「無償性」には言及していない。つまり活動（行為）を支える精神と，「自発性」と「社会性（他者性）」という2つの条件で，ボランティアを規定している。さらにいえば，厚生省（現・厚生労働省）「ボランティア活動の中長期的な振興方策」（意見具申）でも，「無給性（無償性）」をボランティアの基本的性

格の一つとして変化がないとしながらも,「……謝意や経費を認め合うことは,ボランティアの本来的な性格からはずれるものではない」との考え方を示し,有償の住民参加型サービスの振興を明確に位置づけている。

かつてボランティア活動といえば,見返りや報酬のない行為であったが,1990年代以降にはボランティアの条件から,「無償性」を除く場合も多くなった。そこで政府の実施した「平成12年度国民生活選好度調査―ボランティアと国民生活」から,「無償性」をめぐる国民の意識状況を捉えてみよう。この調査ではボランティア活動をした人が,交通費や食費などの実費や謝礼などを受けることについて,どう思うかを聞いている。それによると「実費くらいは受け取ってもよい」が38.7％と4割近くを占め,「一切受け取るべきではない」が19.4％で約2割,「若干の謝礼くらいは受け取ってもよい」11.2％,さらに「報酬を受けてもよい」5.3％であった。実費相当分の受け取りを支持する「実費派」が4割近くで最も多く,それを挟む形で「無償派」が「有償派」を3％ほど上回っている。このデータが示すように,市民意識の面からもボランティアを手弁当による無償行為,と言い切れない時代を迎えているが,それでも実費相当分（交通費・食費）を超えて,謝礼や報酬を受け取るべきではない,と考えている人が相当数を占めていることが確認できる。

「無償」の行為としての性格が完全に払拭され,その行為の見返りに受け取る金銭的報酬が一定額を超えたものを,ボランティアと呼ぶことはない。それがいかにボランタリーな行為であっても,営利活動や職業とみなされのが普通である。それゆえに謝礼や報酬を受け取るという場合でも,通常の賃金よりも低い額の報酬と理解されている。経済企画庁『国民生活白書 平成12年版』でも,ボランティアの条件に「自発性」と「貢献性」を指摘し,無償性に関しては,「活動は基本的に無対価であり,自らの経済的利益を求めることが中心的な動機にはならない」と明言しつつも,「対価の観点から極めて幅広い活動になっている」現実を考慮して,最大公約数的な要素に入れていない。ここにボランティアの無償性をめぐっては,①実費を含めて一切受け取らないという理

解から,「実費に加えて対価を得る活動はボランティアと呼ばない」[10]として②活動に伴う交通費・食費等の実費どまりとする考え方,そして③市場の賃金より低額な謝礼や報酬を受け取るという見方,以上3つの考え方を軸に議論がされているといってよい。

2) ボランティア・イメージ

この「無償性」以外にも,ボランティア像やボランティア活動のイメージをめぐって,注目すべき変化が起こっている。かつて日本社会では,ボランティアは恵まれない人々を対象にして,限られた特別な人々によって行われる,近寄りにくい活動である,と映っていたといってよい。それが近年では,ボランティア活動の拡がりを反映して,国民にとってかなり身近なものに変わってきたし,それは他者や社会のためのみでなく,ボランティア自身にとっても,自己充足や自己実現の契機として注目されている。

わが国におけるボランティアの一般化,大衆化といわれる状況の出現は,ボランティア活動が誰にでも参加できるもの,参加しているものという認識を広めたし,一般市民との距離を縮めて身近な存在にしている。ボランティアによる活動も,普通の人が行う,普通の行為として考えられだしてきた。さらにボランティアを〈する人―される人〉,といった関係性の捉え方も変わってきている。つまり,手助けするボランティアが主体で,手助けされる高齢者や障害者を対象とする捉え方が,もはや通用しなくなりつつある。近年,ボランティアサービスの受け手とされてきた人々も,ボランティアも,みな同じ地平に生きる人と人,ともに生活や活動をする対等な主体として認識されだした。そうした「for から with へ」といった活動や関係のあり方が,自然のこととして模索され,各地で実践に移されてきている。

1990年代に入ると,ボランティア自身に即した視点が,強調される傾向を強めていく。『厚生白書 平成3年版』(広がりゆく福祉の担い手たち―活発化する民間サービスと社会参加活動)でも,ボランティア活動に参加することの評価を,活動者に即してⅰ)参加により社会連帯が強化されること,ⅱ)活動

者自身を豊かにすること，iii）保健・福祉サービスを提供する側の気持ちを理解できること，iv）介護者となったときの備えになること，以上の4点に整理している。それはボランティア自身にとっての活動することの意義，メリットと言い換えてもよい。金子郁容も，ボランティア活動による見返りや報酬を積極的に位置づけ，ボランティアが行動するのは，広い意味での〈報酬〉を求めてであり，「その人がそれを自分にとって〈価値がある〉と思い，しかも，それを自分一人で得たのではなく，誰か他の人の力によって与えられたものだと感じるとき，その〈与えられた価値のあるもの〉がボランティアの，〈報酬〉である」[11]というように捉えている。

先の「国民生活選好度調査（2000年）」からも，近年のボランティア像やボランティア観が垣間見える。市民のボランティア活動に関する考え方をみても，8割前後の人が「他人から強制されないこと」(82.0％)，「気軽にできること」(79.2％)を指摘し，「自分を犠牲にしないこと」(65.9％)と「多くの人と知り合えること」(63.9％)も6割半ばを占めたほか，「楽しいこと」(54.0％)や「自分が満足すること」(51.0％)も，半数を超えた項目である。このデータからもボランティア活動には，自主性が大切だということ，気軽にできて自分を犠牲にしないことが重要であると考える人が多い。それとともにボランティア自身が，人との出会いや交流，貴重な体験や自己実現の機会になる，と捉えていることがわかる。

5節　ボランティア活動の推進

(1) ボランティア活動の今日的文脈

ボランティア活動を主題とした『国民生活白書 平成12年版―ボランティアが深める好縁』では，それが注目される理由を次の3点にまとめている。それは第1に，国民がボランティア活動やNPOに参加することが，交流を深めるひとつのきっかけになる。第2に，ボランティアの提供するサービスの有用性が認められ始めた。第3に，ボランティア活動が地域における暮らしの豊か

さを高めるために大きな貢献を為し得る。以上の3点をより簡潔にいえば，ボランティア活動には，人々のつながりをつくり，有用なサービスを提供し，地域生活を豊かにする，といった働きへの期待として集約できる。

このようなボランティア活動が注目される社会的背景は，およそ次のように要約できよう。つまり産業化・都市化の進展により，かつて日本社会に存在した家族の生活保障機能が大幅に縮小し，それを補完してきた地域・親族のつながりや互助機能も衰退している。そこでは社会全般の管理化や個人化を進行させる都市型社会が到来し，社会移動と少子化の進行が血縁関係の縮小，地域的な共同や結合の低下に拍車をかけていった。これら基礎集団の衰退や生活様式の変化を基底に，行政役割の限界をも踏まえて，福祉社会や地域を支えるボランティアの重要性が認識されていったといえよう。

地域や福祉を支えるボランティアには，行政や専門職にできなかったり，苦手とする機能の遂行，言い換えれば，地域に人間的なつながりや共同，やさしさを培い，福祉コミュニティを形成する主体としての期待が寄せられている。そして一般に，次のような要因が，市民の活動参加を促進するといわれている。それは①労働時間の短縮，②余暇時間の増大，③元気な高齢者の増加，④福祉問題の普遍化，⑤人生や生活での不充足感や疎外感の広がりである。このうち①と②は，人々の活動に参加するための時間的余裕を生みだし，③は参加が見込める人々の増大を意味している。また④と⑤は，人々の参加意欲を高める要因として考えられている[12]。それらに加えて，行政によるボランティアに対する期待と要請も，見逃すことのできない重大要因である。

ボランティアに期待される役割を，かつて岡本栄一は①ニーズの個別性への対応の役割，②プライバシーの保護や心理的実存的確認の役割，③地域的連帯の役割，④開発的役割，⑤ソーシャル・アクションの役割，⑥教育的・啓発的役割，⑦架橋的役割に集約した[13]。さらに別の論文でも岡本は，ボランティアが主にかかわるものとして，心や魂の問題，「孤立」している人達の社会関係の創造の問題，生命にかかわる問題，連帯性にかかわる活動，企画や運動を挙

げている[14]。それらはボランティアの役割や使命を端的に示唆している。地域福祉の推進といった視点から，ボランティアの機能や役割を示すならば，1) 連帯意識を培う，2) サービスの提供，3) 市民や専門家の意識変革の契機，4) 機関や施設を市民に開かれたものにする，5) コミュニティの形成や再生，6) 福祉づくりを進める，7) 自治能力を高める，8) 人間的なふれ合い欲求の充足，9) 人間性の回復や自己充実，10) 人間形成や主体的な力量を高める，といった項目を列挙できる。

(2) ボランティアと行政の活動

ボランタリーな市民活動の拡がりは，地域福祉推進にとって必須の条件といえる。行政による施策・サービスの展開だけでは，生活課題の解決や福祉ニーズをもつ人びとに適切な支援もできないし，人間にやさしい福祉社会を築くこともできない。公的施策の充実とボランタリーな活動の広がりと深まりのなかで，地域福祉の構築も進展していく。市民による福祉活動には，行政や企業が担うことのできない固有の機能や役割があり，福祉づくりや地域づくりを支える根源的な力をもつ。

ボランティア活動と行政活動を対比して，よく行政による福祉は平等性・公平性を原則とするが，ボランティア活動では〈公〉の論理である平等や公平を，価値基準としては考えないといわれる[15]。一般的にいえば，行政の施策・サービスは公平・平等の原則のもとに，あらゆる人の人権や生活権の保障を責務とし，継続的に安定したサービス提供ができるが，その一方で公平の原則に拘束され，平等性を優先した画一的な対応を特徴とする。それに対してボランティアによる活動は，行政のような公平性の原則を前提に行われてはいない。それは特定の相手に，平等や公平といったルールに縛られることなく，自由に援助や支援を行うことができる活動といってよい。それゆえに，きめ濃やかでパーソナルな個々への対応が可能だし，ボランティアがやりたいと思う取り組みがあったり，必要性を感じたならば，その思いや気持ちをバネにして，身軽

に活動を始められる。しかし,ボランティアの活動を支える組織的・財政的な基盤は脆弱であり,長期にわたる取り組みの難しさが短所とされてきた。

こうした行政とボランティア活動の比較からも,行政には行政にふさわしい役割や守備範囲があり,ボランティアにはよく担える働きがあるとともに,担うことの難しい活動もあるといえよう。もちろんボランティアが担う具体的機能,それを支援する行政役割にしても,それほど単純で明快なものではない。もともと行政やボランティア双方の守備範囲には,重複するグレーゾーンも多いし,時代・時期や地域特性による違い,各々の機能遂行上の伸縮性も無視できない。ボランティアが担う役割にしても,解決が必要な生活課題,福祉課題のみでなく,公的施策・サービスの整備状況や水準によっても大きく異なる[16]。それゆえに地域の実情に即して,双方のサービス・活動の特質や限界をよく認識し,行政と住民との協働の経験を蓄積していくことが重要になる。

(3) ボランティア活動の振興と支援

ボランティア活動への期待は高く,それは行政にとっても,市民にとっても欠かせない営為になった。行政によるボランティア振興策が採用されて40年ほどになるが,そこでは便宜的なボランティアの動員や活用,行政責任の曖昧化,行政の下請化や肩代わりといった批判を浴びたり,行政の関与を排斥しようとする,ボランティア側の考え方も存在してきた。しかし今日,問われているのは,ボランティア活動への支援や協働のあり方や方法であり,支援それ自体を否定するものではない[17]。ボランティアの主体性を尊重し,「サポートはするが,コントロールはしない」という原則に従い,ボランティアの自由性や自主性を損なわない範囲と方法で,側面的支援や条件整備が求められる。近年注目を集める行政との協働も,行政とボランティア・市民の両方が主体となり,自主的に活動し,お互いが対等であることが基本になる[18]。

市町村社協などのボランティア活動の推進組織には,住民の自主的な参加を引き出し,ボランティアの特性を生かした活動に発展させる支援策が求められ

る。活動推進の拠点として，全国各地の社協はボランティアセンターを整備し，ボランティアコーディネーターを配置している。現在，9割以上の市区町村社協が，「ボランティアセンターの運営」（センターを設置せず機能のみを含む）に取り組んでいる。コーディネーターによる支援には，ボランティア活動の需給調整をはじめとして，ボランティア参加の機会やチャンネルづくり，ボランティアやボランティアグループへの活動支援，情報の収集と発信，ボランティア養成や研修などがある。ボランティアセンターの設置は社協のみでなく，民間の団体（ボランティア協会，企業，大学，施設等）も数多く設置し，ボランティア活動の発展・支援を担っている。その他にもボランティア活動の推進方策として，「地域福祉基金」や「ボランティア基金」の運用益による財源的な支援・振興，ボランティア保険による事故対応などを実施している。

　ボランティアの必要性が過度に強調されると，ときに強制や義務にも転化しかねないとの懸念が強い。いわゆる総参加や総ボランティア化には，病理やゆがみを伴うことが多い。ボランティア活動の促進や活性化には，この隘路に陥いることのない活動支援や条件整備が必要だし，福祉マインドの醸成を核とした福祉文化の創出を根本課題としている。今から40年ほど前になるが，吉田久一はわが国のボランティア活動に欠けているのは，「ボランタリズムを身につけることと，その国民化をはかることである」と述べるとともに，ボランタリズムにとっての〈歴史的社会的視点〉の重要性を強調し，ボランタリズムの一人歩きはボランタリズムの衰退を招くとして，社会科学との相互緊張を基本とすることの必要性を指摘した[19]。

　今に至るも日本的なボランタリズムの形成は，その途上にあるといってよい。日本の歴史・文化・地域のなかにも，多くの人の心に響く，ボランタリーな行為を発見することができる。それに学び，人々をつなぎ・支え合えるようなボランタリズムを，社会に根づかせること，それが公私の緊張関係に立脚する，新たな「公共」を支える担い手を育む土壌になる[20]。日本的なボランタリズムの開拓は，新しい福祉文化と価値を地域に創り出す，ボランティア・市民

活動の基本的使命といえよう。

注
1) 山内直人『NPO入門（第2版）』日本経済新聞社，2004年，pp.14-18
2) 徳島県と大分県の県社協で始められた「善意銀行」は，1960年代後半には全国的に普及していくが，必ずしも統一的な呼称が用いられてはいない。地方によっては「奉仕銀行」，「愛情銀行」などとも呼ばれた。
3) 各年版の『厚生白書』をみると，1974年版までが「善意銀行」，1975-1977年版が「奉仕活動センター」，「ボランティアセンター」という呼称は1978年版以降である。
4) 鈴木眞理『ボランティア活動と集団』学文社，2004年，p.43
5) 社会福祉協議会が設置するボランティア・センターでは，その名称に〈市民活動〉を加えて，「ボランティア・市民活動センター」等に変更したところが多い。全社協も2010年4月より，全国ボランティア・市民活動振興センターに名称変更している。
6) 三谷はるよ「誰が市民活動を担うのか―ボランティアの階層的変容」数土直紀編『社会意識からみた日本』有斐閣，2015年，pp.207-209
7) 高萩盾男「高齢社会とボランタリズム」高橋勇悦・高萩盾男編『高齢化とボランティア社会』弘文堂，1996年，p.10
8) ボランティア活動やNPOを支える精神的理念であるボランタリズムには，個人の自由意思を重視する〈y〉のつかないvoluntarismと，表現や結社の自由を支える〈y〉の付いたvoluntaryismという2つの概念を含み，両者は密接不可分の関係にある（大阪ボランティア協会編『ボランティア・NPO用語事典』2004年）。そして前者は個人の主体性・自主性を意味し，後者はボランティア団体やNPOの独立性・自立性を重視する理念である。
9) 入江幸男「ボランティアの思想―市民的公共性の担い手としてのボランティア」内海成治・入江幸男・水野義之編『ボランティア学を学ぶ』世界思想社，1999年，pp.6-8
10) 大阪ボランティア協会『ボランティア・NPO用語事典』中央法規，2004年，p.3
11) 金子郁容『ボランティア―もうひとつの情報社会』岩波書店，1992年，pp.150-151
12) かつて金子勇（『コミュニティの社会理論』アカデミア出版，1984年）は，住民の参加エネルギーの問題を不問にした楽観的な住民参加論を批判した。これらの要因が必ずしも，参加者の拡大や住民の主体性を高めることを意味しない。

13) 岡本栄一「地域福祉におけるボランティア活動の展開」，右田紀久恵・岡本栄一編『ボランティア活動の実践』中央法規出版，1986年，pp.30-31
14) 岡本栄一「ボランティア活動の分水嶺」大阪ボランティア協会監修『変革期の福祉とボランティア』ミネルヴァ書房，1987年，p.245
15) 田中尚輝『ボランティアの時代』岩波書店，1998年，p.122
16) 小林良二（「ボランティア活動と公私関係」『日本の地域福祉』第5号、1992年）は，ボランティアセンターの活動事例を検討して，公的サービスの拡充がボランティアの本来的役割を開拓すること，活動促進にとってセンター機能の強化が不可欠なことを示している。
17) かつて阿部志郎（『篭山京著作集 第1巻』（解題）ドメス出版，1981年，pp.220-221）は，「国や自治体の介入から独立したボランタリー・アクションは，残念ながら，もはや非現実的」であるとした後に，「ボランタリー・アクションのもつ自主性・自発性，行政の介入とは二律背反である。矛盾する原理を調和的に，同時的に担うには，ボランタリーな任意性・選択性と行政の指導性とのバランスを配慮しながら，ダイナミックな協力関係を求める以外にない」と主張した。住民参加を重視して地域福祉実践・研究を重ねてきた阿部の言葉は重く，かつ強い説得力をもつ。
18) 松下啓一『市民協働の考え方・つくり方』萌書房，2009年，p.15
19) 吉田久一「仏教とボランタリズム」『仏教福祉』1977年，大阪ボランティア協会『ボランティア活動の理論Ⅱ』（1986年，pp.60-61）所収。
20) ボランティアの核心といわれる主体性や自発性のあり方も，文化的な影響から自由ではない。個人を単位とした欧米の発想とは違う，共同性や共同体のなかで個人を捉え返す言説も少なくない。金子勇『高齢社会―何がどう変わるか』（講談社現代新書，1995年，pp.75-76）も，日本のボランティアの特徴は，欧米流の自発性では把握できず，「総じて世間，世の中，共同体のなかで自発的に存在している義理や恩が実は日本における自発性に基づくボランティア的行動原理となっている」という。

第4部　社協・地域ケア・計画

第9章

社会福祉協議会の沿革と使命

1節　社協の誕生とその後の歩み

(1) 社協の初期における発展

　社会福祉協議会（以後，「社協」という）は，地域福祉を推進する代表的な民間非営利組織である。それは社会福祉法に根拠をもつ組織であり，法の第109条（市町村社協），第110条（都道府県社協）において，それぞれ「地域福祉の推進を図ることを目的とする団体」として位置づけられている。それに続く第111条では，全国単位の「社会福祉協議会連合会」（以後，「全社協」という）が規定されている。全国の都道府県・指定都市・市区町村に社協は結成され，2014年9月1日現在の市区町村社協数は1,851であるが，99.0％とその大半が法人格を有している。日本社会に社協が誕生して以来，60年を超える歴史をもつとはいえ，その基本単位である市町村社協が社会福祉事業法（現・社会福祉法）に法定化されたのは，戦後40年近くも経過した1983年と遅い。

　戦後，社協はGHQの指導のもと厚生省（現・厚生労働省）の強い関与によって，行政主導で創設されていった。1951年1月に日本社会事業協会，全日本民生委員連盟，同胞援護会の3団体統合により，中央社会福祉協議会（1952年に全国社会福祉協議会連合会，1960年に現在の全国社会福祉協議会に名称変更）が創設されている。同年3月に制定された「社会福祉事業法」では，第74条に全国及び，同法73条1号で共同募金会の設置の認可要件とされた都道府県の

社協が規定された。この1951年には、すべての都道府県社協の結成に続いて、翌年からは全国的に郡市区町村社協の設立に向けた動きが起こり、全社協調査によると1953年7月には、郡社協90.4％、市社協88.3％、町村社協75.5％という高い結成率を示している[1]。厚生省は1952年5月2日に、社協活動への援助・指導の方途として、「小地域社会福祉協議会組織の整備について」（通知）を都道府県知事に出した。ここでいう小地域社協組織とは、郡市町村の社協を意味し、その結成促進を依頼しているが、やがて1950年代末に至ると、市町村社協の100％近くが創設されていった。

　社協はその創設の当初から、アメリカで発展したコミュニティ・オーガニゼーション（CO）理論を拠り所としたが、住民の参加や組織化を重視してはいなかった。このことは重田信一によっても、社協創設の主要な動機は団体統合にあり、CO機能がその旗印とされたが、この当時のCO理論の主流は「連絡調整」におかれ、団体統合の理念とも合致していた、といわれている[2]。社協発足に向けて策定された「社会福祉協議会基本要綱及び構想」でも、市町村社協の目的を「社会事業関係者並びに社会福祉に関心をもつ地域居住者が相協力して地域内住民の福祉の増進を図ること」[3]と説明しているが、市町村社協を社協の基本単位として構想したり、位置づける視点はない。当時の社協事業をみても、福祉施設や民生委員の連絡事業に傾斜していたことは否めない事実であった。

(2)「社協基本要項」の策定

　1950年代半ば頃からは、各地で子ども会、母親クラブ、老人クラブ、新生活運動や公民館運動等の住民活動が取り組まれたし、1950年頃から始まった環境衛生組織活動も、1955～1957年には「蚊やハエをなくす運動」が盛り上がりをみせるなど、地区組織活動の気運を高めていった。こうした情勢のもとで全社協は1957年6月に、市区町村社協の活動のあり方と具体的な推進方法を示した最初の指針、「市区町村社協当面の活動方針」を発表した。そこでは

図表 9-1　社会福祉協議会の年譜

年	
1950年	「社会福祉協議会組織の基本要綱」策定
1951年	中央社会福祉協議会（現，全国社会福祉協議会）設立 社会福祉事業法に全国及び都道府県の社協が規定される 歳末たすけあい募金始まる
1952年	「小地域社会福祉協議会組織の整備について」（厚生省社会局長通知）
1957年	全社協「市区町村社協当面の活動方針」策定
1959年	「保健福祉地区組織育成中央協議会」（育成協）結成
1960年	「都道府県社協組織担当職員研究協議会」（通称，山形会議）開催
1962年	全社協「社会福祉協議会基本要項」策定 「善意銀行」（徳島県）設置
1963年	企画指導員及び福祉活動指導員への国庫補助始まる
1966年	市町村社協の福祉活動専門員への国庫補助始まる
1967年	行政管理庁「共同募金に関する勧告」
1968年	全社協「市町村社協当面の振興方策」策定 全社協「ボランティア育成基本要項」策定
1973年	全社協「市区町村社協活動強化要項」策定 都道府県奉仕活動銀行への国庫補助始まる
1975年	市区町村奉仕活動センターへの国庫補助始まる 中央ボランティア・センター設置（現・全国ボランティア・市民活動振興センター）
1977年	学童・生徒のボランティア活動普及事業 全社協「ボランティア保険制度」発足
1979年	全社協『在宅福祉サービスの戦略』刊行
1980年	全社協「社会福祉基本構想懇談会」緊急提言
1982年	全社協「社協基盤強化の指針」策定
1983年	「市町村社協の法制化」議員立法により実現
1984年	全社協『地域福祉計画－理論と方法』刊行
1985年	福祉ボランティアのまちづくり事業（ボラントピア事業）
1991年	ふれあいのまちづくり事業
1992年	全社協「新・社会福祉協議会基本要項」策定 社会福祉事業法改正（社会福祉活動への住民参加のための援助が加わる） 全社協「地域福祉活動計画策定の手引き」作成

1993 年	「福祉人材確保基本指針」及び「福祉活動参加基本指針」策定・告示 全社協「ボランティア活動推進7か年プラン」構想を発表 中央社会福祉審議会「ボランティア活動の中長期的な振興方策」(意見具申) 全社協『「ふれあいネットワークプラン21」基本構想』策定
1994 年	全社協「『事業型社協』推進の指針」策定 市区町村ボランティアセンター活動事業
1996 年	全社協『新「ふれあいネットワークプラン21」基本構想』策定
1999 年	地域福祉権利擁護事業(現・日常生活自立支援事業)スタート
2000 年	「社会福祉法」成立
2001 年	市区町村地域福祉推進事業 全社協「第2次ボランティア・市民活動推進5か年プラン」策定
2003 年	全社協「市区町村社協経営指針」策定(2005年3月改定版) 全社協「地域福祉活動計画策定指針」策定 全社協「社協ボランティア・市民活動センター強化・発展の指針」策定
2005 年	地域社会安心確保ネットワーク事業 全社協「市区町村社協発展・強化計画策定の手引」作成
2008 年	全社協「第3次ボランティア・市民活動推進5か年プラン」策定
2009 年	生活福祉資金貸付制度の見直し
2010 年	全社協「福祉ビジョン2011」
2011 年	全社協「社協職員行動原則」制定
2012 年	社協・生活支援活動強化方針

当面の活動目標に,地域における「福祉に欠ける状態」の克服を掲げ,地域住民の自発的な参加の必要性,地区社協等の福祉活動を推進する組織結成の方針を打ち出した。住民参加に向けた社協活動の方向性を明示したことは,社協の歴史において画期的なことであったが,そこでの主体は社会福祉関係者であり,地域住民を主体とは捉えていない。その後1959年には,公衆衛生と社会福祉の両分野合同の地区組織化活動の統合・推進のための母体として,「保健福祉地区組織育成中央協議会」(育成協)が結成されている。こうした住民参加による小地域活動の蓄積と展開を辿るなかで,社協活動の水準や幅にも向上

や広がりをもたらしながら，CO実践や住民参加による福祉づくりという，社協本来の役割についての認識を深めていった。

全社協は過去10年の社協活動の歴史と経験を踏まえ，1962年4月には新たな社協実践の指針となる「社会福祉協議会基本要項」（以後，「基本要項」という）を策定した。この基本要項は，「現実に即して，今後の方向を明らかにする」（前文）ことを策定の基本的態度とし，前文に続く本文1項（性格）では，「社会福祉協議会は一定の地域社会において，住民が主体となり，社会福祉，保健衛生その他生活の改善向上に関連のある公私関係者の参加，協力を得て，地域の実情に応じ，住民の福祉を増進することを目的とする民間の自主的な組織である」と規定した。また本文4項（組織）では，「社会福祉協議会は，住民主体の原則に基づき市区町村を基本単位……」として位置づけることにより，いわゆる「住民主体の原則」を打ち出し，住民は社会福祉関係者の協力者としての位置を離れ，社協組織と活動の主体に措定された[4]。この基本要項は，育成協などの地域における実践と，住民の組織化に重点を置くマレー・G・ロスの理論的影響を受けて策定され，ここに日本における小地域を単位とするCO実践の枠組はほぼ完成されていく[5]。

1963年に国（企画指導員）および都道府県（福祉活動指導員）社協を対象に始まった国庫補助は，市町村社協の法人化が進展するなかで，1966年には市町村社協（福祉活動専門員）にも及んで専門職員の計画的な配置が進み，社協組織の強化を前進させていった[6]。しかし翌1967年には，行政管理庁「共同募金に関する勧告」によって社協への事務費，人件費配分を適当でないとの指摘を受けた社協は，財源面での窮地に陥り，行政依存を一層強めていくことになる。そうしたなかで1968年には，全国的なボランティア活動推進の団体でもある全社協によって，「ボランティア育成基本要項」が策定されている。

(3) 在宅福祉への路線変更

この1960年代半ば以降には，高度経済成長による深刻な地域問題や生活問

題が多発するなかで,多くの住民運動が全国的に台頭し,コミュニティや住民参加への関心を高めていった。そうした問題状況を踏まえて全社協は,1973年「市区町村社協活動強化要項」を策定した。そこでは小地域における住民福祉活動の推進,市区町村の福祉課題の解決,社会福祉への住民の理解と参加により,住民主体の協働活動を援助し,行政施策の充実を促進するというように社協の基本的役割を設定した。

このように強化要項は,社協の組織化路線を強化発展させる方向性を示して,いわゆる「運動体社協」論を掲げたのである。しかし,ここで提起された組織化路線の強化による運動体社協は,その後の歴史が示すように定着をみることはなかった。当時の行政から社協に対しての人件費補助や,委託事業の増大という状況に加えて,具体的な援助やサービスを必要としている人々の個別ニーズに直接応えられない,との強い批判を浴び,社協は在宅福祉サービスを最重要課題とした取り組みに方向転換していくことになる。

わが国においても,コミュニティケアや地域福祉への方向転換の必要性が求められるなかで,1970年代半ばからはボランティア活動の推進や施設の社会化が具体的展開をみせはじめ,在宅福祉サービスの拡充と推進への機運が高まっていった。1975年に全社協は,「地域福祉の機能強化に関する研究委員会」と「在宅福祉サービスのあり方に関する研究委員会」を設置し,地域福祉・在宅福祉の理論化に着手している。この後者の委員会報告として刊行された『在宅福祉サービスの戦略』(全社協,1979年)は,わが国の在宅福祉の概念規定や方向付けの有力な指針となり,その後の社協の展開方向にも大きな影響を与えた。こうした全社協の方針は「社協基盤強化の指針」(1982年)で,より一層明確に社協活動のなかに位置づけられている。その翌1983年5月には,社会福祉事業法の改正により,社協の長年にわたる念願であった,市町村および東京都の特別区の社協が法定化されている。この法的に位置づけられた市町村社協の力量を高める方策として,全社協は計画化の手法に着目し,『地域福祉計画—理論と方法』(1984年)を刊行している。

2節　地域福祉時代の社協路線

(1)「新・社協基本要項」の策定

　1990年の「福祉関係八法」の改正によって，日本の社会福祉制度改革の第1段階はピークを迎え，地域福祉時代の到来を告げた。そこで改正された社会福祉事業法では，社協に関しても従来の連絡調整や組織化活動に加えて，サービス実施を意味する，「社会福祉を目的とする事業を企画・実施するよう務めなければならない」を追加したのをはじめ，政令指定都市の区社協を法定化するなど，地域福祉推進上の役割を拡充して市区町村社協を位置づけていった。ここに社会福祉事業法第74条で市町村社協は，社会福祉を目的とする事業に関して，①調査，②総合的企画，③連絡，調整及び助成，④普及及び宣伝，⑤健全な発達を図る事業，⑥企画及び実施を行う団体として規定された。その翌1991年には，その後の社協事業に大きな影響を及ぼす，国庫補助事業「ふれあいのまちづくり事業」が開始され，地域福祉活動コーディネーターが職員配置されている。

　この改正された社会福祉事業法の規定を踏まえ，全社協も新たな地域福祉時代にふさわしい社協指針づくりに向けて，「社協基本要項」改定に着手し，1992年4月「新・社会福祉協議会基本要項」（以後，「新・社協基本要項」という）を策定した。30年ぶりに改定された新・社協基本要項は，地域福祉時代の社協路線の確立を目指し，①社会福祉協議会の構成員の明確化，②住民主体の理念の継承と発展，③福祉サービス等の企画・実施の強化を特徴としている[7]。新しい要項では社協の性格について，①（組織の構成）地域における住民組織と公私の社会福祉事業関係者等により構成され，②（理念と目的）住民主体の理念に基づき，地域の福祉課題の解決に取り組み，誰もが安心して暮らすことのできる地域福祉の実現をめざし，③（事業）住民の福祉活動の組織化，社会福祉を目的とする事業の連絡調整および事業の企画・実施などを行う，④（組織とその性格）市区町村，都道府県・指定都市，全国を結ぶ公共性と自主性を

有する民間組織であると規定した[8]。さらに社協は、次のような活動原則を踏まえて、地域の特性を生かした活動を進めるものとしている。

そこで掲げられた活動原則は、①住民ニーズ基本の原則、②住民活動主体の原則、③民間性の原則、④公私協働の原則、⑤専門性の原則、という5つである。つまり社協活動は、住民ニーズに立脚し、住民主体で地域福祉を推進していくこと、その推進にあたっては社協は民間性を生かして、公私の多様な主体と協働し、専門性を発揮することを原則と定めている。これらの原則を踏まえて行われる市区町村社協の事業としては、①地域の福祉課題の把握、地域福祉活動計画の策定、提言・改善運動の実施、②住民、当事者、社会福祉事業関係者等の組織化・支援、③ボランティア活動の振興、④福祉サービス等の企画・実施、⑤総合的な相談、援助活動及び情報提供活動の実施、⑥福祉教育・啓発活動の実施、⑦社会福祉の人材養成・研修事業の実施、⑧地域福祉財源の確保及び助成の実施、以上8つの項目に整理した。ここでの市区町村社協事業の項目は、社会福祉事業法の条文よりも、より具体的に社協の事業や役割を示したものとなっている。

(2)「新・社協基本要項」以後の展開

通称「福祉人材確保法」の制定に伴う、1992年「社会福祉事業法」改正によって、社協事業に「社会福祉に関する活動への住民参加のための援助」が追加され、先にみた1990年の社会福祉事業の企画・実施に続いて、住民参加への援助が規定されている。その翌年4月には、「福祉活動参加基本指針」(告示)を受けて同年7月には、「ボランティア活動の中長期的な振興方策」が出されたが、全社協も5月に「ボランティア活動推進7か年プラン」構想を発表して住民参加、ボランティアの大量確保と活動推進を目標に掲げた。このように市町村社協にとって、1990年代の前半にはサービス事業の実施拡大、ボランティアに象徴される住民参加の拡大という、2つの主要な社協課題に向けての対応と展開が求められ、市区町村社協の組織・財政・事業の規模を拡大して

いった。

　新・社協基本要項に基づいた地域福祉の確立に向けて，全国の市区町村社協の発展・強化を意図した全社協は，21世紀までに実現すべき目標と計画を示した，「ふれあいネットワークプラン21―基本構想（1993年7月）」を発表している。また全社協は，「新・社協基本要項」後の社協像として，1994年以後「事業型社協」の推進を提起した。それは1991年度より国庫補助で創設された，「ふれあいのまちづくり事業」（地域福祉総合推進事業）の取り組みから構想されたものといわれるが，それは新・社協基本要項による社協路線の帰結といってもよい。全社協「『事業型社協』推進の指針」（1995年7月改訂版）によると，事業型社協とは，「住民の具体的な生活・福祉問題を受けとめ，そのケースの問題解決，地域生活支援に素早く確実に取り組めるよう，①総合的な福祉相談活動やケア・マネージメントに取り組み，②各種の公的福祉サービスを積極的に受託し，それらを民間の立場から柔軟に運営しつつ，③公的サービスでは対応できない多様なニーズにも即応した新たな住民参加型サービスを開発・推進し，④小地域での継続的・日常的な住民活動による生活支援活動，ネットワーク活動，ケア・チーム活動等に取り組むとともに，その問題解決の経験をふまえて地域福祉活動計画の策定と提言活動の機能を発揮し，このような事業・活動を通して住民参加を促進し，福祉コミュニティ形成をすすめる市区町村社協」と規定している[9]。

(3)「社会福祉法」時代の社協

　2000年6月「社会福祉事業法」改正により，社会福祉法第109条では市町村社協を，地域福祉の推進を図ることを目的とする団体とした。同法では，この目的を実現するための社協事業として，①社会福祉を目的とする事業に関する企画及び実施，②社会福祉に関する活動への住民の参加のための援助，③社会福祉を目的とする事業に関する調査，普及，宣伝，連絡，調整及び助成，④その他，社会福祉を目的とする事業の健全な発達を図るために必要な事業を定

めている。この条文に規定された社協事業は、通常の社会福祉法人が社会福祉事業の主体であるのとは大きく異なり、地域福祉の推進にかかわる活動を幅広く担う団体であることを示している[10]。地域の実情に応じて柔軟に、どのような福祉課題・生活課題にも取り組めるのが、市町村社協の特色である。

市町村社協の構成員に関しては、「社会福祉を目的とする事業を経営する者及び社会福祉に関する活動を行う者」の参加を規定し、福祉ボランティア団体等を不可欠の構成員に位置づけている。さらに「社会福祉事業又は更生保護事業を経営する者」の過半数の参加を要件に定め、指定都市社協には「地区社会福祉協議会」の過半数参加を規定した。ここに市町村社協は同一区域に、ひとつしか存在しない仕組みとなっているが、同時に単一の市町村のみでなく、同一都道府県内の2つ以上の市町村でも設置を可能としている。

2000年の介護保険法や社会福祉法の施行をはじめ、1998年のNPO法人化による地域や福祉の分野へのNPOの参入、地方分権や市町村の財政悪化など、社会福祉制度や社協をめぐる環境の変化はめまぐるしい。これら1990年代以降の社協の動きを集大成し、全社協・地域福祉推進委員会は、これからの市区町村社協の組織運営や事業展開の基本的な考え方を、「市区町村社協経営指針」(2003年3月)としてまとめた。この指針の改訂版(2005年5月)によると、市区町村社協の使命は「地域福祉を推進する中核的な団体として、誰もが安心して暮らすことができる福祉のまちづくりを推進すること」にあり、その使命を達成する経営理念として、①住民参加・協働による福祉社会の実現、②地域における利用者本位の福祉サービスの実現、③地域に根ざした総合的な支援体制の実現、④地域の福祉ニーズに基づく先駆的な取り組みへのたゆみない挑戦、という4つを掲げている。

さらに2012年10月に全社協は、地域において増大する生活困窮者や社会的孤立の広まりなど、深刻化・多様化する地域福祉課題に、社協が正面から立ち向かうべく、「社協・生活支援活動強化方針——地域における深刻な生活課題の解決や孤立防止に向けた社協活動の方向性」を策定した。それは社協活動の方

向性やあり方を〈行動宣言〉，それを実現する具体的な事業展開を〈アクションプラン〉として提案している。行動宣言では5つの項目，①あらゆる生活課題への対応，②相談・支援体制の強化，③アウトリーチの徹底，④地域とのつながりの再構築，⑤行政とのパートナーシップを掲げて，それぞれに取り組みを宣言し，またアクションプランでは，項目ごとに「社協の現状と課題」を整理し，具体的な事業の展開を「ステップ①②」として示している。今世紀に入って日常生活自立支援事業，福祉総合相談事業，成年後見事業，生活福祉資金貸付事業，生活困窮者支援など，住民の個別ニーズに対応する個別支援の社協業務が増大している。社協は地域福祉の推進の中核である地域組織化と，個別支援をどう連動させてリンクして，総合的に展開していくかが基本課題となっている。これら経営指針や強化方針には，全社協が思い描く，今日的な市町村社協のあり方や方向性，実践展開の方途が端的に示されている。

3節　市区町村社協の拡大と変貌

(1) 注目される市区町村社協

市区町村社協は，地域福祉を推進する主体として多大な期待を集めている。戦後，住民参加による社会福祉に取り組み，それを繰り返し主張してきた社協の理念や活動が，地域福祉を基軸にした社会福祉時代を迎え，その役割や機能が注目されるに至ったものといえよう。とはいえ社協を取り巻く環境を考えれば，ときに社協の存在意義が疑われるなど，それほど甘い状況ではない。近年の地方財政の逼迫による公的財源の縮小・削減に加えて，在宅サービス等における民間事業者やNPO法人との厳しい競合にも，社協は晒されている。

さらに近年は，介護保険事業・自立支援給付をはじめ，福祉総合相談，日常生活自立支援事業，成年後見，高齢者・障害者・児童への生活支援，生活困窮者支援など，社協事業の多岐にわたる広がりと業務量の増大も顕著である。しかし，小地域活動に象徴される組織化活動に対する力の入れ方や実績は，市区町村社協によっても異なるが，概して大きな進展はみられない。ここに社協の

原点ともいえる組織化活動にかける比重の低下，取り組みの弱さが指摘されたり，懸念されることも多い[11]。これからの地域福祉のあり方に関する検討会報告（2008年）も，既存施策の見直しのなかで社協についても，住民の地域福祉活動を支援できる職員養成を検討する必要性を指摘している[12]。社会福祉や社協をめぐる変貌著しい状況のなかで，社協は解決すべき多くの問題や課題を抱えている。

　一括りに市区町村「社協」といっても，その実態は千差万別であり，その多様さが社協の特徴ともいわれてきた。各社協がカバーする地理的範囲や人口数，社協の事業・組織・財政の規模も大小さまざまだし，そこで実施される事業の展開や取り組み姿勢，社協のもつ力量も一定ではない。個々の社協のあゆみや行政との関係にしても，微妙で複雑多様である。それゆえ常に，社協間の差異や格差が人々の注目を集めてきた。とはいえ各地の社協が抱える問題点や課題をみると，そこには高い共通性があることも確かである。地域福祉の推進を等しく使命とする市町村社協には，福祉コミュニティの形成をすすめる事業や実践をすすめる，担い手としての役割可能性が問われている。

　近頃では，市区町村社協も存在感を増して，「社協がみえる」ようになったと評価されることが多い。社協の周知度に関する調査データも，ほぼそれを裏付けているかのようである。社協の認知度を高めている最大の理由は，社協事業の拡大にあるといってよい。つまりボランティア・福祉教育・介護保険・在宅サービス・権利擁護・小地域福祉活動など，社協による取り組みや支援活動が増え，地域住民と社協との接点が広まっている。全社協の調査データを中心に，近年の市区町村社協の組織・財源・事業の実態をみていくとしよう[13]。

(2) 社協の組織・職員数

　市区町村社協が行う事業を担い手を基準に分けると，職員が業務として行う事業と，地域住民やボランティアが行う事業に大別できる。2013年4月1日現在の市区町村社協数は，1,852であり，その大半が法人化されている。社協

活動を担う市区町村社協の職員数も，全国で13万3,392人を数え，その内訳は一般事業職員2万9,622人，経営事業職員10万3,770人に達している。

この13万人を超えた職員数は，市町村社協が法定化された1983年当時の1万4,105人と比べると，実に9.5倍に増えており，この30年ほどの社協職員の著しい増加ぶりを確認できる。特に経営事業職員の急増ぶりが目立つなかで，社協職員のうち一般事務職員の占める割合は，22.2%と社協職員の5人に1人の割合となっている。なお一般事業職員では，81.0%の職員が常勤であるが，経営事業職員では47.4%と，半数をわずかながら下回る常勤率となっている。この10年間で常勤率は，一般事業職員で6.3%，経営事業職員でも2.5%低下するなど，全国的な非正規雇用の広まりと軌を一にして，社協職員の非常勤化が進行している。また定年後の再雇用など，社協組織にも雇用の多様化の進展がみられる。

一貫して増加傾向にあった社協職員の伸びは，2005年度には前年度よりも約9千人もの減員に転じたが，2007年以後は再び増加傾向が続いている[14]。平成の大合併前の1999年3月には，3,232だった市町村数も，2006年3月末には1,821に激減し，この市町村合併に伴い市町村社協の組織統合が進められた。そこでは社協事業を展開する地理的範囲も広がり，組織規模や職員数が拡大した社協にとって，合併で広がった地域から遊離することなく，一つの社協として事業を展開する体制づくりや社協運営の方策が求められた。平成の合併から10年の歳月が経過し，近年（2013年4月1日）の社協職員数をみると，1社協あたり平均72.0人であるが，人口規模によっても「人口1万人未満」25.7人，「2万人以上4万人未満」64.2人，「10万人台」113.4人，「40万人以上」225.3人となっている[15]。また最近では，介護保険事業からの部分的撤退や縮小を検討・実施する社協も多く，担当職員の減少という動きもみられる。

(3) 社協の財政・財源

これら社協職員の増加は，社協の財政規模の拡大にも直結している。つまり

1市区町村社協あたりの予算規模をみていくと，1991年度に5,359万円であったのが，1996年度には9,625万円と，5年間で約1.8倍に伸び，さらに介護保険がスタートした2000年度には，1億6,726万円になった。長引く地方財政の逼迫化のなかで，人件費を含む補助金等の削減や合理化，社協に対する各種補助金の一般財源化の広がりにもかかわらず，1市町村社協あたりの財政収入も2012年度には，2億9,158万円と収入規模の拡大が続いている。また1986年に23.6％を占めていた社協の民間財源の比率も，2012年度には5.7％（会費収入2.3％，共同募金収入2.3％，寄付金1.4％）と4分の1以下に，10年前と比較しても2.2％低下している。

かつて財源を基準にして社協事業を分類すると，行政からの「委託」や「補助」を受けて実施される場合と，社協の「自主」活動の3つに区分できた。それが2000年の介護保険事業の開始より，多くの社協がこれに指定事業者としての「サービス実施」が新規に加わり，委託事業のウエイトを大きく減少させた。ここに市区町村社協の収入構造も，介護保険事業に参入するか否かによっても異なるが，全体的には介護保険導入後に大きな変化を遂げている。

市区町村社協の収入構造を，介護保険以前の1996年度と実施後の2002年度とを比較してみると，それまで伸びの目立った市区町村の「受託金」は，46.1％から25.8％へと大幅な減少に転じたが，10年後の2012年度では23.3％と2.5％の減少となっている。それに代わって新たに登場した「介護報酬」は，2002年度33.9％と3分の1を超え，2012年度には38.4％と4割近くを占めている。ここに改めて，介護保険事業参入の影響の大きさを確認できるし，市区町村社協の収入規模も，介護保険事業の実施社協は，実施していない社協の平均で2.4倍と格段に違う。社協運営・経営に影響の大きい「補助金」収入も，1996年度の22.7％から2002年度の18.5％，そして2012年度の15.9％へと減少傾向が続いている。

(4) 社協の事業・活動

　先に社協の収入構造でもみたように，2000年以後，市町村社協の受託事業は大幅に減少したが，「組織・財政」の規模拡大を反映して，社協「活動・事業」も拡大の一途を辿っている。社協の事業・活動は，法令等に抵触したりしない限り，柔軟に地域福祉の推進や福祉コミュニティ形成に向けて幅広く，多様な事業を実施できるのが特徴である。ここでは全社協のデータを中心に，市区町村社協による事業の実施状況をみていきたい。

　社協の中核的な事業ともいうべき地域組織化事業では，地域を基盤とした事業展開を理念に掲げる社協は，自主財源ともなる会費制度を伴う「住民会員制度」(87.0%) を有する社協が9割に近い。小地域を基盤に地域福祉活動を担う組織である「地区社協」(39.4%) も4割近くの社協が設置しているし，見守り・支援活動を行う「小地域ネットワーク活動」(50.7%) も，市区町村社協の半数が取り組んでいる。「ふれあい・いきいきサロン」を設置・運営する社協は，1,348社協 (79.1%) と近年急速に増加を続け，高齢者対象のサロンが8割を大きく超えるなかで，少子化対応や子育て支援を意図した「子育てサロン」(8.6%) も，1割近い実施率である。データにはないが，全国各地で「住民座談会」，「福祉委員制度」，「福祉マップ作成」を実施する社協も多い。

　これ以外の地域組織化事業として，ボランティア・市民活動の支援において，「ボランティアセンターの機能」(95.7%) があると回答した社協は，9割台半ばを占めている[16]。そこでの担当職員数は全国で2,551人，1市区町村社協あたり約1.4人の職員が業務を担っている計算になる。当事者組織の組織化・運営支援を実施している社協は，「身体障害児・者（家族）の会」62.3%，「知的障害児・者（家族）の会」56.5%，「ひとり親（母子）家庭の会」42.4%である。行政の地域福祉計画策定が進展をみせるなかで，「地域福祉活動計画」(40.1%) を策定する社協も確実に増加している。

　次いで，社協の相談やサービス，個別支援の実施状況をみる。相談事業では，「福祉総合相談」を62.0%と6割以上の社協が実施しているほか，長い歴

史のある「心配ごと相談」も，79.2％と8割近くが取り組み，「日常生活自立支援事業」の実施率は64.8％であった。介護保険事業では，「居宅介護支援」71.1％と「訪問介護」71.1％に，7割以上の社協が事業参入し，「地域包括支援センター」も22.3％の社協が受託実施している。障害者自立支援法による自立支援給付サービスでも，「居宅介護」67.4％や「重度訪問介護」53.3％，地域生活支援事業でも，「移動支援事業」39.8％や「相談支援事業」14.9％が実施率の高い事業である。これら以外の事業では，「食事サービス」57.5％，「老人福祉センターの運営」34.0％，「在宅介護リフレッシュ事業」30.9％の実施率が高かったが，いずれも全国的に実施率は低下傾向にある。

4節　社協とコミュニティワーク

(1) 地域福祉の推進と社協実践

通常，地域福祉の推進に不可欠な組織化活動の方法・技術を，コミュニティワーク（community work）と呼ぶ。コミュニティワークの中核機関である市町村社協には，わが国の代表的なコミュニティワーカーといえる福祉活動専門員はじめ，ボランティア・コーディネーターも配置されている。前者は地域福祉活動の支援を幅広く担い，後者はボランティアの育成やコーディネート機能を担っているが，それ以外にも社協事務局職員の多くは，コミュニティワーク実践の実質的な担い手といえる。社協にとって近年は，コミュニティワークが主要な社協実践の時代とはいえない様相を呈している。

コミュニティワークの意味内容や機能は多様ではあるが，一般にコミュニティ・オーガニゼーション（CO）よりも，広い内容をもつ概念として理解されている。戦後わが国では，アメリカのCO理論を導入して地域でのCO実践が展開されてきたが，「シーボーム報告」や「ガルベンキアン報告」を契機として，英国ではコミュニティケア（community care），コミュニティワークへの関心を急速に高め，それが日本にも波及して「コミュニティワーク」という用語が一般化していった。1980年代後半に至ると，「地域援助技術」という用

語が国家試験がらみで使用され始め，近年では地域福祉実践の方法・技術を統合し，「地域を基盤としたソーシャルワーク」を展開しようとするコミュニティ・ソーシャルワーク（community social work）が提起されている。ふれあいのまちづくり事業の「地域福祉活動コーディネーター」をはじめ，「地域福祉コーディネーター」も，コミュニティ・ソーシャルワーカーとほぼ同一内容の用語といってよく，これらの名称を用いた職員配置をする市町村や社協が増えている。これからの地域福祉のあり方に関する研究会報告（2008年）でも，住民の地域福祉活動を推進する基盤の一つに「地域福祉のコーディネーター」を位置づけ，一定の圏域に市町村が確保整備することを提起した。地区単位に配置されるコーディネーターには，専門的な対応が必要な事例への対応，住民活動との協働による，総合的かつ包括的な支援やネットワーク形成，社会資源の調整や開発が求められている。

社協におけるソーシャルワーク実践も，個別の問題に援助相談を行う「個別支援」と，住民活動を組織化する「地域支援」との両支援の融合，その連動や統合が強調される[17]。最近は一段と個別支援への色彩を強め，社協による住民の組織化や参加支援の取り組みの弱さが指摘される。加納恵子もコミュニティソーシャルワークの個別援助を核とし，その主体形成や支援を個別化の方向に収斂するやり方を問題視し，それに傾斜しすぎると，地域支援の真骨頂である「地域変革」に挑戦していくポテンシャルが沈んでいくという[18]。岩間伸之・原田正樹『地域福祉援助をつかむ』（有斐閣，2012年）では，〈地域福祉援助〉という個別支援と地域支援を総合的に推進する理論と方法として，「地域を基盤としたソーシャルワーク」（個を地域で支える援助と個を支える地域をつくる援助）と，「地域福祉の基盤づくり」という2つの側面を含む概念を提起した。後者の地域福祉の基盤づくりの内容をみると，地域住民の参加や協働の援助技術，住民の主体形成や福祉教育，地域福祉計画，ボランティア・NPO，地域福祉援助のプログラムやネットワークなどを網羅しており，地域福祉の構築には，「地域を基盤としたソーシャルワーク」の守備範囲を超える展開の必

要性を明示している。コミュニティ・ソーシャルワークは，困りごとを抱える人の課題そのものを解決しようとする取り組み[19]といわれるように，それがコミュニティワーク機能を代替えすることはできない。個別支援に焦点化しがちな社協の現状からも，地域福祉の推進には，コミュニティワークを強化した社協実践が望まれている。

(2) 社協によるコミュニティワーク実践

住民による地域福祉活動は，社協等の専門機関による働きかけが契機になることが多い。社協の組織特性や使命からも，地域福祉活動の推進はその至上命題と考えられる。その理由を列挙すると，第1に，社協は歴史的にも，社会福祉における住民参加を旗印としてきた団体である。第2に，社会福祉法でも社協は，地域福祉の推進を目的とする団体と規定されている。第3に，市町村単位の社協は，「地域性」を本質的要素とする組織である。第4に，社協目標に掲げる福祉コミュニティの形成化には，地域福祉活動が不可欠である。第5に，9割近くの社協が「住民会員制度」を実施し，地域を基盤とした組織形態を取っている。第6に，社協は行政や地域，施設や非営利組織，当事者組織とのパイプ役であったり協議体である。これらは社協が地域福祉活動の推進に取り組み，小地域活動を重視するに至る根拠であり，コミュニティワークが社協の固有機能として期待される所以となっている。

コミュニティワークは，地域の生活・福祉課題の解決に向けて，地域社会に働きかける意図的・意識的な行為といってよく，そこでは実践を支える論理や実現可能性が強調される。社協によるコミュニティワーク実践では，地域福祉活動の主体である「住民」と，住民の活動を黒子や裏方として側面的に支援する「社協・職員」という，2つの主体が存在する。そこでは住民・関係者の「主体性」と，ワーカーの「専門性」が相俟って活動を発展させることを重視しているが，そこで中心になるのは住民・関係者であって，ワーカーではない。それゆえにワーカーの基本的性格も，住民のニーズに即した取り組みを動

機づけ，住民活動を側面的に力を添えて支援する〈イネイブラー〉ということになる。社協ワーカーによる地域福祉活動支援も，個人による実践というよりも，社協の戦略や事業のもとで組織的に展開される点に特徴がある。

　計画化 planning と同様に，コミュニティワークのプロセスも，①地域アセスメント（問題把握），②計画の策定，③計画の実施，④活動の評価という4つの段階を含む[20]。地域アセスメントでは，地域課題・ニーズや社会資源（福祉・保健・医療関係機関の事業，地域福祉活動の状況，人材や施設等）を的確に捉える必要がある。ここで集められたデータから，何をどう読み取り，それをどう計画や活動につなげていくかが，コミュニティワークの成否を左右するポイントになる。全ての地区を対象に実施する地域アセスメントは，社協の基本業務といってよく，わかりやすいデータの整理・分析と提示が求められるし，アセスメントも住民の参加や協働で実施し，地域課題への住民の関心や理解を高める工夫が重要になる。小地域の福祉マップづくりも，住民の参加のもとに，実情把握から活動につなげる手法のひとつである。既存資料からも人口，世帯数，年齢構成，要支援者数，相談件数や内容，サービス利用率，独居高齢者率，自治会加入率とその推移がわかる。より身近な地域実態や課題に迫るには，地区ごとのデータおよび経年的推移を示したり，他市町村や県・国とのデータ比較も有効である。このほか調査票を用いる社会調査，関係者へのヒアリング，住民座談会，サロン，地域踏査，社協の日常業務で得られるデータも，貴重なアセスメント材料になる。

　地域福祉が目標に掲げる福祉コミュニティの形成，コミュニティケアの進展にとって，住民参加は不可欠の要件であるが，プラント（R.Plant）によっても，コミュニティワーカーの仕事でつねに中心をなすのは，参加であることが強調されている[21]。かつてコミュニティワーカーには，「オーガナイザー（組織者）」と「コーディネーター（調整者）」という，2つの役割があると考えられてきたが，最近では計画策定を担う「プランナー（計画者）」，福祉資源や人をつなぐ「ネットワーカー」としての役割も重視される。これらの役割を遂行

するワーカーの実践では，組織化活動とも関わりの深い社会調査，運営管理，ソーシャル・アクションなど幅広い方法・技術が必要になる。

社協のコミュニティワーク実践は，活動のテーマを社協が設定するか否かで，2つに大別できる。つまり地区社協づくり，サロンづくりや見守り活動など，活動のテーマを具体的に決めて支援する場合と，特定のテーマや事業を想定せずに住民座談会，地区社協によるニーズ把握等に基づいて，活動の目標や取り組みを絞っていく場合である。どちらの場合にも，住民が地域のニーズ・問題に気づき，課題解決に向けて協働して行動化できるように社協が支援する，という点では変わりがない。そこでは住民や地域の主体的力量を高め，地域ケアの充実や福祉コミュニティ形成が目指される。コミュニティワーク実践も，「ところ変われば，品変わる」の例えどおり，地域の実情に即した多様なものとなり，地域のニーズや資源，歴史や文化，住民性など地域性を色濃く反映したものになる。地域固有のテンポで，地域の実態を踏まえ，住民・当事者主体の立場に立脚して，地域住民の内発性を引き出し，それを成長させる視点や工夫が社協実践には求められている。

5節　市区町村社協の使命

(1) 社協活動の機能と命題

社協に対する評価といえば，ときに行政以上に役所的といわれたり，組織としてのアクティビティの低さが指摘されることも多かった。しかし最近では，そうした問題指摘もかなり払拭されたようにみえる。市町村社協の存在意義を改めて問うならば，それは「福祉コミュニティの形成」へ向けた，「地域福祉の推進」にある，と集約できよう。この2つの用語はともに，社協のアイデンティティを象徴する語として広く用いられているが，それを社協が具体的に示す場といえば，地域以外にはない。福祉コミュニティの形成化には，何よりも社協が主体的に地域や福祉の現実を捉え返し，有効な社協戦略を構築して実践化することが基本になる。その前提になるのが地域や住民の参加のもとに，福

祉関係者や活動者と協働し、広く支持される社協運営のスタイルと事業を確立することである。

社協事業の多様さと広がりは、社協機能（①連絡調整、②地域社会組織化、③直接的援助提供、④地域総合相談・生活支援）からも明らかである[22]。これらの社協機能を地域福祉の推進に向けてどう発揮するか、また社協がもつ「協議体」、「運動体」、「事業体」という3つの性格・側面・機能をどう組み合わせ、ウェイトづけをして社協事業を展開するかによっても、社協のあり方や方策、いわゆる社協モデルというものは多様になる。しかし、社協である限り、社協ゆえに達成しなくてはならない課題、つまり地域の生活・福祉課題に取り組み、住民とともに「福祉コミュニティの形成」に向けて、「地域福祉の推進」を図るという基本命題を共有する。

全社協「市区町村社協経営指針」（2003年3月、2005年改訂）によると、市町村社協の業務体制は、次の4部門に整理される。各市町村社協により、社協事業の力点の置き方や事業内容、戦略や方策も多様になる。以下では、全社協が示した4部門に従って順に、市町村社協が担うべき機能や事業について言及する。

① 法人経営部門：法人運営や事業経営
　　総合的な企画や各部門間の調整など、社協事業全体の管理業務
② 地域福祉活動推進部門：住民参加や協働による福祉活動の支援
　　福祉のまちづくりや福祉コミュニティ
③ 福祉サービス利用支援部門：福祉サービス利用者等のサービス利用援助
　　地域での生活支援に向けた相談・支援活動、情報提供、連絡調整
④ 在宅福祉サービス部門：介護サービスなどの多様な在宅福祉サービスの提供

① 法人経営部門　社協は以下でみる②～④の事業の展開により、地域福祉の推進という命題を達成しようとするが、それには適切な法人運営や事業経営、社協事業全体のマネジメントが欠かせない。社協の運営基盤の強化には、

1) 自立的な運営ができる組織マネジメント体制の確立, 2) 活動や事業にふさわしい財源の確保, 3) 職員育成を必要とするといった共通の課題を社協は抱えている[23]。この部門の具体的事業としては, 理事会等の運営, 財務管理, 職員の採用・研修・人事管理, 所轄庁への届出・法務に関する業務, 社協発展・強化計画策定等による将来ビジョンの検討が列挙されている。

② **地域福祉活動推進部門** 地域福祉推進のための〈住民参加〉の拡大と浸透を図る。この部門は「市区町村社協経営指針」でも, 社協事業の中核に位置するというが, 住民参加に意欲を示さない社協に, 社協としての存在意義は無いに等しい。住民参加なくして, 社協が理念として掲げる住民主体もありえず, 参加の拡大・深化のみが住民主体を具現化し, 福祉コミュニティを形成していく方途になる。住民主体の福祉活動の支援こそは, 市町村社協の生命線ともいえる事業であり, いつの時代にもかわらない社協の基幹事業, 全ての社協が大切に取り組むべき事業である[24]。地域住民, 当事者, ボランティア, NPO・市民活動, 民生委員など, 多様な担い手の参加を促進して組織化し, その主体形成や活動支援を担うことが社協の必須課題になる。小地域福祉活動をはじめとして, ボランティア活動, 当事者活動の組織化や支援, ボランティアセンターの強化, 共同募金への協力, 福祉教育の推進等の事業を行う。

③ **福祉サービス利用支援部門** 福祉サービス利用者や生活課題を抱える住民への相談・支援を行う部門である。地域で自立生活を支援する方策には, 情報提供や相談, 福祉サービスの利用援助, 福祉サービスの苦情相談への対応が必要になる。具体的な事業をいえば, 地域総合相談・生活支援, 日常生活自立支援事業, 法人後見, 生活福祉資金貸付, 地域包括支援センターなどがある。そこでは社協のネットワーク力を生かし, 単にサービス利用につなぐだけでなく, 地域における自立や参加を可能にし, 利用者の主体形成やエンパワメントを視野に入れた支援が求められている。

④ **在宅福祉サービス部門** 在宅福祉サービスの提供と充実に努める。トータルな地域ケアシステムの充実化に向けて, 地域に密着したサービス・資源の

開発や整備，ネットワークづくりの一翼を担うことが社協の重要な責務となっている。介護保険事業や障害者総合支援法に基づく制度的なサービス，制度外のサービスの実施である。それぞれの社協が，サービスのどの部分を直接担い，他のサービス組織や福祉関係の機関・施設との役割分担を含めて，どのような関係や連携を築いていくかが問われる。ここでの社協の関わりも，地域や社協の実情を踏まえると多様といえるが，社協の特性や機能を発揮した取り組みが期待されている。

　これら社協の法人経営，住民参加支援，利用者支援，サービスの提供や充実といった4部門の展開には，部門間の相互連携や総合化の視点だけでなく，住民とともに地域福祉の推進をすすめる社協であることが前提になる。社協事業の拡大は，社協の存在意義を高めるとは限らない。社協の実態は法律による社会福祉の請負をしているにすぎず，今や自発的社会福祉の推進者とはいえない，とも批判される[25]。住民主体を旗印とする社協にとって，看過のできない手痛い批判であり，そうした批判への反論は，各地の社協実践で示すしかない。社協事業の展開には，住民自治の前進と福祉コミュニティ形成化を，正面にしっかりと据える必要がある。それは公私協働の文脈に胚胎する，地域福祉の立場そのものといってよく，社協が掲げる「住民主体」の具現化に不可欠な基本認識といえる。

(2) 社協組織の今日的課題

　近年の市町村社協の組織・財政・事業の推移からは，大幅ともいえる社協の拡大傾向が確認できた。この社協組織や事業の拡大に伴って，職員相互や担当者間の意思疎通が難しくなった，といわれて久しい。多様なサービス部門や個別支援を含め，社協事業全体として相互の関連づけを日常的に深め，社協の総合力が発揮できるような組織づくりが課題となっている。社協ソーシャルワーク実践でも，地域支援とサービス提供や個別支援を連動させ，総合的な地域福祉の展開が求められている。介護保険事業にしても社協活動と遊離し，他の社

協事業との関連や連携がない場合も多い。介護サービスを実施することのメリットを生かし，地域での住民活動やサービス資源とリンクしたり，サービス内容の充実化など，社協らしい取り組みが求められる。

　これまで地域で住民福祉活動を支援する唯一の存在であった社協の地位も，今日大きく揺らいでいる。20世紀末にはNPO法が制定され，住民団体が非営利組織として法人格を取得し，公益的な活動を行う道が開かれた。地域では多くの福祉ボランティア団体等がNPO法人の認証を取得して，介護保険サービスや小地域福祉活動に携わっているし，行政やNPOによるボランティア活動支援も活発化している。ここにボランティアの養成・活動支援やコーディネート役も，社協のボランティアセンターのみという時代は終焉を迎えた。さらに2003年の地方自治法改正による指定管理者制度の導入は，行政からの施設管理の委託先も，社協の指定席からNPOや企業などとの競合の時代に移行している。こうした動向のもとで社協には，地域福祉を推進する立場から，自らがどのような役割を担い，かつ他の組織・団体・地域とどのように連携・協働するのか，それを行政との関係を含めて，地域的な合意にまとめていく戦略と努力が欠かせない。

　多くの社協にとって行政との密着化，あるいは行政への従属化という問題を抱えてきた。それは社協にとって古くて，新しい課題であるといってよい。近年の社協に対する各種補助金の一般財源化，市町村の補助金の削減等によって，財政的にも社協はかつてない厳しい状況に陥っているが，この社協財政の逼迫という事態にも，行政に依拠・依存する社協の姿を映し出している。社協は公共性の高い民間団体とよくいわれるが，それは行政にとっても「なんでも入れ箱」としてよく機能してきたし，市民にも一定のメリットを提供してきた[26]。社協は便利で有用性が高いゆえに，行政は財政的にも人材的にも多大な支援を，長きにわたって継続してきたのである。

　しかし，そのことは社協の方針や方向性の決定に対して，強い行政の影響力の行使を可能としてきたし，社協が自立的組織として行政との対等な関係の構

築を至難の業とし、その克服は社協の根本課題となってきた。この行政優位を前提にした行政と社協の関係のあり方は、行政の一部もしくは協力団体として社協がみなされることを助長し、社協の民間性や市民性の発揮を妨げてきた。すでに50年以上も前から、社協が理念として掲げる、「住民主体の原則」への疑念や危惧にしても、住民参加のリアリティをめぐる疑問だけでなく、社協に対する行政の影響力の強さに根ざしている。

　社協と行政との関係には、解決すべき組織的・財政的な課題が横たわっている。市区町村社協の組織を見ても、行政の首長が社協会長に就任しているのは16.5％と大幅に減少したが、行政からの出向者や行政OBが常務理事や事務局長を務める割合は高い。また役員総数の5分の1の範囲内で、行政職員が社協の役員になることができるうえに、執行機関である理事会も積極的に役割を担うことが少なく、行政の影響を受けやすい組織構造となっている。社協は財政的にも、行政による人件費等の補助を必須条件としてきたが、近年の社協財政が拡大するなかで、自主財源の比重はさらに低下している。こうした社協の組織的特質ゆえに、社協の事業や運営に自主性を十分に発揮することは容易でない。そこに従来より指摘されてきたように、社協の組織的な力量を高めつつ、社協に対する公費補助の理論的な根拠を明確化し、社協運営の要である自主財源の確保と人事権を握るための努力を続けるなかで、行政との関係の再構築を図るという根本命題は、今も解決すべき課題として残されている。

注
1) 1951年以前にも京都府や秋田県などでは、占領軍の指導により先駆的な形態の社協が誕生している（全国社会福祉協議会『全国社会福祉協議会30年史』全国社会福祉協議会、1982年、p.46）。
2) 1989年の関東地域福祉学会月例研究会での重田信一による報告および資料による。1950年11月の社協創設に先立って、その組織や活動の基本原理を規定した「社会福祉協議会組織の基本要綱」（社会福祉協議会中央準備会議）でも、市区町村社協を必要に応じて組織することが望ましいというように、社協の基本単位に市区町村社協を位置づける視点は欠落していた。

3）全国社会福祉協議会，前掲書，p.506
4）その後，地域福祉の理念や実践のキイワードとなる住民主体のルーツについて，当時の状況に詳しい永田幹夫（「〈社協基本要項〉策定の意義及び背景」日本地域福祉学会地域福祉史研究会編『地域福祉史序説―地域福祉の形成と展開』中央法規出版，1993年，p.137）によると，「住民参加をより主体的に表現すべきといった主張が強く，『住民主体』とする考え方に結びついた」という。
5）前田大作「コミュニティ・オーガニゼーション」山下袈裟男・三友雅夫編著『社会福祉論―その課題と展望』川島書店，1977年，p.145
6）国庫補助により進められた社協の専門職員の配置も，都道府県・指定都市社協が1994年度，市区町村社協も1999年度より一般財源化されている。
7）和田敏明「地域福祉推進と社会福祉協議会」西尾勝編『コミュニティと住民活動』ぎょうせい，1993年，p.141
8）「社会福祉協議会の性格」について，①組織の構成，②理念と目的，③事業，④組織とその性格，という見出しをつけているが，これは筆者が便宜上つけたものである。
9）「〈事業型社協〉推進の指針〔改訂版〕」『〈月刊福祉〉増刊号・社会福祉関係施策資料集14』全国社会福祉協議会，1996年，p.246
10）社会福祉法第109条1項1号の「社会福祉を目的とする事業に関する企画及び実施」も，通常は福祉サービスの提供が中心と考えられるが，和田敏明・渋谷篤男編著『概説 社会福祉協議会』（全国社会福祉協議会，2015年，p.4）では，直接サービスのほか，地域福祉活動計画のような社協特有の事業を含むという。同109条1・2・3・4号ともに，特定の事業を指定するものでなく，どのような内容の事業を実施するかは各社協に委ねられている。
11）塚口伍喜夫「21世紀の地域福祉を展望して」塚口伍喜夫・明路咲子編『地域福祉論説―地域福祉の理論と実践をめぐって』みらい，2006年。明路咲子「市町村社会福祉協議会が進める組織化活動の評価」塚口伍喜夫・岡部和夫・松澤賢治・明路咲子・川﨑順子編『社協再生―社会福祉協議会の現状分析と新たな活路』中央法規出版，2010年。
12）これからの地域福祉のあり方に関する研究会報告「地域における〈新たな支え合い〉を求めて―住民と行政の協働による新しい福祉」全国社会福祉協議会，2008年，p.69
13）市町村社協の組織・財政・事業に関するデータは，すべて全社協の調査である。とくに断りのない限り「2014年度社会福祉協議会基本調査」（『社協情報ノーマ』No.282, No.286），「2009年市区町村社会福祉協議会活動実態調査」（『社協情報ノーマ』No.235, No.236, No.239）の両調査データを使用した。ここ

では全体的傾向の把握を重視して，回収率の低かった 2012 年度の活動実態を使用していない。
14) この時期，全国社会福祉協議会『社協情報ノーマ』（No.197, 2006年5·6月号, p.7）は，近年大幅な増加傾向にあった社協職員数が減少に転じた要因を，市町村合併による職員の整理・合理化と推定している。
15) 和田敏明・渋谷篤男編著『概説 社会福祉協議会』全国社会福祉協議会，2015年，pp.286-287
16) 和田敏明・渋谷篤男編著，前掲書，資料編，p.290
17) 渋谷篤男「個別支援と地域支援の融合」『概説 社会福祉協議会』全国社会福祉協議会，2015 年，pp.166-178
18) 加納恵子「コミュニティワークの主体のとらえ方」高森敬久・高田眞治・加納恵子・平野隆之『地域福祉援助技術論』相川書房，2003 年，pp.81-83
19) 森本佳樹「地域福祉実践とは何か」牧里毎治・杉岡直人・森本佳樹編『ビギナーズ地域福祉』有斐閣，2013 年，p.185
20) この4つのプロセスの前に，「活動主体の組織化」を加えた永田幹夫（『改訂 地域福祉論』全国社会福祉協議会，1995 年）の CO モデルは，社協実践やその説明によく用いられる。プロセスの最初に活動主体の組織化を位置づけた点に永田 CO モデルの特徴があるが，活動の進め方によっては「地域アセスメント」の後に組織化がくることも多い。
21) R. Plant, *community and Ideology*, 1974. 中久郎・松本通晴訳『コミュニティの思想』世界思想社，1979 年，p.118
22) 熊田博喜「社会福祉協議会の〈経営〉の基本概念とその要点―社会福祉協議会の〈経営〉の史的変遷を中心に」古川孝順監修『社会福祉の理論と運営―社会福祉とは何か』筒井書房，2012 年，pp.169-170
23) 佐甲学「社会福祉協議会における地域福祉実践」井岡勉監修，牧里毎治・山本隆編『住民主体の地域福祉論―理論と実践』法律文化社，2008 年，p.205
24) 鈴木五郎「新しい社協経営の課題―中小企業としての経営」『地域福祉研究』28 号，日本生命済生会，2000 年
25) 田中尚輝「ボランタリーセクターと公共性」牧里毎治・岡本栄一・高森敬久編著『自発的社会福祉と地域福祉』ミネルヴァ書房，2012 年，p.34
26) 橋本宏子「中間媒介組織としての社会福祉協議会へ―研究の視角と方向性」橋本宏子・飯村史恵・井上匡子編著『社会福祉協議会の実態と展望―法学・社会福祉学の観点から』日本評論社，2015 年，p.1

第10章

地域包括ケアシステムと権利擁護

1節　地域福祉と地域包括ケア

(1) 地域包括ケアシステムの創出

　地域の生活・福祉課題への対応と解決を担う地域福祉の展開には，地域を基盤として幅広い住民の参加のもとに，保健・医療・福祉をはじめ，教育，雇用などの生活関連施策の充実，バリアフリー化の視点をもつ住宅政策，交通手段，地域計画が欠かせない。そこでは高齢者・障害者・児童といった縦割りの施策・サービスを横につなぎ，トータルな生活・福祉システム形成への組み換えを必要とし，公私の多様な主体，サービスや活動の連携化や協働化が要件となる。それゆえに地域福祉は，地域や福祉のあり方を変え，総合的な福祉の装置づくり，地域づくりにつながる内容をもつことになる。

　この地域福祉の中核に位置するのが，地域を基盤として，住み慣れた住まいや地域での生活を支えるサービス・支援を行う「地域（コミュニティ）ケア」（以後，「地域ケア」）である。わが国でも1960年代後半より，「地域ケア」という用語が，施設ケアに代わって，地域・家庭で暮らしを支える援助方法として注目を集めだす。1980年代には，この地域ケアを実現するための仕組みや条件を示す「地域ケアシステム」という概念が使用され始め，ノーマライゼーション理念のもとに，これまでの生活の継続や社会関係の維持，自立生活の実現を可能にする方法として，地域ケアが追求されてきた。

しかし,この10年ほどで地域ケアという用語に代わって,高齢者福祉・介護におけるケアの包括性や総合性を強調した,「地域包括ケアシステム」という語彙が多用されるようになった。その理由は明快といってよく,高齢化の進行,財政の逼迫や介護保険をめぐる財政的な困難を背景に,社会政策として打ち出した高齢者ケアシステムの名称が,地域包括ケアシステムであった。地域包括ケアシステムの構築は,団塊の世代全体が後期高齢者になる2025年に向けて,全市町村の実現すべき目標とされ,今や具体化と実践化の段階にある。新しい時代背景のなかで,政策的な概念として提起された地域ケアシステムの呼称といってよく,それは先進諸国が医療・保健・福祉・介護の増え続ける需要に対し,資源配分の仕組みとして地域包括ケアシステムを構想してきた事実とも符合する[1]。わが国における地域包括ケアシステムの政策的な登場と推移を振り返ると,次の通りである。

地域包括ケアシステムの概念は,2003年6月「2015年の高齢者介護」(高齢者介護研究会報告書)で提起された。同報告書の〈地域包括ケアシステムの確立〉という見出しの付いた文中では,「介護以外の問題にも対処しながら,介護サービスを提供するには,保健・福祉・医療の専門職やボランティアなど地域の様々な資源を統合した包括的なケア(地域包括ケア)が提供されることが必要」であるとし,ケアの領域間の連携,ボランティアを含む多様な主体との連携を提起した。本報告を踏まえて2006年の介護保険法改正により,地域包括支援センター,地域密着型サービスが創設されている。

その後,この概念は政策的な議論を経て展開される。2009年5月「地域包括ケア研究会報告書—今後の検討のための論点整理」(地域包括ケア研究会)では,「ニーズに応じた住宅が提供されることを基本とした上で,生活上の安全・安心・健康を確保するために,医療や介護のみならず,福祉サービスを含めた様々な生活支援サービスが日常生活の場(日常生活圏域)で適切に提供できるような地域での体制」と定義した。そこでいう日常生活圏域とは,具体的には30分でかけつけられる中学校区を基本とする。2012年に改正された介護

保険法では，地域包括ケアシステムの構築を最大の柱とし，保健・医療・福祉・住居の連携による体制整備を図るべく第5条3項に，国および地方公共団体に地域包括ケア推進の努力義務規定の条項を新設した。

地域包括ケアシステムの構築は，2013年8月「社会保障制度改革国民会議報告書」の公表により，介護保険制度の改革方向を超えて，社会保障制度の諸サービス部門を横断するナショナルポリシィとなり，医療および介護の改革理念として明示された[2]。また介護保険事業計画を，「地域包括ケア計画」と位置づけた取り組み，地域支援事業の再構築を提案している。2014年6月に成立した「医療・介護総合確保推進法」では，「〈地域包括ケアシステム〉とは，地域の実情に応じて，高齢者が，可能な限り，住み慣れた地域でその有する能力に応じ自立した日常生活を営むことができるよう，医療，介護，介護予防（要介護状態若しくは要支援状態となることの予防又は要介護状態若しくは要支援状態の軽減若しくは悪化の防止をいう），住まいおよび自立した日常生活の支援が包括的に確保される体制をいう」と定義されるに至った。2015年度には介護保険制度改正により，地域支援事業に住民主体による多様な生活支援サービスを位置づけ，その推進・拡充のために協議体や生活支援コーディネーターの設置も始まり，同制度の大きな転換となった。

(2) 「包括性」と地域福祉

近年，注目を集める地域包括ケアは，ケアを必要とする人に対する直接的・具体的な支援・援助であり，それを行う仕組みや環境を地域包括ケアシステムという。辞書的にいえば，「包括」という言葉は「一つに合わせしめくくること」（『広辞苑（第六版）』）を意味する用語である。地域包括ケアシステムの包括とは，何を包括するのかを次にみていきたい。

地域包括ケアシステムは，高齢者・介護の分野を出自とし，「高齢者で長期ケア（慢性期医療）を必要とし，〈日常生活〉の営みに支障がある人を対象」[3]に議論されることが多いが，それは障害者や児童の分野，生活困窮者や複合的

な福祉課題の解決に，適用可能なケアシステムでもある。とくに近年は，各分野の福祉対象を包括するだけでなく，分野別制度の壁を越えた横断的な包括的ケアシステム形成が求められている。地域を基盤とした総合相談，ニーズ発見システム，災害時要援護者対策，権利擁護，虐待防止等は，あらゆる分野や対象に必要な共通項である。介護保険時代以前にも，先進的な病院や自治体等によって保健，医療，福祉を連携させる取り組みが行われ，地域トータルケアシステム，包括的地域ケアシステムなどと呼ばれたが，もともと地域を基盤とした地域ケアには，必要に応じて多様なサービス・支援を提供する包括性が欠かせない要件であった。

地域包括ケアの推進には，フォーマル・インフォーマルの多様な主体によるサービス・支援が必要となる。それらが力を発揮するには，ケアの推進主体間の連携や協働につながるような包括性が欠かせない。それを3つの軸で区分すると，第1に福祉・保健・医療のサービス・支援の実施や多職種連携を中心に，関連分野との協働が求められる。第2に地域住民，ボランティア，民生委員など多様なインフォーマルな主体が地域で協働したり，ネットワークを組んでニーズ発見，支援やサービスを実施する。第3に，第1のフォーマルな主体と第2のインフォーマルな主体間をリンクし，ネットワークやケアマネジメントにより適切なサービス・支援につなげる。このようにケアの推進には，サービス・支援，連携・協働を担う多様な主体を包括することが要件となる。

国は地域包括ケアシステムの構成要素として，「介護」「医療」「予防」「生活支援」「住まい」の5つを対応すべき分野として特定し，それらが互いに連携しながら在宅生活を支えると説明する[4]。このケアシステムが掲げる目標の実現には，幅の広い施策・サービス・活動の包括的展開に加えて，専門職員による個々のケアを必要とする人への支援や援助を行う「個別支援」，地域や住民の参加を支援する「地域支援」がともに必要であり，それらが連動して融合し，乖離することなく，総合的な取り組みが求められる。

地域福祉と地域包括ケアシステムは，森本佳樹もいうように，多くの部分で

重なってみえる[5]。とはいえ，地域包括ケアシステムの眼目は，ケアの仕組みづくりとサービス・支援にあり，個別支援に焦点化されがちでもある。コミュニティケア（地域ケア）という言葉には，本質的に地域組織化を内包せず，在宅サービスシステムと地域組織化の乖離，個別支援と地域支援の分断化傾向は止まらない状況といわれる[6]。いわゆる地域福祉は，要支援者への支援・援助のみでなく，すべての地域住民の生活の場であるコミュニティの形成化を指向する。それは地域包括ケア（システム）よりも，地域の生活・福祉課題を広く対象として捉え，住民の参加支援等の地域組織化を，必須要件とする点に特徴がある。

　国が積極的に推進する地域包括ケアシステムには，介護保険の財政抑制策であるという批判も根強い。ケアシステムを構成する住民参加やNPO等の地域資源の動員にしても，多くの地域における実態との乖離は否めず，公的な責任の住民・地域への転嫁ともみえるし，さらに自治体，福祉，介護，医療，地域との連携・協働の成否にしても不透明である。ここに現実の福祉政策や制度には，多くの問題や課題を抱えているが，地域包括ケアシステムのもつ可能性や意義は大きい。それが住み慣れた地域・住まいで，暮らし続けることを目標として掲げ，介護，医療と並んで，住宅，生活支援などのシステム化を打ち出したのも画期的であった[7]。今後も，制度の改変が繰り返されるなかで，地域の実態を直視した取り組みを進め，地域包括ケアシステムが適切に機能するための努力を続けていくことになる。

2節　地域ケアのための技法

(1) 支援と資源のネットワーク

　高齢者の地域ケアでは，ホームヘルプ・配食・入浴・リハビリ・看護サービスなど，固有機能をもつサービスが個別的に利用者に提供されるが，制度的なサービスや支援で担うことのできないニーズや部分も多く，近隣住民やボランティアによる支援や協力を不可欠としている。地域ケアの実践と推進にとっ

て，フォーマル（制度に基づく機関，専門職による支援・サービス），インフォーマル（身内や隣人・知人，ボランティアによる支援・サポート）な資源の連携・協働，それらをつなぐネットワークづくり（networking）は，必須の技法になる。この技法とも密接に関連するのが，サービス利用者の自立生活支援を行うケアマネジメントである。それらの技法は働きかける直接の対象が社会資源か，サービス利用者かという違いもあるが，ともに自立支援のための社会資源の活用に深く関わっている。

　ネットワーク（network）もしくはネットワーキングは，参加者の自発性，ゆるやかな横のつながり，ある目標や意義に向けた一時的な協働作業，参加者の個性や差異の尊重といった含意をもつ言葉である。それは組織や団体を超えて人々をつなぎ，社会資源の力を引き出して活用する技法である。それは多様なサービス機関やサービスをつなぐだけでなく，近隣住民などのインフォーマル部門を含めた調整や協働化をすすめ，要援助者の自立生活や社会参加への支援，地域ケアシステムを支える機能が期待されている。

　いわゆる地域ケアの実践には，支援や資源のネットワークが不可欠である。それは通常，①「地域レベル」と，②「個人レベル」のネットワークに分類できる[8]。①地域レベルのネットワークは，一定地域を範囲に公私の多様な専門機関や関係者が，相互の連携や調整を図るためにつくられる。これは市町村の段階と，それよりも狭い行政区もしくは旧町村程度の段階，さらに狭い小地域の段階に区分できる。またサービスや支援を必要とする個人ごとに組まれる。②個人レベルのネットワークは，専門機関による「フォーマルネットワーク」，家族や近隣，友人などによる「インフォーマルネットワーク」に区分できる。フォーマルネットワークを構成するのは，ソーシャルワーカー，保健師，医師，看護師，ホームヘルパーなどの専門職員であり，インフォーマルネットワークは家族や近隣，友人やボランティアなどの非職業的な主体を構成員とする。地域での継続的な自立生活支援では，この２つのセクターの担い手が相互に協力しながら，ネットワーク実践を展開することも多く，そこではキーパー

ソンの明確化が重要になる。

　もともと地域ケアでは，保健・医療・福祉等の複数領域にまたがるニーズをもつ人々が多く，フォーマル部門による迅速なサービス提供や多職種連携，インフォーマル部門との連携・協働が重視されてきた。ネットワーク実践で注目される「ソーシャルサポートネットワーク」は，援助や支援を必要とする高齢者などに，フォーマルサービスとインフォーマルサポートを有機的につなぎ，柔軟に自立生活を支援する実践や方法をいう。これらネットワークづくりの実践では，要援助者を中心にした利用者本位，エンパワメントにつなげる取り組み，地域組織化とつなぐ視点が大切になる。ネットワークのもつ機能も，生活支援に有効なだけでなく，関係機関や団体の関係づくり，相互の理解や連携力の強化，地域での各々の守備範囲や解決すべき福祉課題の明確化が望まれる。

(2) 利用者主体のケアマネジメント

　地域ケアを求める人々のニーズは，複雑で複合的であることが多い。複合的ニーズの充足には，いくつもの種類のサービスや支援を必要とし，ホームヘルプ・配食・入浴・リハビリ・看護サービス等の固有機能をもつサービス提供が欠かせない。保健・医療・福祉等の社会資源に，家族や近隣等のインフォーマル活動を組み合わせ，もっとも適切な支援やサービスを提供する手法がケアマネジメント（care management）である。それは地域の多様な社会資源を活用し，いわばパッケージ化して継続的に援助する方法といってよい。

　日本社会でも1980年代半ばには，カナダやアメリカで使用されていたケースマネジメント（case management）という用語が登場するが，やがてイギリスのコミュニティケアで用いられる，ケアマネジメントに置き換えられていく。その契機となったのは，高齢者介護・自立支援システム研究会報告書「新たな高齢者介護システムの構築を目指して」（1994年12月）である[9]。そこではケアマネジメントという新概念を提起し，それが介護保険にも採用され，その担い手であるケアマネジャーという用語とともに，急速に普及していった。

この介護保険制度におけるケアマネジャーは、医療サービスを含めない予防給付や介護給付のマネジメント業務を行う者と規定されている[10]。それは要介護認定を前提として、受給限度の範囲内における調整を行う機能しか担えず、純粋に本人の自己決定支援を行うことは困難である[11]。

ケアマネジメントの第一人者である白澤政和によると、ケアマネジメントは「利用者の社会生活上でのニーズを充足させるため、利用者と適切な社会資源とを結びつける手続きの総体」と定義され、それを構成する基本的要素として、1）ケアマネジメントを必要とする〈利用者〉、2）利用者のニーズを充足する〈社会資源〉、3）ケアマネジメントを実施する機関に配置されている〈ケアマネジャー〉、4）ケアマネジメントを実施していく〈過程〉を挙げる[12]。ケアマネジメントの過程は、①入り口、②アセスメント、③ケース目標の設定とケアプランの作成、④ケアプランの実施、⑤利用者及びケア提供状況についての監視及びフォローアップ、⑥再アセスメント、⑦終結、以上の7段階に区分し、この一連のプロセスを通して、利用者の自立や生活の質を高める支援が目指されるという。

このケアマネジメントの仕事を担うケアマネジャーには、その力量や資質の重要性を強調されることが多い。ケアマネジャーが果たすべき機能として、①支援機能（アドボカシー）、②調整機能（コーディネーション）、③監視機能（モニタリング）の3つがあり、その役割の遂行には「全人的な評価」と「連携形成の能力」が不可欠である[13]。また太田貞司によると、ケアマネジャーには3つの能力、①ニーズアセスメントを適切に行える能力、②家族介護力を適切に把握してそれを引き出せる能力、そして③地域の活用できる資源を適切に把握してそれを引き出せる能力が必要になる[14]。これらの役割を適切に遂行するには、ケアマネジャーの力量を高め、多様な福祉資源の把握・活用の能力だけでなく、自己決定の支援を可能にする制度的な環境条件が重要になる。

わが国におけるケアマネジメントは、地域包括支援センターや居宅介護支援

事業者など，介護保険中心の印象を受けるが，それよりも実際は遙かに広く，福祉サービスや支援を行う機関や施設で実施されている。ケアマネジメントでは，利用者の自己決定を尊重することが原則である。それゆえに利用者が中心になって，アセスメントやケアプランを作成し，それを側面から支援していくケアマネジャーのあり方が理念として強調されてきたし，それを担うケアマネジャーの資質向上が課題といわれ続けてきた。しかし現実には，本人のニーズに的確に対応するよりも，家族の意向やケアマネジャーの所属する事業所の観点から行われている，との批判が今も後を絶たない[15]。ケアマネジメントにおいて自己決定を尊重していくには，多くの解決すべき課題を抱えているが，その問題を考え直すときに，「最も重要なことは，〈ケアマネジメントは誰のために実践されるべきか〉という問いかけ」[16]に立ち返ること，それが基本であるにちがいない。

3節　権利擁護のための方策

(1) 福祉サービスの適切な利用

わが国でも福祉オンブズマンの活動は，1990年の東京都中野区「福祉オンブズマン制度」を皮切りに，各地で地方自治体や民間団体，施設による取り組みが広がっていった。市民の権利や利益を擁護する第三者機関のことをオンブズマン（オンブズパーソン），福祉分野のものを福祉オンブズマンと呼ぶ。地域で展開されている福祉オンブズマンも，「行政型」「施設単独型」「地域ネットワーク型」「市民運動型」の4つに類型化できる[17]。これからも市民の立場や視点から，市民の代弁者として，その意義を草の根的に高める活動の展開が望まれるが，その一方で社会福祉の法制度にも，福祉オンブズマン活動が形を変えて採り入れられている。

周知のように，サービス利用者の権利擁護が，社会福祉基礎構造改革の柱のひとつとして注目を集め，法制度としても苦情解決や第三者評価の仕組みが誕生した。2000年の介護保険制度の導入や社会福祉法の施行，2003年度からの

支援費制度により，福祉サービスも措置制度から契約（利用）制度へと移行した。個人の尊厳と自立支援という理念のもとに，利用者が自からの選択によってサービス利用を決めるシステムとなり，サービス利用者の自己責任のもとに，その的確な判断と決定が求めらることになった。福祉サービスを必要とする人のなかには，的確な判断を行うことが困難な人も多い。そこで新たに利用者保護のための方策として，本人に不利益が生じないように，権利の行使や援護のための権利擁護システムが整えられている。

　社会福祉法では，権利擁護という用語を用いず，同法第1条（目的）は，「福祉サービスの利用者の利益の保護」という文言を使用している[18]。同法の第8章「福祉サービスの適切な利用」をみると，1節「情報の提供等」では，適切な福祉サービスの選択に必要な「情報の提供」（第75条）を規定し，社会福祉事業経営者，国及び地方公共団体に情報提供に関しての義務を課した。また介護保険実施に先だって，「地域福祉権利擁護事業」（2007年度より「日常生活自立支援事業」に名称変更）を創設したほか，立場や交渉力も弱いサービス利用者からの不満や要望などの苦情を受け止めて，サービスの改善につなげる「苦情解決の仕組み」を導入した。ここでいう苦情のなかには，個人の嗜好や好みに属するようなものから，ケアの内容に関すること，さらに虐待といった深刻な人権侵害に及ぶものまでが想定されている。これら苦情に対する事業者の積極的な取り組みは，事業者に対する利用者の信頼を高めたり，利用者の意向を反映したサービス，さらにサービスの質の向上にもつながる。なお社会福祉法第82条には，「社会福祉事業の経営者は，常に，その提供する福祉サービスについて，利用者等からの苦情の適切な解決に努めなければならない」として努力義務を課しているが，この制度で対応するのは，あくまでも利用者とサービス提供事業者との間に起こった苦情に限定される。

　この事業者による苦情解決には，2000年6月7日付の局長通知による指針が示されている。そこでは苦情解決の体制を整えるために，①施設長，理事等を苦情解決責任者とし，②職員のなかから苦情受付担当者を任命するととも

に, ③外部から複数の第三者委員の設置を定めている。また苦情解決の手順としては, ①利用者への周知, ②苦情の受付, ③苦情受付の報告・確認, ④苦情解決に向けての話し合い, ⑤苦情解決の記録及び報告, ⑥解決結果の公表, 以上6つに分けて整理している。

　この利用者と事業者との間で解決が難しい場合に備えて, 都道府県社協には公正・中立な第三者機関として, 運営適正化委員会（社会福祉法第83-87条）を設置している。この委員会では, 利用者などからの苦情に関して, 事業者への助言や勧告などによる適切な問題の解決が目指されるが, 次にみる福祉サービスの利用援助事業（日常生活自立支援事業）に関しても, その適正な運営の確保を目的とした事業を行うことになっている。なお, 福祉サービスの質の向上のために社会福祉法第78条では, 社会福祉事業の経営者に自己評価等の義務を課すとともに, 国には福祉サービスの質を外部から評価する, 「第三者評価」機関の育成等の措置をとることを規定している。

(2) 日常生活自立支援事業の取り組み

　わが国で判断能力が不十分な人々に対する権利擁護の制度には, 成年後見制度と日常生活自立支援事業がある。判断能力が不十分な成年者を保護する法律である民法の「成年後見制度」は, 本人に代わって, 保護する人（成年後見人, 保佐人, 補助人）が, 本人の権利や財産を守る制度である。この民法を補完する仕組みとして制度化されたのが, 国の要綱に基づく日常生活自立支援事業である。これはあくまでも判断は本人がするが, その選択や決定を側面から支援するものであり, 事業名称も示すように日常生活に必要な支援が行われる。社会福祉法の第2条3項12号「福祉サービス利用援助事業」（第2種社会福祉事業）に位置づけ, さらに同法第81条では, この事業が各都道府県の区域内で, あまねく実施されていくように都道府県社協に, 必要な事業を行う義務を課している。そこでは都道府県社協および指定都市社協が事業の実施主体となり, 実際の相談やサービス提供は, 市区町村社協（基幹型社協）に委託し

て実施する体制がとられている。

　2013年11月末現在、日常生活自立支援事業の基幹型社協数も1,107カ所に増加し、実利用者数4万2,893件、常勤で同事業の運営にあたる専門員の数は1,986人、非常勤職の生活支援員の数は1万4,043人に達している[19]。この事業を利用しようとする人は、委託された社協等と利用契約を結ぶことが必要であり、それに基づいて社協に雇用される「専門員」と「生活支援員」が、具体的な援助を行うことになる。専門員は利用希望者の相談に対応し、契約締結のための調査や支援計画の作成、生活支援員の派遣や管理に関する業務、機関や地域との調整を行う。一方、契約の締結後に派遣される生活支援員は、支援計画に基づいて、定期的に援助を行うことになる。事業の担い手である専門員には、社協ソーシャルワーカーとしてのすぐれた力量が必要になるし、生活支援員にもふさわしい人を確保することが欠かせない。本事業の実利用者数も、右肩上がりに増加を続けているが、10年が経過して最大の問題点は受け皿の充実にあるとし、人に対する人による支援には人件費等が欠かせず、自治体担当者の理解と予算措置が課題となっている[20]。

　　対象：判断能力が不十分な認知症高齢者や知的障害者、精神障害者などを広く対象とし、この事業の利用契約を締結する能力を有すること。居宅生活者だけでなく、施設入所者や入院患者も対象に含まれる。
　　内容：①福祉サービスの利用援助、②日常的な金銭管理、③書類等預かり、④日常生活上の手続き援助、その他福祉サービス利用に必要な一連の援助、定期的な訪問による生活変化の察知。

　社会福祉法第80条が明記するように、利用者の意向を十分に尊重し、利用者の立場に立った公正かつ適切な支援が求められる。ことばを替えていえば、それは利用者主体、住民主体の支援を的確に行うことにほかならない。日常生活自立支援事業は、この本人の自己決定を最大限に尊重し、地域生活を支え、権利侵害を予防する重要な機能を担っている。この事業には社協事業との関連づけの強化をはじめ、個別事例への支援を通して、社協による相談・支援機能

の拡充，地域の福祉資源やシステムの充実化，関連機関や福祉施設とのネットワーク化，住民活動とも積極的に連携・協働し，地域の福祉力を引き出して高めていくような事業展開が期待されている。

4節　地域ケアとその主体

(1) 多元的なサービス供給主体

　サービス供給組織の多様化や民間委託化のなかで，福祉サービスの多元的供給主体に理論的な研究をしてきたのが，三浦文夫や京極高宣等である。三浦文夫は福祉供給組織を，Ⅰ公共的福祉供給システム（①行政型，②認可型），Ⅱ非公共的福祉供給システム（③市場型，④参加型〈自発型〉）を理念型として分類した[21]。また京極高宣も，(1)公共的（法定的な）福祉供給システム，(2)自発的（非営利の）福祉供給システム，(3)市場的（営利的な）福祉供給システムに類型化している[22]。三浦と京極の類型化には，共通する点が多く，大雑把に言えば，三浦のⅠは京極の(1)に，また三浦のⅡの③は京極の(3)に，さらに三浦のⅡの④は京極の(2)にそれぞれ対応している。そこには各類型の名称と，「公共的システム」をさらに区分するか否か，という違いを除くと，それ以外の類型は両者ともに，「自発的システム」と「市場的システム」を加えた分類にしている。このように三浦と京極は，1980年代以降のサービス供給主体の多様化を整理している。

　その後も福祉サービス供給主体の多元化は，市場原理の積極的導入，規制緩和による民営化や民間委託と併行する形で進行した。特に1990年代末からのNPO法制定や社会福祉法の成立，介護保険や支援費制度の実施により，福祉企業やNPO法人によるサービス事業への参入が飛躍的に増大していった。この営利と非営利の民間事業者の大規模な参入による，サービス供給主体の多元化のもとで，地域ケアを支える福祉サービス・資源が拡大を続けることになる。また地域住民が社会福祉法上も，地域福祉推進の主体に規定され，行政や制度的なサービスと協働して，ともに地域でケアを支え，福祉コミュニティを

つくる重要な担い手に置き換えられている。そこでは福祉行政の役割も様変わりして,サービス提供組織から大きく後退していくことになる。

社会福祉法の時代に入ると,古川孝順は経営主体別に,①公設公営セクター,②認可団体セクター,③行政関与セクター,④市民組織セクター,⑤インフォーマルセクター,⑥民間営利セクター,という6つに類型化している[23]。これら三浦,京極,古川といった3氏の主体分類をみると,第1に行政もしくは公共的な部門があり,それをいくつに分けるか,第2にボランタリー部門と近隣や家族などのインフォーマル部門を区分するか否か,という2つの点で違いが生じ,それに市場(営利)部門を加えるという点では共通している。ここに3氏の主体分類からは,行政部門,ボランタリー部門,市場部門の3部門が共通項であり,それにインフォーマル部門を加えるならば,4部門という主体構成になる。それに国や地方公共団体などの行政と,社協,福祉公社,施設経営法人など,法定化されたり行政認可型や関与型を加えた準公的な組織の分類になると,そこで整理や議論が分かれる構図となっている。

(2) 地域ケアと「自助・共助・公助」

地域福祉や地域ケアを誰がどう担うかについて,共通した主体枠組があるわけではない。「自助・共助・公助」という連語は,各地の地域福祉計画にも多用され,公共的な課題解決の主体や役割分担を示す枠組みとして,単純明快でわかりよく,地域福祉の推進や地方自治,防災分野でも広く用いられる。この連語は,ヨーロッパを超えて日本社会でも広く支持される「補完性の原則」(principle of subsidiary)に対応し,人々の自己努力(自助),人々の共同・協同(共助),行政の施策・サービス(公助)を組み合わせた課題解決の構想を示しているが,この3者を並列的に捉えるところに本枠組みの大きな特徴がある[24]。この特徴に加えて実際には,共助拡大への政策的意図が強く作用し,「政策の側がこの言葉を使うと,結果として個人の自助と地域の助け合いが強要され,公的責任を解除することに繋がるのではないか」[25]といった懸念を抱

かせることも多い。

　上記の連語とともに地域でよく使われるのが，介護保険や地域包括ケアシステムの議論で用いられる「自助・互助・共助・公助」という概念枠組みである[26]。そこでは「自助」を自助努力と捉える点での違いはないが，社会保険の淵源を相互扶助と捉えて，社会保険や介護サービスを「共助」と解釈し，地域でのケアに欠かせない家族・地域の支援を「互助」と呼んでいる。この用語の使い方は，地域福祉の推進等で多用される「自助・共助・公助」の枠組みや概念と同一ではなく，地域ケアをめぐる議論にも誤解や混乱が散見される。

　「地域包括ケア研究会報告―地域包括ケアシステムの構築における今後の検討のための論点」(2013年3月)では，「自助・互助・共助・公助」の枠組みに従って，多様な支援の提供を「誰の費用負担者で」行うのかという視点から，公助は税による負担，共助は被保険者の負担，自助は自らの負担，互助は自発的なものと整理し，四者相互の重なりにも言及している。また同報告書では，この4者は時代とともにその範囲や役割が変化し，自助・互助の果たす役割も，都市部とそれ以外の地域では異なる点に着目し，各地域では自助・互助のもつ意味の変化に合わせた，共助・公助の範囲やあり方の再検討が重要になるという。さらに少子高齢化や財政状況を考えれば，共助・公助の大幅な拡充は難しく，自助・互助の役割が大きくなることを意識した取り組みを，各主体に求めている。

　最近では，誰もが自分らしく，地域生活を営むことができるケアシステムを求めて，住民参加のもとにケアの資源・サービスの総合的な整備，連携化によって適切な支援やサービス提供が目指されている。しかし現実には，「いつでも，どこでも，だれでも」必要に応じて24時間，365日サービスを利用した生活は難しく，病院もしくは施設が最後の受け皿といってよく，自宅を終の住みかにするということは夢に近い。行政や住民がともに，どのような福祉やケアの姿を求め，どのような役割をそれぞれが具体的にどう担い，サービス資源やシステムを構築し，それを住民活動とどうつなげていくのか，といったビ

ジョンを公私の合意のもとに描いていくことが，地域ケア推進の要にちがいない。そこでは市町村がどうイニシアチブをとり，行政責任を果たしていくか，住民も生活主体として何を担い，どう地域や福祉と関わるかが問われている。

かつての家族扶養を核として，地縁・血縁による相互扶助の延長線上では，高齢者介護や子育て支援も，解決不能な問題群のひとつとなった。そこに今や，誰もが〈福祉の装置と支援〉を必要とする時代を迎え，その解決のための方策として登場したのが，地域ケアシステムを核とした地域福祉である。この新しい福祉の仕組みには，ケアシステムの構築にとどまらず，地域や行政のシステムを変革し，住民が支える共助や福祉コミュニティの形成が不可避の課題となる。それは単に福祉領域にとどまらず，人と人，地域と人，行政と住民との関係を変え，地域社会システム全体の再編につながる契機を内包している。

注
1) 筒井孝子『地域包括ケアシステム構築のためのマネジメント戦略』中央法規出版，2014年，p.31
2) 高橋紘士「地域連携と地域包括ケア」高橋紘士・武藤正樹共編『地域連携論―医療・看護・介護・福祉の協働と包括的支援』オーム社，2013年，pp.vi-vii
3) 太田貞司「地域社会を支える〈地域包括ケアシステム〉」太田貞司・森本佳樹編著『地域包括ケアシステム―その考え方と課題』光生館，2011年，p.6
4)「地域包括ケア研究会報告書」（2013年3月）では，それをより詳しく「介護・リハビリテーション」「医療・看護」「保健・予防」「福祉・生活支援」「住まいと住まい方」と表記し，従来，並列関係で理解されてきた地域包括ケアシステムを，「介護」「医療」「予防」という専門的サービス，その前提としての「住まい」と「生活支援・福祉サービス」の整備として解説している。さらに，この5つの構成要素以外に，重要な要素として「本人と家族の選択と心構え」を加えた関係図を提示している。
5) 森本佳樹「地域福祉と〈地域包括ケア〉」太田貞司・森本佳樹編著『地域包括ケアシステム―その考え方と課題』光生館，2011年
6) 川島ゆり子『地域を基盤としたソーシャルワークの展開―コミュニティケアネットワーク構築の実践』ミネルヴァ書房，2011年，第2章

7) 宮本太郎「地域社会をいかに支えるか」同編著『地域包括ケアと生活保障の再編―新しい〈支え合い〉システムを創る』明石書店，2014年，pp.34-35
8) ネットワークの分類も多様である。たとえば牧里毎治（「高齢者をめぐるソーシャルサポート・ネットワーク」沢田清方・上野谷加代子編『日本の在宅ケア』中央法規出版，1993年，pp.239-245）は，高齢者福祉との関連で援助ネットワークのサイズにより，ミクロ・メゾ・マクロの3つに分けている。
9) この報告書では，新介護システムの基本理念に「高齢者の自立支援」を打ち出し，その基本的な考え方として，①予防とリハビリテーションの重視，②高齢者自身による選択，③在宅ケアの推進，④利用者本位のサービス提供，⑤社会連帯による支え合い，⑥介護基盤の整備，⑦重層的で効率的なシステムを提示し，④では「ケアマネジメント」，⑤では「介護保険」創設を提言した。
10) 筒井孝子，前掲書，pp.64-65
11) 平田厚『権利擁護と福祉実践活動―概念と制度を問い直す』明石書店，2012年，pp.187-188
12) 白澤政和「ケアマネジャーの概要」新版・社会福祉学習双書編集委員会編『ケアマネジメント』全国社会福祉協議会，2002年。ケアマネジャーの定義・要素・プロセスは，1990年代に広く使われた白澤政和『ケースマネージメントの理論』（中央法規出版，1992年）と比較しても，名称でケースマネジメントがケアマネジメントに，対象者が利用者に，計画がプランに変更されているのを除くと同一内容となっている。
13) 厚生省編『厚生白書 平成9年版』厚生問題研究会，1997年，p.121
14) 太田貞司『地域ケアシステム』有斐閣，2003年，pp.197-198
15) 新藤宗幸・阿部斉『概説日本の地方自治〈第2版〉』東京大学出版会，2006年，p.154
16) 渡部律子「ケアマネジメントと利用者の自己決定」古川孝順・副田あけみ・秋本美世編著『現代社会福祉の争点〈下〉』中央法規出版，2003年，p.82
17) 髙橋五江「福祉オンブズマン研究の目的と意義」『福祉"オンブズマン"―新しい時代の権利擁護』中央法規出版，2000年，pp.13-14
18) 平田厚，前掲書（pp.18-29）では，権利擁護ではなく，利益保護が使われた理由を，権利擁護という概念が社会的コンセンサスを得ていないために避けられたと推測している。そして今も，意味が安定していない権利擁護の概念を，早急に確立する作業が必要であるという。
19) 厚生労働統計協会編『国民の福祉と介護の動向 2014/2015』厚生労働統計協会，2014年，p.226
20) 平田厚，前掲書，p.68

21) 三浦文夫『〈増補改訂〉社会福祉政策研究―福祉政策と福祉改革』全国社会福祉協議会，1995年，pp.114-118
22) 京極高宣『社会福祉学とは何か』全国社会福祉協議会，1995年，pp.52-56
23) 古川孝順「社会福祉事業範疇の再構成」古川孝順・秋本美世，副田あけみ編著『現代社会福祉の争点〈上〉』中央法規出版，2003年，pp.45-47
24)「自助・共助・公助」の枠組みは，検討すべき問題点や隘路を内在している。家族は自助や共助いずれの主体としても捉えられる可変性を有し，二分法的な区分はなじまない。また自助と共助は対置されることの多い概念だが，両者は多分に未分化であり，自助の延長や自助努力の一環として共助を考えると，自助・共助・公助の3概念を並列的に捉えることは難しい。詳細は拙稿「地域福祉の推進と共助の拡充」(立正大学社会福祉学部紀要『人間の福祉』第28号，2014年)を参照してほしい。
25) 河合克義「おわりに」同編著『福祉論研究の地平―論点と再構築』法律文化社，2012年，p.235
26) 例えば，池田省三（『介護保険論―福祉の解体と再生』中央法規出版，2011年，pp.43-59)，高橋紘士（「地域包括ケアにおける自助・互助・共助・公助の関係」西村周三監修『地域包括ケアシステム』慶應義塾大学出版会，2013年，pp.97-108)，森本佳樹（「〈3.11〉以降の地域福祉」坂田周一監修『新・コミュニティ福祉学入門』有斐閣，2013年，pp.224-225)。

第11章

市町村「地域福祉」の計画

1節 「地域福祉計画」の系譜

(1)「地域福祉」計画の沿革

　現代の日本社会では，生活全般にわたって計画化の趨勢を強めているが，地域福祉を推進する方策としても〈計画〉が大きな注目を集めている。市町村における福祉分野の計画が法律や政策として，本格的に採用されだすのは1990年代以後のことである。それは1993年の老人保健福祉計画を皮切りとして，市町村行政によって児童や障害者の計画，介護保険事業計画などが策定されてきた。そして多くの市町村社協も，市町村を範域とする地域福祉活動計画を策定する経験を積んできている。ここでは最初に，戦後わが国の「地域福祉」計画の沿革をみていくが，それは大きく市町村の社協と行政を策定主体とする，2つの計画の系譜を辿ることを意味する。

　社協による地域福祉の計画化の歴史は長い。わが国で最初に「地域福祉計画」という名称を掲げ，計画策定に取り組んだのは社協である。社協はその設立当初より，コミュニティ・オーガニゼーション（CO）理論の影響を受けていたが，とくに1959年からの保健福祉地区組織活動では，ニーズ・資源調整説よりも，インターグループワーク説や組織化説の影響を強く受け，プロセスを重視したCO実践を展開して，地域福祉計画の策定・実施・評価のための方法論の確立を試みている[1]。それらの理論的・実践的な蓄積をふまえ，住民主

体の原則を掲げた「社会福祉協議会基本要項」(1962年) では，社協の基本機能のひとつに地域福祉計画の策定を位置づけている。その後，中央社会福祉審議会答申「コミュニティ形成と社会福祉」(1971年) でも，市町村社協による地域福祉計画策定への取り組みを求め，その活動の範域も市町村の区域だけでなく，〈校区〉や〈連合区〉などの小地域活動に注目している。

しかし，社協による計画化の動きが本格化するのは，1980年代に入ってからであり，1983年の市町村社協の法制化を契機にようやく弾みがつくことになる。1982年には法制化の実現と社協基盤の確立を目指して，市区町村社協が発展計画を策定する際の指標と水準を示した『社協基盤強化の指針』を定めたが，それに続いて計画づくりの手引き書として，『地域福祉計画――理論と方法』(1984年) を刊行している。福祉関係八法の改正を経て，改定された「新・社会福祉協議会基本要項」(1992年4月) でも，社協の7つの機能の5番目に「計画策定，提言・改善運動機能」を，また市区町村社協の事業の1番目に，「福祉課題の把握，地域福祉活動計画の策定，提言・改善運動の実施」をそれぞれ掲げている。

こうした市町村社協による地域福祉の計画は，コミュニティ・オーガニゼーションの系譜に属し，多様な公私の福祉関連領域とも連携して，地域福祉の推進に取り組む，住民・民間サイドの活動計画としての性格をもつものであった。1992年11月に全社協は，『地域福祉活動計画策定の手引』を策定し，さらに2003年11月には，社会福祉法に規定された地域福祉計画が同年4月より施行され，市町村の行政計画に位置づけられるという新たな状況に対応して，全社協・地域福祉部は，『地域福祉活動計画策定指針――地域福祉計画策定推進と地域福祉活動計画』(以後，「活動計画策定指針」という) をまとめている。

一方，地方自治体を策定主体とする地域福祉計画が法定化されるに至るあゆみを辿ると，1969年に「地方自治法」の一部が改正され，市町村に地域社会計画の理念を示す「基本構想」の義務化に伴って，社会福祉の計画行政が地方自治体でも進展することになる[2]。しかし，この当時は社会福祉行政も機関委

任事務の時代であったため，1971年にスタートする「社会福祉施設緊急整備5か年計画」も，従来の国主導による施設福祉計画を打ち出していたし，中央社会福祉審議会「コミュニティ形成と社会福祉」でも，地域福祉計画を策定する主体を社協と考えているなど，市町村行政が福祉施策として地域福祉計画を策定する時代ではなかった。それでも1970年代後半になると，都道府県レベルの社会福祉計画も作られていくが，行政による地域福祉計画への注目が本格的に始まるのは，福祉改革が進展する1980年代後半以降である。1989年7月には，東京都地域福祉推進計画等検討委員会報告「東京都における地域福祉推進計画の基本的あり方について」が出され，新しい福祉システムの構築には，都の策定する「地域福祉推進計画」，各区市町村が策定する「区市町村地域福祉計画」，住民による「地域福祉活動計画」という，〈三相〉の計画による地域福祉推進の考え方を示した[3]。

1990年代には先にもみたように，市町村において高齢・障害・児童といった部門別福祉計画の策定が進展していくが，それに先立って1986年12月「地方公共団体の執行機関が国の機関として行う事務の整理及び合理化に関する法律」，1990年6月「老人福祉法等の一部改正する法律」という2つの法律により，わが国の福祉行政も機関委任事務から団体事務へと切り換え，市町村の役割を高めていった。また1990年改正の社会福祉事業法第3条では，その基本理念を明らかにし，地域福祉を基調とする社会福祉のあり方を示すなかで，社会福祉事業の「計画的な実施」の必要性を明記している。1990年の老人保健福祉計画，1993年の障害者計画の法定化に続いて，厚生省は1995年に市町村児童育成計画の策定を通達した。

2000年の社会福祉事業法改正に向けた動きのなかで，「社会福祉基礎構造改革について」（中間まとめ，1998年6月）では，その「改革の具体的内容」の「3 地域福祉の確立」の最初に，「地域福祉計画」の導入を提案し，社会福祉法では法の目的のひとつに地域福祉の推進を掲げ，その方策として地域福祉計画を法定化している。ここに地域福祉の計画的推進は，現実的な行政課題としても

浮上してきた。地域福祉計画の法定化の後にも，2003年7月の児童福祉法改正により，待機児童がいる市町村には「保育計画」策定を義務づけたし，2005年に障害福祉計画の法定化，市町村障害者計画も2007年度から義務化されていったのである。

行政と社協による「地域福祉」計画の小史をみてきた。2000年の社会福祉法では，「地域福祉の推進」を法の目的および基本理念のひとつに位置づけ，地域福祉を基軸とする社会福祉への方向転換が行われた。「地方分権一括法」(1999年) も成立し，2000年4月より介護保険と同時に施行されるなど，機関委任事務も廃止されて分権型社会の到来を迎えている。市町村を基盤とした地域福祉の構築には，地域住民の参加とともに，体系的で総合的かつ継続的な対応を必要とする。そのための方策や手法として注目されているのが，地域福祉の計画的推進であり，その中心に位置するのが市町村地域福祉計画である。

(2)「地域福祉」計画の類型

一般論としていえば，地域福祉の計画は，住民の日常生活上の困難を解決・予防する福祉のための計画であるだけでなく，地域社会レベルで策定される地域計画でもあるし，それは社会の望ましい状態を，合理的かつ計画的に実現しようとする社会計画のひとつでもある。この計画の意義を問うならば，多様な公私の主体による参加と協働のもとに，各地において地域福祉を進展させ，地域のケアシステムを充実し，福祉コミュニティを形成することにある。それは地域や福祉を豊かに変え，誰もが日々安心して暮らせるように，地域の福祉力を高めること，と言い換えてもよい。このように地域福祉の計画は，地域住民の参加のもとに，市町村行政はじめ地域の多様なセクターが，計画手法を採用して地域福祉の推進を図ろうとしている。

文字の上から地域福祉計画を考えると，それは「地域福祉」と「計画」という2つの単語から成る，地域福祉の計画といえる。しかし，それは先の「〈地域福祉〉計画の沿革」でみたように，2つの計画の系譜や内容をもち，単一の

簡明な姿を示してはいない。わが国の地域で策定される多くの福祉計画をみても，地域福祉型の福祉を推進実施するものとなり，それぞれに異なる意図や役割をもって策定されているが，ほぼ次のような視点から計画を分類して整理することができる。

① 計画の策定主体に注目すると，「行政」計画と社協等の「民間」計画の2つに大別できる。
② 地理的範囲をみると，「市町村」計画を基本としつつも，それより狭域の「地区」計画，逆にそれより広い都道府県等「広域」計画が存在する。
③ 法律に基づく計画と法律に基づかない計画に区分できる。前者の計画では策定が義務化されている計画，義務化されていない計画がある。
④ 計画に盛り込まれる内容により，高齢者や児童や障害者等の「部門」計画，それらを網羅した「福祉」計画，さらに関連領域をも含めた「総合」計画に区分できる。
⑤ サービス提供の数値目標を掲げる定量的計画と，福祉理念や活動の推進を意図した定性的な計画に区分できる。

ここに広く捉えていえば，児童・高齢者・障害者の福祉計画は，いずれも分野別の地域福祉計画といってよく，児童地域福祉計画などの名称でも不思議はないが，それらを一般に，地域福祉計画とは呼ばない。今日，地方自治体や社会福祉分野において「地域福祉計画」という場合，それは社会福祉法の第10章第1節「地域福祉計画」（第107条「市町村地域福祉計画」，第108条「都道府県地域福祉支援計画」）に規定された計画を指すのが通例だし，少なくとも法律上はこの行政計画を意味している。かつて市町村社協が策定する計画を「地域福祉計画」と呼んだ時期もあったが，近年では行政による計画を「地域福祉計画」，社協など民間・住民による地域福祉の計画を「地域福祉活動計画」，と区別した呼び方が定着している。

この行政計画である地域福祉計画については，「地方公共団体が，地域住民の合意を形成して，地域の実情に応じた地域福祉の推進に自主的かつ積極的に

取り組むためのひとつの有力な手段として，法定化されたものである」と解説される[4]。社会福祉法第107条・第108条は，「地域福祉計画」という名称を使った新規の条文であり，各市町村における地域福祉の推進のあり方を具体化するための計画である。この計画は行政を策定主体とし，これまでの福祉部門の計画を含む総合化を指向した計画であり，住民参加が最大のポイントといわれる。また地域福祉活動計画は，住民参加を核とし，地域住民や民間団体による福祉活動を中心とした，行動・活動計画というように理解されている。

2節　地域福祉計画の内容と特徴

(1) 計画の位置づけと内容

　2000年の社会福祉法によって，「市町村地域福祉計画（第107条）」および「都道府県地域福祉支援計画（第108条）」を規定し，2003年4月1日の施行から十数年が経過した。この市町村と都道府県を策定主体とする2つの行政計画は，横並びの性格ではなく，市町村の計画を中心に法規定されている。都道府県の計画はあくまでも，その名称が示すように市町村の計画を支援するという位置づけであり，社会福祉法第108条では「都道府県は，市町村地域福祉計画の達成に資するために，各市町村を通ずる広域的な見地から，市町村の地域福祉の支援に関する事項」を一体的に定める計画としている。策定率の低調さが指摘されてきた市町村地域福祉計画も，2014年3月31日現在，全市町村の66.0％が計画策定を終え，4年前の集計データを比較しても17.5％も策定率を高めている。策定している市町村の53.6％と半数以上が計画の改定を経験している一方で，市区部の策定率85.0％に対して，町村部は49.3％と半数をやや下回り，市町村の計画策定率の差は，都道府県間で最大3.5倍となっていた。

　市町村地域福祉計画は，よく地域福祉推進のツールといわれるが，老人福祉計画のように計画の策定を市町村に義務づけてはいない。この計画を定めた社会福祉法第107条をみると，「市町村は，地域福祉の推進に関する事項として次に掲げる事項」を一体的に策定する計画とし，次の3つの事項を条文で掲げ

ている。
① 地域における福祉サービスの適切な利用の推進に関する事項
② 地域における社会福祉を目的とする事業の健全な発達に関する事項
③ 地域福祉に関する活動への住民の参加の促進に関する事項

この条文からは、地域福祉計画が市町村の行政計画であることは明らかだが、この計画に盛り込むべき3つの事項からは、地域福祉計画の内容や方法を具体的にイメージすることはできない。そこで2002年1月に社会保障審議会福祉部会は、地域福祉計画の策定支援を意図して、「市町村地域福祉計画及び都道府県地域福祉支援計画策定指針の在り方について（一人ひとりの地域住民への訴え）」（以後、「策定指針」という）を発表した[5]。策定指針では3つの事項に「その他」を加えて、それぞれの「項目」および「事業」を提示している。ここでは紙幅の関係から、項目のみを列挙すると次の通りである。

① 地域における福祉サービスの適切な利用の推進に関する事項
　・地域における福祉サービスの目標の提示
　・目標達成のための戦略
　・利用者の権利擁護
② 地域における社会福祉を目的とする事業の健全な発達に関する事項
　・複雑多様化した生活課題を解決するため、社会福祉を目的とする多様なサービスの振興・参入促進及びこれらと公的サービスの連携による公私協働の実現
③ 地域福祉に関する活動への住民の参加の促進に関する事項
　・地域住民、ボランティア団体、NPO法人等の社会福祉活動への支援
　・住民等による問題関心の共有化への動機付けと意識の向上、地域福祉推進への主体的参加の促進
　・地域福祉を推進する人材の養成
④ その他
　・その地域で地域福祉を推進する上で必要と認められる事項

（市町村社会福祉協議会の基盤の整備強化等　＊事業）

　その後 2007 年 8 月には，社会・援護局長通知「市町村地域福祉計画の策定について」で，災害時等の要援護者支援方策として，「地域における要援護者に係わる情報の把握・共有及び安否確認方法等」を計画に盛り込むこととされた。さらに 2014 年 3 月にも，社会・援護局長通知「市町村地域福祉計画及び都道府県地域福祉支援計画の策定について」により，生活困窮者自立支援方策についても，同方策の位置づけと地域福祉施策との連携，生活困窮者の把握等や自立支援，その他の留意事項を盛り込むべき事項を定めている。社会福祉法にいう市町村の地域福祉計画には，3 つの事項を盛り込むことが最低限必要になるが，それに厚生労働省の通知（2007 年 8 月，2014 年 3 月）を加えた内容の計画策定が求められる。その具体的な内容および上記事項のほかに，どのような事項を追加するかは，各市町村に任せられている。それゆえに地域福祉計画の内容と範囲も，市町村自治体の政策能力と住民の自治能力で決まるし，それが地域福祉システムの内容と水準を決定することになる[6]。

　全社協『地域福祉計画・支援計画の考え方と実際』（2002 年）では，地域福祉計画に盛り込む内容によって，計画を 3 つに類型化している（図表 11-1）。

　　狭義の地域福祉計画　　＝先の 3 つの事項に，地域福祉を推進する上での共通
　　　　　　　　　　　　　　の理念等，最低限の要素で構成された計画。
　　広義の地域福祉計画　　＝狭義の計画に他の福祉関係計画を含めた社会福祉の
　　　　　　　　　　　　　　総合計画。
　　最広義の地域福祉計画＝福祉分野にとどまらず，まちづくりやその他関連領
　　　　　　　　　　　　　　域の施策を含めた市民生活の総合計画。

　すでに中央社会福祉審議会社会福祉構造改革分科会「社会福祉の基礎構造改革について（中間のまとめ）」（1998 年 6 月）において，「地域での総合的なサービスを受けられる体制を整備するため，対象者ごとの計画を統合した地域福祉計画の導入」を打ち出し，「策定指針」では，地域福祉計画は高齢者，障害者，児童などの既存計画を内包し，かつ，その他の生活課題にも対応する計画とし

第11章　市町村「地域福祉」の計画　233

図表11-1　地域福祉計画の位置付け

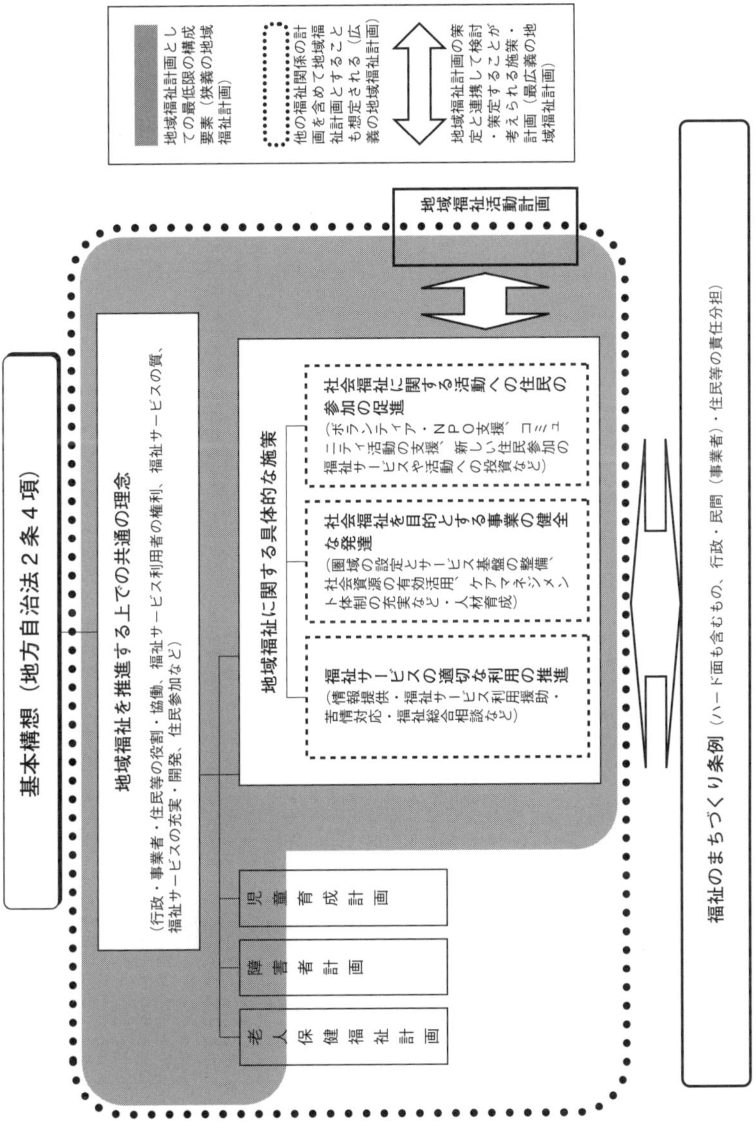

基本構想（地方自治法2条4項）

地域福祉を推進する上での共通の理念
（行政・事業者・住民等の役割、福祉サービス利用者の権利、福祉サービスの質、福祉サービスの充実、開発、住民参加など）

老人保健福祉計画　障害者計画　児童育成計画

地域福祉に関する具体的な施策

- 福祉サービスの適切な利用の推進
  （苦情・情報提供対応、福祉サービス総合相談、福祉サービス利用援助など）

- 社会福祉を目的とする事業の健全な発達
  （社会資源の有効活用とサービス提供体制の整備、新しいサービスの開発、人材育成、ケアマネジメントなど）

- 地域福祉に関する活動への住民の参加の促進
  （ボランティア・NPO支援、福祉活動への参加、新しい住民参加型サービスや活動づくり、地域通貨など）

地域福祉活動計画

地域福祉計画としての最低限の構成要素（狭義の地域福祉計画）

他の福祉関係の計画を含めて地域福祉計画とすることも想定される（広義の地域福祉計画）

地域福祉計画の策定と連携して検討・策定することが考えられる施策・計画（最広義の地域福祉計画）

福祉のまちづくり条例（ハード面も含むもの、行政・民間（事業者）・住民等の責任分担）

出所：全国社会福祉協議会「地域福祉計画の策定に向けて」2001年、p.9

ている。このように計画の導入や策定の趣旨からも，地域福祉計画は既存の分野別三計画を包含し，統合した社会福祉の総合計画として策定されるべきである[7]。また既存の計画による施策のみでは，解決できない地域の生活課題，つながりの希薄化や社会的孤立の広まりを背景とする孤立死，ひきこもり，虐待，高齢者の悪質商法被害，ホームレス，外国人の問題等をも包摂する計画が望まれている。さらに福祉分野や住民福祉活動を超えて，まちづくりや生活関連領域との連携や調整が欠かせず，福祉づくりや地域づくりを内容とする計画といってよい。

(2) 総合化と住民参加の計画

地域福祉計画の策定では，〈住民参加〉とともに〈総合化〉がキイワードとなっているが，地域には制度の狭間になっていたり，複雑な問題で十分な対応ができていなかったり，制度では解決できない多くの生活課題やニーズが存在する。「策定指針」では，地域福祉計画を「地方公共団体が地域福祉を総合的かつ計画的に推進することにより，社会福祉法に示された新しい社会福祉の理念を達成するための方策である」と明確に規定し，福祉サービスにおける個人の尊厳の保持，自己決定，自己実現の尊重，自立支援などを理念に，住民の参加や協力のもとに策定されるべきものとした。

さらに地域福祉推進の「理念」としては，(1)住民参加の必要性，(2)共に生きる社会づくり，(3)男女共同参画，(4)福祉文化の創造を掲げている。それに続いて「基本目標」には，(1)生活課題の達成への住民等の積極的参加，(2)利用者主体のサービスの実現，(3)サービスの総合化の確立，(4)生活関連分野との連携を掲げた。これら理念や基本目標からは，地域福祉の推進には住民参加を正面に据えて，住民・民間相互および公私の連携・協働，パートナーシップ型の参加を求め，また身近な地域で利用者主体のサービスが提供される体制を構築し，サービスの連携化による総合的な展開および生活関連分野との連携を目指していることがわかる。地域福祉計画は，地域を基盤として既存の対象ごとの老人や子ども，障害者などの個別福祉計画を捉え返し，社会福祉の総合的

図表11-2　地域福祉計画と他の福祉関係計画との関係

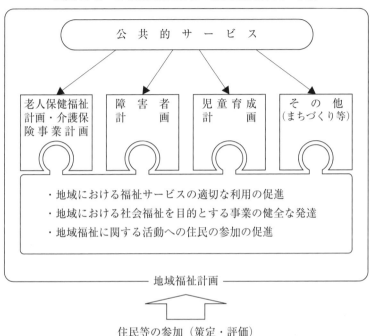

(注1) 地域福祉計画は既存計画を内包し，かつ，その他の地域の生活課題にも対応する。
(注2) 既存計画による施策のみでは生活課題は解決せず，地域福祉活動と連結させるところに地域福祉計画の特徴がある。
(注3) 住民等は，地域福祉計画の策定や評価に参加することのみではなく，自ら地域福祉活動の担い手となる2つの役割を持っている。

出所：社会保障審議会福祉部会「市町村地域福祉計画及び都道府県地域福祉支援計画策定指針の在り方について（一人ひとりの地域住民への訴え）」(2002年1月28日)

な対応と展開にとって必要不可欠な計画である。そこでは多くの福祉関係の資源や施策を横につなぎ，住民参加による地域福祉活動との役割分担をふまえて，連携や協働化を推進し，それを地域づくりやコミュニティの形成につなげる，21世紀地域福祉の構築を担う計画といえる。

市町村が策定する社会福祉計画のうち，地域福祉計画は他の多くの計画とは

異なり，部門別の福祉計画ではないし，サービス・資源の量的整備を主目標とした計画でもない。市町村と地域住民とが，ともに考えて協働し，地域福祉の実現に向けて必要な施策や活動を総合的に推進し，地域で適切な福祉サービスを利用でき，地域のつながりや福祉コミュニティ形成をすすめる計画である。地域福祉計画の策定には，他の福祉計画との連携や整合性の確保に加え，保健医療やまちづくり，教育や住宅などの関連分野との連携・調整も必要だし，行政部門の施策を横につなぎ総合化を図るだけでなく，民間や住民による地域福祉活動を含めて総合的に束ねる計画といえる。ここに総合化は，地域福祉計画の特徴といってよく，計画化のプロセスでも地域の多様な主体や福祉資源との関係づくり，ネットワーク化をいかに進めるかが課題になる（図表11-2）。

　地域の福祉装置づくりには，制度的サービスの充実による支援が重要だが，各部門を超えて共通に整備すべきものも多く，それは地域福祉計画の内容となる。身近な地域で福祉に関する相談を幅広く受け止め，必要なサービス・支援，施策や資源を横につなぎ，総合的に提供したり，解決を目指す「総合相談」の仕組みもそのひとつである[8]。そこでは生活の場により近いところで，制度の枠を超えて幅広い問題に対応し，支援やサービスにつなげる点に特徴があり，近年は地域包括支援センターも，地域の高齢者に限定することなく，より幅の広い総合相談の機能が求められている。また地域における生活課題やニーズの発見・把握，災害時等の要援護者への安否確認や支援，さらに小地域（地区）福祉計画の策定も，分野別よりも地域共通の取り組みとして行う方が合理的である。また権利擁護（日常生活自立支援事業，成年後見制度），虐待防止の対応や仕組みづくり，住民参加の促進や支援，従事者の養成や確保にしても同様である。

　地域福祉計画の策定では，住民参加が最大のポイントとなる。社会福祉法第107条でも，「住民参加」という表現こそ用いていないが，計画の策定と変更にあたっては，あらかじめ地域住民，社会福祉事業経営者，社会福祉活動者の意見を反映させるための〈参加〉と，その内容を公表する〈公開〉の措置を求

めている。このように社会福祉法第4条で地域福祉の推進主体とした，人々や組織の住民参加の手続きを行政に義務づけている。それゆえに，「住民参加を欠いた計画は，法定計画としての地域福祉計画ではない」ともいわれる[9]。住民参加のない地域福祉が存在しないように，それを計画的に推進しようとする地域福祉計画の条文にも，住民参加を明確に位置づけている。

それは言い換えれば，地域福祉計画は行政計画ではあるが，行政中心の論理や方策，計画技術を駆使するだけでは有効な計画を策定できないことを意味している。地域住民の参加を核として，地域の多様な主体が協働し，行政とも連携・協働して地域や福祉を支え，ときにそのあり方を変えることにより，はじめて誰もが安心して暮らすことのできる，地域福祉を推進する計画策定が可能になる。この計画は，地域に福祉の理念が浸透し，地域ケアシステムが有効に機能する，福祉コミュニティの形成を目標とする。それゆえに地域に生きる人々の態度や行動を，福祉マインドに根ざしたものに変える，新たな福祉文化の創造を要件とすることになる。

3節　「地域福祉」の計画

(1) 地域福祉活動計画との関連

市町村単位の「地域福祉」の計画には，行政計画である「地域福祉計画」のみでなく，社協が中心となって民間・住民の立場から策定する「地域福祉活動計画」がある。この2つの計画の基本的性格を考えると，前者を〈公民のパートナー計画〉，後者を〈民間と民間の協働計画〉と捉えることもできる[10]。各地で策定されてきた社協の地域福祉活動計画は，行政の地域福祉計画に先行して登場し，地域住民や民間団体の共同・協働の計画，自主的な活動・行動計画といわれる。全社協の調査によると，地域福祉活動計画の期限が有効な計画を有する市町村社協は，2009年度調査では40.1%，2012年度調査では52.4%と策定化の進展を確認できる[11]。

全社協「活動計画策定指針」(2003年11月)から，地域福祉活動計画の定義

をみると,「社会福祉協議会が呼びかけて,住民,地域において社会福祉に関する活動を行う者,社会福祉を目的とする事業(福祉サービス)を経営する者が相互協力して策定する地域福祉の推進を目的とした民間の活動・行動計画である」と規定している。この指針以前においては,市町村社協が計画を策定する主体であったが,指針以後は社協が策定を呼びかけはするが,その性格は民間相互の協働活動の計画に変更された。また従来,「地域福祉活動計画」と一体的に策定してきた「社協発展・強化計画」も,この後は両計画を明確に区分し,社協組織の経営指針として社協発展・強化計画を社協が独自に,別途策定する方針を全社協は示している[12]。

この地域福祉活動計画の定義では,計画策定を市町村社協が呼びかけるということ,地域福祉の推進を目的とする民間の活動・行動計画であるということを規定し,さらに計画策定の担い手として社会福祉法の第4条に沿って,地域福祉推進の主体を掲げている。全社協の説明から,各主体を具体的にみていくと,①「地域住民」とは,その地域で生活を営む一般住民あるいは市民であり,②「社会福祉を目的とする事業を経営する者」については,社会福祉法人のみならず,福祉サービスの提供をはじめとする広範な社会福祉を目的とする事業を経営するNPO法人,民間企業,生協,農協等を含めた事業者(経営者,従事者,専門職等を含む)と説明し,③「社会福祉に関する活動を行う者」とは,ボランティア,NPO,民生委員・児童委員,福祉委員等の地域で福祉活動を行う者および,そのグループや団体としている[13]。

「地域福祉活動計画」と「地域福祉計画」という2つの計画の関係を,全社協は図表11-3のように整理した。この図は,ともに同一市町村を範囲とした地域福祉推進の計画であり,地域住民等の参加のもとに策定されるものであることを示している。策定する主体が行政と社協,前者が行政計画で,後者が民間計画というように異なるが,両者ともに地域福祉の推進や実現化に向けて,相互の連携や協働を重視した計画の策定を共通課題とする。国の「策定指針」でも,社協が中心になって策定している「地域福祉活動計画は,住民等の福祉

第11章 市町村「地域福祉」の計画 239

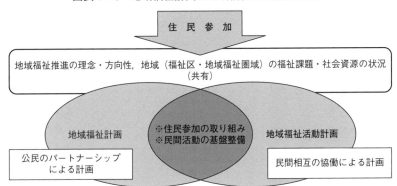

図表11-3 地域福祉計画と地域福祉活動計画の関係

出所:全国社会福祉協議会『地域福祉活動計画策定指針』2003年, p.10

活動計画として地域福祉の推進を目指すものである」から,地域福祉計画とその内容を一部共有したり,相互に連携する必要性があることを指摘したが,全社協はより積極的に,両計画の一体的策定を提案している[14]。

この2つの計画には実際,重複する部分や共有する点が多く,ともに相互の連携や調整をふまえて,地域福祉の推進を目指す計画策定が必要になる。たとえば,地域福祉推進の理念や方向性,解決すべき生活課題や社会資源についての認識の共有化が欠かせない。これら共有化された認識のもとに,行政と民間・社協がそれぞれの責任や役割,連携や協働の議論を踏まえて,各計画に盛り込む項目(内容)を決めることになる。この2つの「地域福祉」の計画策定では,従来の行政もしくは社協によって,独自に策定され,関連のある部分のみを調整するという手法も転換が迫られる。両計画の密接な不可分性を考慮し,十分な整合性を担保するためのコンセンサスづくりが重要になる。行政と社協が共同で,事務局や作業委員会を組織して計画策定を合同で行うなど,計画を策定する体制づくりにも,相互の意思疎通と工夫が欠かせないし,策定に携わる行政や社協の職員の熱意や力量は,地域福祉推進の成否を左右する要因のひとつといえよう。

(2) 地域福祉の重層的圏域

　ひと口に市町村といっても，面積や人口をはじめ，自然的（気候・地形）条件や交通の利便性，産業や財政，歴史や文化も違えば，住民性も複雑多様である。全国で人口最多の横浜市は370万人を超えるが，最少の東京都青ヶ島村は200人を下回るし，最大の面積をもつ岐阜県高山市（2,177.67 km^2）は，最小の富山県舟橋村（3.47 km^2）の600倍を超えるなど，市町村の規模も桁違いである。それ以外の産業構成，予算規模，財政力指数，出生率や高齢化率，生活保護の保護率からも，市町村の多様な姿や実態を垣間見ることができる。さらに個々の市町村にしても，一枚岩的な等質的地域ではなく，一定のまとまりや特色をもつ地域が数多く存在し，住民性や生活環境，福祉ニードや問題解決に役立つ福祉資源も同一ではない。地域福祉の推進には，市町村全域で展開する事業のみでなく，より身近な地域での社会資源の配置，住民参加の活発化が重視され，地区やエリアの設定が重大なポイントになる。

　これからの地域福祉のあり方に関する研究会報告（2008年）では，ある自治体を参考にして，市町村を5層に分けた重層的な圏域を提示している（図表11-4）。地理的な広がりから市町村の範域は，通常3つに区分できるが，それを図表11-4と対照すると，最も狭いのが①居住地域を中心とする近隣コミュニティや町内会・自治会（図の1・2層），それらよりも広い②小・中学校区や支所（図の3・4層），そして最も広い③市町村の全域（図の5層）となる。市町村規模や地域の実情にもよるが，見守り活動やサロン活動などの近隣を基盤とする活動ならば，①近隣コミュニティや町内会・自治会，地区社協や一次相談窓口ならば，②小・中学校区や支所，総合的な福祉施策や地域福祉計画の策定は，③市町村の単位になる。さらに②の小学校区と中学校区とを分けるとすれば，そこでは6層の圏域や区分になる。

　各自治体が思い描く，地域福祉の構想化やその推進には，これら重層的な圏域の検討と具体化が必須課題となる。各地で策定される「地域福祉」計画にも，市町村レベルでの「地域福祉計画」「地域福祉活動計画」とともに，小・

図表 11-4　重層的な圏域設定のイメージ

（ある自治体を参考に作成したものであり、地域により多様な設定がありうる）

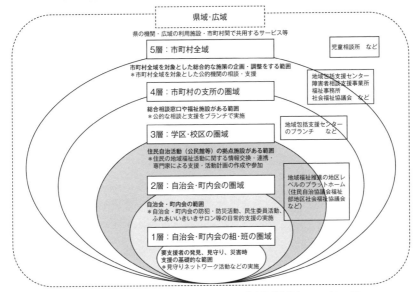

出所：『これからの地域福祉のあり方に関する研究会報告』全国社会福祉協議会，2008 年，p.34

中学校区や支所（図表 11-4 の 3・4 層）といった地区レベルで、「地区別福祉計画（プラン）」を策定するところも多い。地区別福祉計画は、地域福祉を推進する地域住民の計画として、市町村レベルの計画に位置づけられ、地区ごとに住民参加で具体的な活動方法や目標を定める。そこでは住民を主体に、地域ニーズの把握や共有化、共助の活動にとどまることなく、専門機関への通報や連携による問題解決や問題提起、福祉コミュニティの形成化など、地域福祉の構築に欠かせない役割が期待されている。

国の「策定指針」では、人口や面積等の小規模な市町村は、複数の市町村が合同で計画する〈地域福祉圏域〉に言及する一方で、住民生活に密着し、市町村内に、「一定の福祉サービスや公共施設が整備されている区域」を〈福祉区〉と呼び、住民参加の体制を検討することを指摘した。この福祉区は地域福祉計

画における最小圏域であり，その設定にはサービス・エリアや地区社協等との調整が必要になる。地域福祉の構築には，福祉サービスの〈エリア〉と，住民参加による〈コミュニティ〉をリンクし，公私協働化を発展させる視点や発想，そのための仕組みが欠かせない。地域福祉サービス・システムも，重層的・複合的な組み合わせとなり，いかに適切に組み合わせて配置し，かつ効果的な運営をするか，地域福祉活動とどうつなげていくかが課題になる。

4節　「地域福祉」計画の意義と住民参加

(1) 計画の意義と条件整備

　行政と住民の協働・協治により，地域の生活・福祉課題の解決を目指そうとする地域福祉の推進は，今や社会福祉領域を超えて，地域や行政の主要課題となった。この課題を達成するには，住民参加を必須の条件として，社会福祉を含む生活関連施策・サービスの統合化，ネットワーク化，地域の社会資源の造成・動員など，きわめて広範かつ総合的な施策と実践の展開が求められている。この地域福祉の推進を，科学的・合理的に実現させる方策として登場したのが地域福祉計画である。

　地域福祉計画の原則として，全社協は次の5つを指摘している。①地域の個別性尊重の原則（locality），②利用者主体の原則（consumerism & empowerment），③ネットワーク化の原則（networking），④公民協働の原則（partnership & enabling），⑤住民参加の原則である（participation & involvement）である[15]。これら5つの原則は，いずれも従来より，地域福祉理論や実践で強調されてきた理念や原則であり，近年の社会福祉をめぐる動向からも妥当とみられる。そこでの名称についていえば，②利用者主体が〈当事者主体〉，④公民協働が〈公私協働〉，⑤住民参加が〈住民主体〉，というような用語に置き換えて用いられることもあったが，わが国の社会福祉改革の意図やそこでの理念等を踏まえて，上記の呼称が選択されたものといえよう。

　上記の原則に即した策定が望まれる地域福祉計画の意義を，改めて確認して

おきたい。そこで最初に，"計画"とは何かを考えると，それはある目標を合理的・目的的に実現しようとする，手順や方法にほかならない。それゆえに計画策定のプロセスでは，目指すべき目標をしっかりと定め，その達成に向けて合理的かつ効果的な方法・手順・手法を選択し，資源の動員と配分を適切に行うことが大切になる。そうした計画の意義を問えば，それは簡明に「計画的変革」にあるといわれるように，計画には現実的で実行性があること，有効性があって効果的であることが求められる。これらは計画一般に通用することであり，そこでは目標達成に向けた〈合理性〉が追求されるが，社会計画としての地域福祉計画には，それに加えて，多くの住民に利益や正義をもたらす〈公共性〉のあることが，この計画を正当化する要件となる[16]。

　地域福祉計画の意義も，端的にいえば地域福祉を推進することに尽きる。上記の原則をもとに，市町村行政の意欲とリーダーシップ，住民参加・住民主体の具現化，多様な主体間の協働や合意形成を図る具体的な取り組みが，計画の意義を高める要件となる。これからの地域福祉のあり方に関する研究会報告（2008年）では，地域福祉計画の施策の見直しから，次のように課題を整理した[17]。それは①住民主体を確保する条件があること，②地域の生活課題発見のための方策があること，③適切な圏域を単位としていること，④地域福祉を実施する環境として，情報共有がなされ，活動の拠点があり，コーディネーターがおり，活動資金があること，⑤活動の核となる人材がおり，後継者が確保できること，⑥市町村は住民の地域福祉活動に必要な基盤を整備するとともに，公的福祉サービスも地域の生活課題に対応できるよう，一元的に対応すること，以上の6項目である。いずれの項目も，地域福祉に必要な要素もしくは条件であり，それらの条件整備が地域福祉の推進につながるという論理を，同報告は展開するが，それは裏返していえば，これらの条件なくしては，地域福祉の推進が期待できないことを示唆している。

(2) 計画と住民参加

　地域福祉計画に限ったことではないが，住民参加の実態や取り組みには，市町村による濃淡や温度差が大きい。住民参加を地域社会で進め，住民と行政との相互理解と信頼に基づく，新たな公私協働の可能性を拓くことが地域福祉推進の要になる。それゆえに地域福祉計画は，どのような進行管理の仕組みや方法を採り入れるにせよ，計画の策定から実施，評価に至るまでの一連のプロセスに，広範かつ多様な住民参加を重視し，そのための参加手法やシステムが模索される。地域福祉計画にとって住民参加は，単に理念や当為というだけでなく，計画それ自体の成否を左右する最大の課題にほかならない。

　社会福祉計画への住民参加の主張は，近年に始まったことではない。今から50年以上も前に，日本社会福祉学会の機関誌『社会福祉学』では，「社会福祉における住民参加」を特集した。その巻頭論文で野久尾徳美は，住民が「自らの福祉にかかわる計画と実践に自由に積極的に参加するという主体的志向をもつ住民参加の理念は，それまでのわが国の民衆には無縁に近いものであった」とし，住民参加が計画への参加をも意味するものと捉えている[18]。イギリスの「シーボーム報告」(1968年)でも，市民参加の可能な形態として，サービスや援助を提供する参加，特別なニードの不備の公表を目的とした団体を設立するような参加とともに，決定の過程，とくに計画立案への参加を挙げている[19]。この有名なリポートでは，計画策定への参加を指摘したほかに，住民によるサービス活動と並んで，ニーズや要求の組織化にかかわる参加を掲げている。

　地域福祉における住民参加は，広範かつ多様であるが，それでも① 行政的参加，② 自主的参加，③ 運動的参加の3つの側面のあることがわかる。以下にみる住民参加の整理は，地域福祉計画策定との関連を意識して行ったものである。

　① 行政的参加（「政治・行政への参加」）

　地方自治体の政策・施策・事業への参加である。1) 計画策定を含む審議会・委員会への傍聴や委員参加，説明会，2) アンケート調査・ヒアリングへ

の回答，3）住民懇談会・ワークショップ，パブリックコメント等への参加が行われている。行政が主導性を持つことが多く，対等なパートナーとしての協働・合意づくり，参加の実効性の確保が課題である。

② 自主的参加（「地域・活動への参加」）

住民の自主的な地域福祉活動への参加である。1）小地域で行われる住民相互の支え合いや地区活動，2）各種のボランティア活動，3）当事者による活動，4）イベント・行事など多様な参加・活動が展開されている。近年では，福祉資源や制度的サービスとの連携・協力，住民の参加と主体性を高めることが課題になる。

③ 運動的参加（「要求・運動への参加」）

地域や福祉の環境や仕組みを変えるための参加である。いわゆるアクション型の参加といってよく，資源・サービスの創設や改善，市民意識の変革などを指向する。抵抗の強い参加形態ともいえるが，住民主体の地域福祉推進に向けて，その役割を発揮していくことが課題である。

住民による地域福祉活動は，②自主的参加と③運動的参加を中核とするが，各地の地域福祉計画の策定では，住民が地域の課題や解決策を一緒に考えて話し合う，ワークショップやコミュニティ・ミーティング，ホームページ等を活用したパブリックコメントなど，①行政的参加が行われている[20]。上記の参加の類型をみるときにも，同一の参加主体が多様な形態の参加をしていることが多く，地域において②高齢者への日常生活支援をしてきたグループが，①地域福祉計画に積極的に関わり，さらに地域課題の解決に向けて，③アクション型活動をすることはめずらしくない。それは自然であり，むしろ望ましいことといえる。さらにいえば，活動の場面やグループの発展段階で，参加の内容や形態が変化するのも普通のことだし，参加の形態や側面を捉えるには，複眼的・動態的な視座が欠かせない。

住民参加の意義は，ⅰ）住民本位の福祉システムをつくる，ⅱ）地域福祉の推進に向けた合意を形成する，ⅲ）住民・地域の主体性や力量を高める，ⅳ）

福祉コミュニティの形成をすすめる，といった点に集約できる[21]。この住民参加をめぐっては，いかに住民に仕掛けて巻き込むか，それが問題だといわれるが，過度の期待や失望も参加の進展にはつながらないし，参加のエネルギーや可能性も無限ではない。計画の全プロセスを通して，住民参加や地域福祉活動の可能性を地域で模索し，それをつなげる工夫と努力を積み重ねる以外に，参加を広げる方途はない。

　市町村が策定する地域福祉計画には，サービスの担い手としての地域住民への再組織化が求められていたし，COの展開を提案していた[22]。この点を再確認しつつ最後に，住民主体の参加の支援策に関して2点言及したい。第1に住民の参加には，よく考えて判断するための材料，つまり情報の提供・入手が必須である。行政や社協には課題や論点をよく整理し，住民に〈わかる・考える・参加する・協働する〉のに役立つ，資料の提供が望まれる。第2に，社協や行政の職員が地域と向き合うことを徹底し，地域や団体のリーダーだけでなく，福祉活動と縁の薄い一般住民，支援が必要な人々に，参加の輪を拡げる工夫や働きかけが求められている。

注

1) 山口稔『社会福祉協議会理論の形成と発展』八千代出版，2000年，pp.51-52
2) 2011年5月「地方自治法」改正では，市町村に〈基本構想〉を義務づけた規定を削除し，社会福祉関係法の計画に関する条文からも，基本構想の文言が削除・訂正された。
3) 全社協も「地域福祉活動計画策定の手引」（1992年）では，従来からの計画名称を変更して，市町村行政の策定する〈地域福祉計画〉，市区町村社協を中心に住民等の活動を計画化する〈地域福祉活動計画〉として整理した。
4) 社会福祉法令研究会『社会福祉法の解説』中央法規出版，2001年，p.321
5) 厚生労働省は社会保障審議会福祉部会の報告を，地域福祉計画の策定指針として位置づけ，2002年4月に都道府県に通知した。この通知は，地方自治法245条の4第1項に規定に基づく技術的な助言で強制力はないが，都道府県の地域福祉支援計画とともに，各地の地域福祉計画の策定で参考にされている。
6) 牧里毎治「地域福祉計画の目指すもの」『地域福祉研究』31号，日本生命済生

会，2003年，p.31
7) 栃本一三郎「地域福祉計画の策定」大森彌編著『地域福祉を拓く第4巻 地域福祉と自治体行政』ぎょうせい，2002年，p.67
8) 厚生労働省による調査（2014年3月末時点）をみると，各市町村が策定した地域福祉計画の内容として，「地域住民に対する相談支援体制の整備」を指摘した市町村は87.3%に達する。このデータからは，どのような相談支援体制を整備したかは明らかでないが，少なくとも計画内容の最多回答であり，市町村にとっても重視される取り組みであることは確かである。
9) 武川正吾「地域福祉計画の概要」同編『地域福祉計画――ガバナンス時代の社会福祉計画』有斐閣，2005年，p.41
10) 齋藤貞夫「市町村地域福祉計画策定と社会福祉協議会の役割」『地域福祉研究』31号，日本生命済生会，2003年，p.11
11) 全国社会福祉協議会『社協情報ノーマ』No.235（2010年3月号，p.5），No.266（2013年4・5月号，p.7）
12) その後，全社協「市区町村社協発展・強化計画策定の手引」（2005年9月）において，地域福祉活動計画と社協発展・強化計画は，その機能が明確に区分されている限り，必ずしも分冊にする必要がないとの判断を示している。
13) 全国社会福祉協議会『地域福祉計画の策定に向けて』2001年，p.4
14) 全国社会福祉協議会「地域福祉計画策定への協力ならびに地域福祉活動計画推進における社会福祉協議会の取り組み方針」2003年10月
15) 全国社会福祉協議会『地域福祉計画・支援計画の考え方と実際――地域福祉計画に関する調査研究事業報告書』2002年，p.15
16) 神山英紀「社会計画と社会指標」武川正吾・三重野卓『公共政策の社会学――社会的現実との格闘』東信堂，2007年，pp.51-55
17) 報告書の「Ⅵ既存施策の見直しについて」より引用した。既に「Ⅳ地域福祉を推進するために必要な条件とその整備方針」でも，地域福祉を進める6条件を掲げており，ここでの文言と幾分異なるが内容的には同一である。
18) 野久尾徳美「社会福祉における住民参加――その4つの形態と住民参加」日本社会福祉学会『社会福祉学』第4号，1963年，p.1
19) Seebohm Committee, *Report of The Committee on Local Authority and Allied Personal Social Services*, HMSO, 1968. 小田兼三訳『地方自治体と対人福祉サービス――英国シーボーム委員会報告』相川書房，1989年，p.220
20) 厚生労働省による調査（2014年3月末時点）をみると，市町村地域福祉計画の策定で工夫したこと（自由記述回答を分類）では，「地域懇談会・ワークショップの開催」（40.3%），「住民アンケートの実施」（29.6%）など，住民や地

域団体からの意見集約に関する回答が多かったが,「庁内関係課が連携し,総合的な計画推進体制を構築」(30.6%) も3割を超えていた。この調査データも,市町村の本計画への関心の所在を示唆している。
21) 拙著『地域福祉の発展と構造』学文社,2007年,pp.244-245
22) 澤井勝「地域福祉計画と介護保険をつなぐコミュニティの再生とコミュニティソーシャルワーク」大阪市政調査会編『自治体とセーフティネット―地域と自治体ができること』公人社,2014年,pp.107-108

索 引

あ 行

アソシエーション型　136
安心生活創造事業　76
インターグループワーク説　85
右田紀久恵　99
ウルフェンデン報告　83
運営適正化委員会　217
NPO　154-155
NPO法人　150
太田貞司　214
大橋謙策　100, 122
岡村重夫　91, 97-98
岡本栄一　100
奥田道大　34

か 行

家族　25
家庭機能の外部化　28
金子郁容　171
加納恵子　196
ガバナンス　14
ガバメント　14
環境改善サービス　101
企業コミュニティ　22
京極高宣　219
共同性　33-34
共同募金　46, 115
苦情解決　216-217
倉沢進　30
ケア・ワーク　119-120
ケアマネジメント　213-215
ケアマネジャー　214
経済社会基本計画　50-51
権利擁護　88, 216
公私役割の分担と協働化　16
互酬性　136
個人化　26
コミュニティ　32-34
コミュニティ・ソーシャルワーク　83, 196
コミュニティケア　35-36, 92-93
コミュニティ形成　34
コミュニティ政策　33
コミュニティワーク　120, 195-199
コミュニティワークのプロセス　198
コミュニティ型　136
ゴールドプラン　65-66
これからの地域福祉のあり方に関する研究会報告　31, 75-76, 111-112, 117-118, 240
今後の社会福祉のあり方について　59-60

さ 行

在宅ケア・サービス　101

在宅福祉サービス　52, 101-103
在宅福祉サービスの戦略　51, 185
真田是　99
沢田清方　122
シーボム報告　82-83
事業型社協　188
自助・共助・公助　220-221
自助・互助・共助・公助　221
慈善組織協会　81-82
市町村　11-12, 15
市町村合併　23
市町村行政　11, 115-116
市町村社協　190
市町村社協経営指針　189
市町村社協当面の活動方針　181-183
市町村社協の業務体制　200-202
市町村地域福祉計画　230-232
市町村福祉元年　64
市町村役割　75-76
社会福祉基礎構造改革　4
社会福祉協議会　180
社会福祉協議会基本要項　48, 184
社会福祉事業法　43
社会福祉事業法第74条　186
社会福祉の対象　111-112
社会福祉法　5-8
社会福祉法第109条　188-189
社会福祉法第4条　114
社協・生活支援活動強化方針　189-190
住民参加　11-12, 16, 90, 121, 244-246
住民参加型在宅福祉サービス　148-151
住民参加の意義　245

住民主体　91-92
少子高齢化　24-25
小地域　140-142
小地域ネットワーク活動　142
小地域福祉活動　140-144
白澤政和　214
新経済社会7ヵ年計画　50-51
新・ゴールドプラン　69
新・社会福祉協議会基本要項　186-187
鈴木五郎　94-95
生活課題　31, 111-112
成年後見制度　217
セツルメント　41, 82, 84-85
芹沢俊介　26
専門処理システム　30-31
専門的ケア・サービス　101
相互扶助システム　30-31
ソーシャル・インクルージョン　32, 90
ソーシャルサポートネットワーク　213
組織化活動　103-104
組織化説　86

た　行

第2次臨時行政調査会　53-54
単身者化　27
地域格差　12
地域課題　31
地域（コミュニティ）ケア　207
地域ケアシステム　207
地域社会　9, 20
地域住民　116
地域性　33

索引　251

地域組織化　103-104
地域福祉　9-10, 93
地域福祉活動　132
地域福祉活動計画　237-240
地域福祉計画の意義　242-243
地域福祉計画の原則　242-243
地域福祉コーディネーター　196
地域福祉の概念　94-99
地域福祉の計画　228-230
地域福祉の重層的圏域　240-242
地域福祉の主体　110-113
地域福祉の推進　7-8, 73, 114
地域福祉の推進主体　114
地域福祉の停滞と隘路　76-77
地域福祉の理念　88-89
地域包括ケア　209
地域包括ケアシステム　208-211
地域保健法　69
地区社協　141, 142
地方分権化　13
地方分権一括法　13
当事者活動　138
都市化　29
都市型社会　23
都市的生活様式　30
都道府県地域福祉支援計画　230

な　行

永田幹夫　98-99
ニーズ資源調整説　85
21世紀福祉ビジョン　67
日常生活自立支援事業　217-219

日本型福祉社会　50
日本的なボランタリズム　175
ネットワーク　212-213
ネットワーキング　212
農村社会事業　41
ノーマライゼーション　54, 89-90

は　行

バークレイ報告　83
阪神・淡路大震災　162-163
東日本大震災・福島原発事故　163
ヒラリー, G. A.　33
広井良典　24
福祉委員　143
福祉オンブズマン　215
福祉課題　111-112
福祉関係八法の改正　3, 60, 186
福祉教育　122-130
福祉コミュニティ　15
福祉施設　17
福祉組織化　103-104
福祉見直し論　51
福武直　21
古川孝順　220
ふれあい・いきいきサロン　143
ふれあいのまちづくり事業　68, 186
方面委員制度　41
補完性の原則　14
ボランタリズム　166
ボランティア　166
ボランティア活動と行政活動　173
ボランティア活動の担い手　165

ボランティアの無償性　168-170
ボランティアの役割　173

ま 行

牧里毎治　96
マッキーバー, R. M.　33
三浦文夫　219
民生委員　144-146
民生委員協議会　147-148
民生委員法　145
むのたけじ　128
ムラ的生活様式　30

森岡清美　25

や 行

山田昌弘　27
ユニバーサルデザイン　103
吉田久一　175-176
予防的・福祉増進的サービス　101

ら 行

ロス, M.　86
ロスマン, J.　86

著者紹介

稲葉一洋（いなば かずひろ）

1949年　北海道に生まれる
1978年　立正大学大学院文学研究科博士課程満期退学
現　在　立正大学社会福祉学部教授
著　書　『地域福祉の新展開』（編著，高文堂出版社，1995）
　　　　『地域福祉の視点』（単著，高文堂出版社，2000）
　　　　『福祉コミュニティ形成の技術』（編著，学文社，2003）
　　　　『現代社会学のフロンティア』（共著，学文社，1996）
　　　　『保健医療福祉の社会学』（共著，中央法規出版，1998）
　　　　『社会福祉調査論』（共著，中央法規出版，2002）
　　　　『福祉コミュニティに関する比較研究－埼玉県上福岡市と小鹿野町を事例として』（共著，立正大学社会福祉研究所，2004）
　　　　『福祉文化の創造－福祉学の思想と現代的課題』（共著，ミネルヴァ書房，2005）
　　　　『地域福祉の発展と構造』（学文社，2007）　等

新地域福祉の発展と構造

2016年2月20日　第一版第一刷発行

著　者　稲　葉　一　洋
発行者　田　中　千津子
発行所　株式会社　学　文　社

〒153-0064　東京都目黒下目黒3-6-1
電話(3715)1501代・振替00130-9-98842

（落丁・乱丁の場合は本社でお取替します）　・検印省略
（定価はカバーに表示してあります）　印刷/倉敷印刷株式会社
© 2016 INABA Kazuhiro Printed in Japan　ISBN978-4-7620-2596-9